ENZYKLOPÄDIE der Hunde

ENZYKLOPÄDIE der Hunde

Band 1

ANIWA PUBLISHING

ROYAL CANIN

Anpassung der ausländischen Ausgaben:

Deutsche Ausgabe:	
Übersetzung	*K. Ayche, C. Belakhdar, B. Janka, A. Lucke, V. Matyssek, M. Neumann, B. Sallegger, S. Schmidt-Wussow, U. Wapler, P. Warnier-Kofler, R. Xanthopoulos*
Layout	*Magali Barrailler, Vania Sorarù, Nathalie Courdent, Irina Azvedo-Tadieu, Sabrina Monchi, Joël Chapuis*
Lektorat	*Kathrin Busch-Kschiewan, Nadja Hultsch, Sonja Zabel, Ursula Zabel, Sabine Wansganz, Perrine & Klaus Warnier-Kofler, Valérie de Leval*
Englische Ausgabe:	
Übersetzung	*Diane Dinsmore, Julie Plounick, Chart Voss, Andrene Everson.*
Layout	*Catherine Naas*
Lektorat	*Roy Herridge, Emmanuel Pacitto, Anne Karpoff*
Brasilianische Aufgabe:	
Übersetzung	*S. Artamonoff, B. Delevallee, M. D'Orey de Faria, L. Goncalves, B. Magne, E. Rio Branco, M. Rosemberg, Madame Antunes.*
Layout	*Florbela Lourenço Pires, Joël Chapuis, Irina Azvedo-Tadieu, Nathalie Courdent, Sabrina Monchi*
Lektorat	*Claude Mouette, Yves Micelli, Valeria Cardoso de Melo Carvalho, Ana Aventurier*
Chinesische Ausgabe:	*Royal Canin Chine / François Gergaud*
Spanische Ausgabe:	
Übersetzung	*Maria-Claudia Filgueira, Carles Sanchez*
Layout	*Isabelle Riener*
Lektorat	*Marie-Pierre Ellie, Maria-Claudia Filgueira*
Italienische Ausgabe:	
Übersetzung	*B. Baldi, D. Benigni, G. Conollo, D. De Leo, L. De Berardinis, L. Desotgiu, V. Fucci, C. Galimberti, S. Guazzoni, R. Kohn, P. Mequin, A.-M. Negrerte, A. Sudano, C. Torossi Bovo.*
Layout	*Sabrina Monchi, Vania Sorarù, Irina Azvedo-Tadieu, Nathalie Courdent, Joël Chapuis*
Lektorat	*Franco Rapetti, Luca Bussolati*
Niederländische Ausgabe:	
Übersetzung	*C. Boerhigter, K. Desmarsevers, A. Detelder, C. Dijkman, A. Frehen-Asures, B. Raemaekers, A. Scherpbier, P. Smift, M. Van Den Berg, B. Van Oosterhout, M. Van Zanten.*
Layout	*Nathalie Courdent*
Lektorat	*Muriel Jacqmin, Cécile Devroy, Bastiaan Rohrer & The team Royal Canin Nederland b.v., Corinne Holleman, Edith Van Der Mijl-Roberts*
Schwedische Aufgabe:	
Übersetzung	*A. Brantley, H. Hellberg, M. Jarvelin, R. Johansson, S. Jonsson, H. Karlson, J. Lindberg, U. Lundquist, M. Persson, S. Petersson, B. Sandstrom, C. Wallen, M. Vikberg.*
Layout	*Joël Chapuis, Irina Azvedo-Tadieu,*
Lektorat	*Bo Edoff, Anne-Catherine Edoff, Susanne Hellman, Ronan Mage Hanna Edoff, Maud Dickson, Elisabeth Raab-Alvarson, Carin Lyrholm, Leg. Vet. Katarina Bewig, Wilhelm Dufwa, Ninni Hjortvall, Siw & Charles de Windle, Leg. Vet. Monica Stavenborn*

Royal Canin Koordination :	*Catherine Legros*
Technischer Leiter:	*Diffomédia, Paris*
Künstlerischer Leiter:	*Guy Rolland*
Verlagsinterne Koordination:	*Béatrice Fortamps, Marie-Édith Baret*
Zeichnungen und Illustrationen:	*Agnès Pezon*
Umschlagfotografien:	*Teckel, Bretonischer Spaniel, Deutscher Schäferhund - © F. Nicaise & Deutsche Dogge - © Ch. Renner*

Aufgabe Aniwa Publishing
10, rue du Colisée - F.-75008 - Paris
Tél. : + 33 (0) 1 44 95 02 20 Fax : + 33 (0) 1 44 95 02 22
www.aniwa.com

ISBN : 2-7476-0008-4

Printed in EEC

Mitarbeiter

WISSENSCHAFTLICHE LEITUNG

PROFESSOR DOMINIQUE GRANDJEAN

Abteilung für Medizin, Zucht und Sport, Tierärztliche Hochschule von Alfort, Frankreich

Hauptautor und wissenschaftlicher Koordinator

und

JOSÉE UND JEAN-PIERRE VAISSAIRE, Doktoren der Veterinärmedizin, Frankreich

UND IN ALPHABETISCHER REIHENFOLGE

Karine Alves, Tierärztin, Abteilung für Zucht- und Sportmedizin / Tierärztliche Hochschule von Alfort

Hélène Bacqué, Tiermedizinische Sammlung, Frankreich

René Bailly, Doktor der Veterinärmedizin, Vorsitzender des Nationalen Verbands freier Tierärzte, Frankreich

Vincent Biourge, Doktor der Veterinärmedizin, Forschungsinstitut Royal Canin, Frankreich

Mark Bloomberg (†), Doktor der Veterinärmedizin, Professor an der Universität von Florida, Gainesville, USA

Monique Bourdin, Doktor der Veterinärmedizin, Verhaltensberatung, Tierärztliche Hochschule von Alfort

Brigitte Bullard-Cordeau, Tierjournalistin, Chefredakteurin von Animal Junior, Frankreich

Éliane Chatelain, Doktor der Veterinärmedizin, Professorin an der Tierärztlichen Hochschule von Lyon, Abteilung für Anatomie, Frankreich

Jean-François Courreau, Doktor der Veterinärmedizin, Professor für Tierzuchtlehre, Tierärztliche Hochschule von Alfort, Frankreich

Fabrice Crépin, Doktor der Veterinärmedizin, Royal Canin

Fathi Driss, Doktor der Wissenschaften, Professor für Ernährungswissenschaften, Universität René-Descartes, Paris V, Frankreich

Milette Dujardin, Royal Canin, Frankreich

Catherine Escriou, Doktor der Veterinärmedizin, Wissenschaftlerin im Neurologie-Laboratorium, Tierärztliche Hochschule von Alfort, Frankreich

Jean-Louis Esquivié, Generalkommandant der nationalen Polizeischule, Frankreich

Vanessa Fuks, Doktor der Veterinärmedizin, Abteilung für Zucht- und Sportmedizin, Tierärztliche Hochschule von Alfort, Frankreich

Aude-Gaëlle Heitzmann-Béné, Tierärztin, Abteilung für Zucht- und Sportmedizin, Tierärztliche Hochschule von Alfort, Frankreich

Petra Horvatic-Peer, Doktor der Veterinärmedizin, Universität Wien, Österreich

Ann Hudson, Royal Canin, USA

Ellen Kienzle, Doktor der Veterinärmedizin, Ernährungswissenschaftlerin, Universität München, Deutschland

David Kronfeld, Doktor der Veterinärmedizin, Professor für Physiologie, Universität Virginia Tech, Blacksburg, USA

Henri Lagarde, Vorstandsvorsitzender, Royal Canin, Frankreich

Dominique Lebrun, Royal Canin, Frankreich

Nathalie Moquet, Tierärztin, Abteilung für Zucht- und Sportmedizin, Tierärztliche Hochschule von Alfort, Frankreich

Robert Moraillon, Doktor der Veterinärmedizin, Leiter der Tierärztlichen Hochschule von Alfort, Frankreich

Nicolas Nudelmann, Doktor der Veterinärmedizin, Professor für Pathologie und Reproduktion, Tierärztliche Hochschule von Alfort, Frankreich

Bernard Paragon, Doktor der Veterinärmedizin, Professor für Ernährungswissenschaften, Tierärztliche Hochschule von Alfort, Frankreich

Sandrine Pawlowiecz, Tierärztin, Abteilung für Zucht- und Sportmedizin, Tierärztliche Hochschule von Alfort, Frankreich

Jacques Philip, Doktor der Medizin, Fairbanks, Alaska, USA

Pascale Pibot, Doktor der Veterinärmedizin, Forschungsinstitut Royal Canin, Frankreich

Jacques Pidoux, Royal Canin, Großbritannien

Philippe Pierson, Doktor der Veterinärmedizin, Royal Canin

Bruno Polack, Doktor der Veterinärmedizin, Professor für Parasitologie, Tierärztliche Hochschule von Alfort, Frankreich

Jean-Marc Poupard, Wissenschaftler am Laboratorium Tierische und Vergleichende Biosoziologie, Universität Sorbonne, Paris, Frankreich

Emmanuel Queraud, Fach-Tierarzt

Jean-Pierre Samaille, Doktor der Veterinärmedizin, Chefredakteur von L'Action vétérinaire, Frankreich

Renaud Serghèraert, Leiter des Forschungsinstituts Royal Canin, Frankreich

Adolfo Spektor, Doktor der Veterinärmedizin, Internationaler Richter

Helena Spektor, Internationale Richterin, Royal Canin, Argentinien

Florence Tessier, Royal Canin, Frankreich

Anne-Karen Tourtebatte, Tierärztin, Abteilung für Zucht- und Sportmedizin, Tierärztliche Hochschule von Alfort, Frankreich

Jérôme Vanek, Doktor der Veterinärmedizin, Universität Saint-Paul, Minnesota, USA

Pierre Wagner, Royal Canin, USA

Verlagsleitung

BERNARDO GALLITELLI

Vorstandsvorsitzender Aniwa S.A.

GUY ROLLAND

Aniwa Publishing

MARIE-PIERRE ELLIE

Aniwa Translating

AUS WISSEN ERWÄCHST PRÄZISION ...
... AUS LEIDENSCHAFT ERWÄCHST WISSEN

"Die wirkliche moralische Prüfung des Menschen,
eine so radikale und tief gehende Prüfung, dass sie sich unseren Blicken entzieht,
ist wohl die Prüfung der Beziehungen zu denjenigen,
die dem Menschen am meisten ausgeliefert sind: den Tieren."

MILAN KUNDERA

Der Mensch ist so geschaffen, dass er es nicht lassen kann, alles auf sich selbst zu beziehen und mit sich selbst zu vergleichen, so dass er manchmal seinen Hund wie ein menschliches Wesen oder sogar wie ein Kind behandelt. Der wahre Respekt vor dem Hund, wie auch vor jedem anderen Lebewesen, fehlt!

Jeder von uns ist sich bewusst, dass Hunde eine eigene Identität haben. Eine morphologische, biologische und natürlich auch psychologische Identität sowie auch ein typisches Verhalten, ein unvergleichliches und für ein Tier, das sich im Laufe der Jahrhunderte so sehr an den Menschen angepasst hat, sehr vielschichtiges Wesen.

Seither ist es so, dass derjenige, der den Hund respektiert, zugleich das prähistorische und das moderne Tier respektiert, da beide dieselben evolutionären Ursprünge haben, die vom Menschen mehr oder weniger stark beeinflusst wurden.

Der prähistorische Hund trat hauptsächlich in einer Meute auf und ordnete sich innerhalb derselben - teils instinktiv, teils notgedrungen - in eine klare Hierarchie ein, was beim Kampf ums Überleben wirkungsvoll und notwendig war.

Dieses Bedürfnis, sich in eine Hierarchie einzuordnen, ist noch immer in der Natur des modernen Hundes verankert. Mit seiner herausragenden Anpassungsfähigkeit hat er sich in der Tat in die verschiedensten Formen menschlicher Gesellschaft integriert.

Der Hund ist ein soziales und hierarchisches Tier. Er erwartet also von seinem Herrn dieselbe Persönlichkeit, dasselbe Verhalten und denselben Respekt, den seine Vorfahren in der Hierarchie der Meute erfahren haben.

Ein Tier zu respektieren heißt zunächst, seine wahren biologischen und psychologischen Bedürfnisse zu respektieren.

Ein solcher Schritt ist nur möglich, wenn ihm das Verständnis, die Analyse und die Zusammenfassung unseres Wissens über die Gattung Hund voraus gehen.

Und aus dem Wissen erwachsen Kompetenz und Präzision.

Royal Canin hat als Spezialist im Bereich der Hundeernährung als Erster die außergewöhnliche Vielfalt der Gattung Hund berücksichtigt: 1980 mit der Aufzuchtnahrung für Hunde großer Rassen und 1997 mit „Size", einem kompletten, umfassenden Ernährungskonzept. Royal Canin hat die Konsequenzen aus der Vielfalt der Hunde gezogen und sie ernährungswissenschaftlich umgesetzt.

Ohne Zweifel ist die Gattung Hund von allen auf der Erde existierenden Tieren eine der vielfältigsten. Die Größe eines ausgewachsenen Hundes kann zwischen 1 und 90 kg variieren, und heute weiß man, dass auch die Lebenserwartung der kleinen, mittleren und großen Rassen unterschiedlich ist (8 bis 9 Jahre bei den großen, 14 bis 16 Jahre bei den kleinen Rassen). Die Wachstumsphase ist unterschiedlich lang und die Anzahl der Welpen pro Wurf verschieden hoch (1 bis 3 bei den kleinen Rassen, 8 bis 12 bei den großen). Außerdem hat man herausgefunden, dass mit der Größe des Hundes auch grundlegende physiologische Unterschiede zu berücksichtigen sind: So macht der Verdauungstrakt bei großen Hunden beispielsweise 2,7% des Gesamtgewichts aus, während es bei kleinen Hunden 7% sind - eine Tatsache, die zahlreiche Probleme in den Bereichen Verdauung, Skelett und Stoffwechsel erklärt, die lange Zeit Rätsel aufgaben.

Diese Betrachtungen führen uns sogar dazu, für die ganz großen Rassen (45 bis 90 kg) eine besondere Nahrung vorzuschlagen: riesige Kroketten, welche die Hunde zum Kauen und zur langsamen Speichel-Absonderung zwingen, das Schlingen verhindern und damit eine bessere Verdauung sicherstellen; Kroketten mit maximaler Verdaulichkeit und angereichert mit Vitamin E, Chondroitin, usw.

Gleichzeitig haben die wissenschaftlichen Fortschritte uns ermöglicht, die beiden klassischen Funktionen der Ernährung (Aufbau und Erhaltung des Organismus einerseits, Energielieferung andererseits) um eine dritte Dimension zu erweitern: die Vorbeugung.

So entstand Gesundheitsernährung, die Lust und Gesundheit miteinander verbindet und zur Ernährung des 21. Jahrhunderts werden wird.

Die vorliegende Ausgabe der Hunde-Enzyklopädie vereint Leidenschaft, Erfahrung und wissenschaftliche Fachkenntnis der Royal Canin-Teams und der Tierärztlichen Hochschule von Alfort und stellt einen entscheidenden Schritt bei der Erweiterung unseres Wissens über die Gattung Hund dar: Von nun an ist die Größe des Hundes ein grundlegendes Element bei der Auswahl seiner Nahrung.

Diese Enzyklopädie ist außerdem ein Zeugnis für das Streben aller Mitarbeiter nach einer rationalen und nicht nur emotionalen Sicht auf die Beziehung, die zwischen dem Menschen und diesem faszinierenden Tier herrschen sollte.

Es ist kein Zufall, dass die Enzyklopädie unter der Leitung von Professor Dominique Grandjean entstand: Sie ist das Ergebnis einer langen und fruchtbaren wissenschaftlichen Zusammenarbeit zwischen dem Royal Canin Forschungszentrum und den Teams der Tierärztlichen Hochschule von Alfort (insbesondere dem Team der Abteilung für Zucht- und Sportmedizin).

Das vorliegende Buch ist auch das Ergebnis einer langen wissenschaftlichen Partnerschaft mit Wissenschaftlern und Instituten in aller Welt, in Europa, in den USA und in Lateinamerika.

Ihnen allen sei an dieser Stelle herzlich gedankt!

Henri LAGARDE
Vorstandsvorsitzender
Royal Canin

Einleitung

Bei allem Verständnis für das Bedürfnis, den Hund zu einem kleinen menschlichen Wesen zu machen, beinhaltet dies ein biologisches Missverständnis, das sich für den Hund nachteilig auswirken kann.

Den Hund in allem, was er uns bietet und für uns darstellt zu schätzen und zu lieben, sollte nicht dazu führen, ihm anthropomorphistische, also menschengleiche Züge zu verleihen und in ihm - wie man es nicht selten hört - ein Kind zu sehen, dem lediglich die Sprache fehle. Die Biologie hat die Vielfalt der Lebewesen gewollt und jedem sein entsprechendes Gegenüber geschaffen, um so ein sensibles Gleichgewicht zu erreichen, das der Mensch niemals verändern darf.

Auch wenn dieser anthropomorphistische Impuls verständlich ist und von unseren starken Gefühlen für die Hunde zeugt, muss er dennoch bezwungen werden, da er die biologische Eigenart und die Physiologie des Hundes missachtet. Die Folgen können für ihn gefährlich sein.

Am deutlichsten zeigt sich dieser Umstand angesichts der Ernährung:

> Der Mensch modifiziert seine Ernährung ganz selbstverständlich bei jeder Mahlzeit; doch hätte er das Verdauungssystem eines Hundes, würde ihm diese ständig wechselnde Kost chronischen Durchfall bescheren!
>
> Der Mensch benötigt gekochte Speisen, Salz, Zucker, Gewürze und seine Nahrung muss appetitlich zubereitet sein, damit er sie gerne zu sich nimmt; doch wären seine Sinne gleich denen eines Hundes, reichte allein der wie der erkannte Geruch der letzten Mahlzeit zum vollen Genuss.
>
> Der Mensch ist seit mehreren tausend Jahren in der glücklichen Lage, sich beim Verzehr seiner Nahrung Zeit zu nehmen, ohne fürchten zu müssen, er könnte das Opfer eines wilden Raubtiers werden; doch wäre er ein Hund, hätte er in seinen Genen noch immer den Reflex, seine Mahlzeit so rasch wie möglich zu beenden wie alle Tiere, die damit rechnen müssen, dass ihnen ein Artgenosse die Beute streitig macht oder dass sie von einem Raubtier angefallen werden.

Der Hund ist also ein Hund - auch wenn es manche nicht wahrhaben wollen - und will auch als solcher behandelt, respektiert und geschätzt werden. Erfahrung und Wissenschaft unterstreichen im Übrigen diese Tatsache, wenn man sich die erwähnten Beispiele genauer ansieht.

Die Verdauung ist ein typisches Beispiel für die Reaktionen und Mechanismen jeder einzelnen Spezies, und jede Vermengung kann sich für den Hund (oder den Menschen) als gefährlich erweisen, so offenkundig sind die Unterschiede und so entgegengesetzt die Verhaltensformen.

Der Weg der Nahrung im Organismus erlaubt ein genaueres Verständnis dieser wichtigen Erkenntnisse. Während der menschliche Verdauungsapparat im Allgemeinen 10 bis 11% seines Körpergewichts ausmacht, sind es beim Hund je nach Größe nur 2,7 bis 7%. Allein dies erklärt, warum der Mensch in der Lage ist, variantenreiche Nahrung besser zu verdauen.

Einschätzung der Nahrung: Geruch und Geschmack spielen nicht dieselbe Rolle.

Im Gegensatz zum Menschen beurteilt der Hund seine Nahrung vorwiegend nach dem Geruch. Die Oberfläche der Geruchspapillen ist je nach Rasse 10 bis 100mal größer als beim Menschen. Die Nase eines Deutschen Schäferhundes beispielsweise besitzt bis zu 200 Millionen Geruchsrezeptoren, während die allerfeinste Menschennase über nicht mehr als 20 Millionen verfügt. Der Geschmackssinn des Hundes jedoch spielt entgegen der verbreiteten Meinung bei der Wahl der Nahrung eine untergeordnete Rolle. Freut sich der Mensch über 9000 "Geschmacksknospen" (Zellen, die den Geschmack von Speisen aufnehmen und analysieren), begnügt sich der Hund mit 6 bis 8mal weniger; einmal im Maul hält sich die Nahrung nicht lange auf und begibt sich rasch in Richtung Magen.

Vorverdauung der Nahrung: von der Mundhöhle bis zum Magen

Der Hund kaut seine Nahrung nicht, er verschlingt sie, während der Mensch den Verdauungsprozess durch ausgiebiges Zerkauen einleitet. Dies verschafft Genuss durch Freisetzen von Aromen, die Nahrung vermengt sich mit dem Speichel und die darin enthaltenen Enzyme beginnen bereits mit dem ersten Schritt der Verdauung. Dagegen beginnt dieser Prozess beim Hund erst im Magen.

Die Wissenschaft beweist es einmal mehr: bei der Spezies Canis (Hund) nimmt der Magen zwei Drittel vom Gewicht des Verdauungsapparats in Anspruch, beim Menschen sind es nicht mehr als 10%.

Der deutlich höhere pH-Wert im Magen des Hundes, verbunden mit einem Überfluss an Magensäure (das 6fache vom Menschen), zeigt deutlich die Reinigungsfunktion, die der Magen des Hundes übernimmt, was ihm einen besonders wirkungsvollen natürlichen Schutz gegen Infektionen bietet.

VERGLEICH HUND MENSCH

	HUND		MENSCH
	klein	groß	
Durchschnittliches Gewicht bei Erwachsenen	1 bis 10	45 bis 100	60 bis 80
Gewicht des Verdauungstrakts im Verhältnis zum Körpergewicht	7%	2,70%	10 bis 11%
Lebenserwartung	16 Jahre	8 Jahre	75 Jahre
Anzahl der Welpen pro Wurf	1 bis 4	6 bis 10	
Tragzeit	58 bis 63 Tage		9 Mo
GERUCHSSINN			
Oberfläche der Geruchspapillen	25 bis 250 cm²		2 bis 3 cm²
Anzahl der Geruchszellen (Rezeptoren)	67 Mio. (Cocker) bis 200 Mio (Deutscher Schäfer)		5 bis 20 Mio
GESCHMACKSSINN			
Geschmacksrezeptoren	1 706 Rezeptoren		9 000 Rezeptoren
Gebiss	42 Zähne, sehr kurze Kauzeit		32 Zähne, lange Kauzeit
MAGEN			
Gewicht des Magens/Gewicht des Versauungstrackts	62%		10 bis 15%
HCl (Salzsäure) im Magen	6 x Mensch		1
pH-Wert im Magen, nüchtern	1 bis 2		2 bis 4
13 Verdauungsenzyme im Speichel	nein		ja
DARM			
Darmlänge/Körperlänge	7x	6x	10x
Länge des Dünndarms	1,6 bis 6m		6 bis 6,5m
Darmflora	spezialisiert		weites Spektrum
Bakterien pro 1g Darminhalt	10 000		100 000 000
Ausschütung der Bauchspeicheldrüse	2,4g/kg Körpergewicht/Tag		11,4g/kg Körpergewicht/Tag
Gesamte Verdauungszeit	12 bis 30h		30 bis 48h
ANDERE			
Dauer der Wachstumsphase	10 Mo	18 bis 24 Mo	16 Jahre
Verhältnis Erwachsenengewicht / Geburtsgewicht	20x	100x	20x
Dauer der Mahlzeit	3 bis unter 1 min/100g Trockenmasse		1h
Durschnittliche Energiebedarf pro Tag (kcal/Tag)	130 bis 750	2300 bis 4000	200 bis 2500
Wahrnehmung akustischer Schwingungen	2,5x Mensch		1
Lebensdauer der Fellhaare / Haare	1 Jahr		2 bis 7 Jahre

Verdauungsleistung: ein Erbe der Gene

Einst war der Hund ein Meutetier, für den eine rasche Verdauung der Beute bei maximaler Nährstoffaufnahme überlebenswichtig war. Dies erklärt, warum der Transit verglichen mit dem des Menschen so schnell vonstatten geht (12 bis 14h gegenüber 30 bis 48h).

Die Darmflora ist beim Hund hoch spezialisiert gegenüber der eines Allesfressers beim Menschen, die an so verschiedene Nahrungsmittel wie Fleisch, Gemüse, Obst etc. adaptiert sein muss. Die menschliche Darmflora ist 1000mal dichter als die des Hundes.

Das Wissen um diese Tatsachen, die übrigens auch unter anderen biologischen Gesichtspunkten analysiert werden können, führen zu einem besseren Verständnis der Hunde und helfen uns zu akzeptieren, dass sich der Hund deutlich vom Menschen unterscheidet, nicht nur durch sein Aussehen oder das Fehlen der Sprache. Der stark übertriebene Anthropomorphismus, wie er etwa in Filmen vermittelt wird, ist nicht allein aus wissenschaftlicher Sicht abzulehnen, er richtet zudem größten Schaden an, der bis zu einer Verringerung der Lebenserwartung des Tiers führen kann.

Inhaltsangabe

Ziel dieses Buches ist es, den Leser besser zu informieren. Es sollte nicht als medizinischer Führer verwendet werden und kann den Rat oder das Konsultieren eines Tierarztes, der generell regelmäßig aufgesucht werden sollte, nicht ersetzen.

Rassen in alphabetischer Reihenfolge

Bildnachweis

Alle Fotografien in diesem Buch stammen von Fotografen der Agentur Cogis:
Alexis, Damman, Dr, Fagot, Fleury, Francais, Gaude, Gauzargues, Gelhar, Gissey, Hermeline, Hutin, Juvet, Labat, Lanceau, Lefebvre, Lepage, Miriski, Narat, Nicaise, Potier, Varin, Vedie

Ausnahmen:
- Die Fotos von Yann Arthus-Bertrand, welche sich auf folgenden Seiten finden: 39, 42, 45, 49, 50, 51, 59, 61, 62, 67, 70, 72, 73, 74, 82, 83, 87 ,89 ,90, 97, 99, 100, 101, 103, 108, 110, 113, 114, 116, 117, 120.
- Die Fotos von Royal Canin.
- Die Illustrationen aus Museen oder von auf Kunst- oder Geschichtsfotos spezialisierten Agenturen mit ausdrücklichen Hinweisen in den Bildunterschriften dieser Illustrationen:
UMES: 146, 148, 149, 154, 155, 157, 164.

Die Jägerin Diana, Ecole de Fontainebleau (Frankreich). Paris, Musée du Louvre. Slg. Giraudon, Paris

Vom Ursprung der Hunderassen

Ursprünge und Evolution des Hundes

Wenn man bedenkt, dass die Ursprünge der Erde etwa 4,5 Milliarden Jahre zurückliegen, so erscheinen die der ersten Säugetiere (100 Mio. Jahre), der ersten Hunde (50 Mio. Jahre) und dann der ersten Menschen (3 Mio. Jahre) relativ jung. Vergleicht man die Geschichte der Erde mit einem einen Kilometer langen Weg, stellt das Leben der Säugetiere davon nur die letzten Meter und das der Hunde nur die letzten Zentimeter dar!

Ursprung der Hunde

Die Hunde sind durch spitze Eckzähne, ein der Lebensweise der Allesfresser angepasstes Gebiss und ein auf die Fortbewegungsart der Zehengänger eingestelltes Skelett gekennzeichnete Säugetiere.
Sie gehören der Ordnung der Fleischfresser an, deren Entwicklung im Anfang der Ära des Tertiärs liegt, in den von den am Ende des Sekundärs untergegangenen Großreptilien freigegebenen ökologischen Nischen.
Sie haben sich in jener Epoche zu entwickeln begonnen und sich auf dem nordamerikanischen Kontinent mit dem Auftreten einer Familie von Fleischfressern diversifiziert, die unseren heutigen Wieseln ähnelte: den Miakiden. Diese Familie gedieh vor 40 Millionen Jahren auf dem Kontinent und umfasste 42 verschiedene Arten, von denen heute nur noch 16 existieren. Die Familie der Hunde unserer Zeit umfasst 3 Unterfamilien: die Kuoninen (Lycaon), die Otokyonen (Otocyon von Südafrika) und die Hunde (Hund, Wolf, Fuchs, Schakal, Koyote).

Evolution der Hunde

Mit dem Auftreten der Art Hesperocyon haben die Hunde allmählich die Miakiden ersetzt, was nach allgemein anerkannter Betrachtung etwa 35 Millionen Jahre zurückliegt. Ihr Schädel und ihre Zehen wiesen bereits osteologische und dentale Analogien zu jenen der Wölfe, Hunde und Füchse unserer Zeit auf, so dass sie als Ursprung dieser Linien angesehen werden können.

Im Miozän tritt dann die Art Phlacyon auf, die einem Waschbär ähnelte, vor allem aber auch der Art Mesocyon, deren Zahnformel mit derjenigen des heutigen Hundes vergleichbar war.

Das Profil der Familie der Hunde entwickelte sich dann allmählich über die Arten Cynodesmus (die dem Koyoten ähnelt), Tomarctus und Leptocyon wei!ter, um sich mit der Verkürzung und dem Einrollen des Schwanzes, der Verlängerung der Extremitäten – insbesondere der Verkürzung des Daumen genannten Fingers – die eine Anpassung an das Rennen bedeuteten, immer mehr unserem heutigen Wolf oder selbst dem Hund der Rasse Spitz zu nähern.

Auftreten der Art Canis

Die Hunde der Art Canis treten erst am Ende des Tertiärs auf, um dann im hohen Eozän über die Beringstrasse Europa zu erreichen, aber sie scheinen im Oligozän zugunsten der Ursiden zu verschwinden. Das obere Miozän sieht sie erneut mit der Einwanderung des Canis lepophagus, der noch immer aus Nordamerika stammt, aber bereits dem heutigen Hund ähnelt, wenn auch sein Wuchs eher dem des Kojoten nahestand. Diese Hunde breiteten sich allmählich nach Asien, dann im Pliozän nach Afrika aus. Paradoxerweise scheinen sie Südamerika erst sehr viel später, im unteren Pleistozän, erobert zu haben. Schließlich ist es wahrscheinlich der Mensch, der vor etwa 500.000 Jahren im oberen Pleistozän am Ursprung ihrer Wanderung auf den australischen Kontinent steht. Aber es ist durch nichts bewiesen, dass sie auch die Vorfahren der Dingos sind, dieser Wildhunde die heute den Kontinent bevölkern und die erst vor 15.000 – 20.000 Jahren durch den Menschen eingeführt wurden.

Der Vorfahr des Wolfs, des Schakals und des Koyoten

Der Canis etruscus, der etruskische Hund, der vor etwa 1 – 2 Millionen Jahren lebte, wird heute trotz seines kleineren Wuchses als der Vorfahr des Wolfs in Europa angesehen, während der Canis cypio, der vor etwa 8 Millionen Jahren die Pyrenäen bevölkerte, am Ursprung des heutigen Schakals und des Kojoten zu stehen scheint.

Von der Bedeutung archäologischer Stätten in Europa und China

Man unterscheidet auf den archäologischen Stätten Europas mehrere Hundearten. Die größeren werden Nachfahren der großen Wölfe des Nordens sein (sie hatten die Widerristhöhe der heutigen deutschen Doggen). Sie scheinen auch die nordischen Hunde und die großen Schäferhunde hervorgebracht zu haben. Die kleineren, die morphologisch den heutigen Wilddingos näher stehen, finden ihre Ursprünge bei den kleineren Wölfen Indiens oder des Mittleren Ostens.

Der Wolf als Urvater des Hundes?

Die ältesten entdeckten Hundeskelette lassen sich auf etwa 30.000 Jahre nach dem Auftreten des Menschen im Cro-Magnon (Homo sapiens sapiens) zurück datieren. Sie sind immer in Verbindung mit den Resten menschlicher Gebeine exhumiert worden, deshalb erhielten sie in der Folge die Bezeichnung Canis familiaris (-10.000 Jahre). Es ist, anzunehmen, dass der Haushund von einem zuvor lebenden Wildhund abstammt. Zu seinen potentiellen Vorfahren gehören der Wolf (Canis lupus), der Schakal (Canis aurus) und der Kojote (Canis patrans).

Übrigens wurden die ältesten Überreste von Hunden in China entdeckt, während weder der Schakal noch der Kojote jemals in diesen Gegenden identifiziert wurden. Ebenfalls in China wurden die ersten Verbindungen zwischen dem Menschen und einer Spielart des kleinwüchsigen Wolfs (Canis lupus variabilis) nachgewiesen, der vor 150.000 Jahren lebte. Die Koexistenz dieser beiden Spezies in einem frühen Stadium ihrer Evolution stützt die Theorie des Wolfes als Vorfahre des Hundes.

Diese Hypothese ist in jüngerer Zeit durch mehrere Entdeckungen gestärkt worden, insbesondere durch das Auftreten gewisser nordischer Hunderassen als direkte Nachfahren des Wolfs. Genetischer Arbeiten, bei denen das mitochondriale DNS dieser Arten verglichen wurde, ergab sich eine Ähnlichkeit von mehr als 99,8 % zwischen Hund und Wolf. Die zwischen dem Hund und dem Kojoten überstieg nicht die 96%-Marke. Weitere Hinweise ergeben sich durch die Existenz von mehr als 45 Unterarten von Wölfen, die am Ursprung der bei den Hunden beobachteten Vielfalt der Rassen stehen könnten; die Ähnlichkeit und das gegenseitige Verständnis der Körpersprache und vokalen Ausdrucksweise zwischen diesen beiden Spezies.

Ähnlichkeiten zwischen Hund und Wolf : Eine schwierige Analyse

Diese Ähnlichkeiten zwischen Hunden und Wölfen komplizieren die Aufgabe der Paläozoologen, eine präzise Unterscheidung zwischen den Überresten des Wolfes und des Hundes zu treffen, wenn sie unvollständig sind oder der archäologische Kontext das Zusammenleben wenig wahrscheinlich macht. Tatsächlich unterscheidet sich der primitive Hund von seinem Vorfahren nur um einige wenig zuverlässige Detailpunkte, wie die Länge der Kopfvorderseite, den Winkel des Stops oder die Entfernung zwischen den Reißzähnen und den oberen Backenzähnen.

Da außerdem die Zahl der Hunde, die Raubtiere waren, mit Sicherheit geringer war als die ihrer Beutetiere, sind die Chancen gering, ihre Fossilien zu entdecken. Alle diese Schwierigkeiten, zu denen noch die Möglichkeiten der Verbindung Hund – Wolf hinzukommen, lassen erahnen, warum viele Steine des Mosaiks des Ursprungs des Hundes noch zu entdecken bleiben. Vor allem gilt es, die Übergangsformen zwischen dem Canis lupus variablis und dem Canis familiari zu entdecken, die es eines Tages zulassen werden, eine scharfe Trennlinie zwischen den verschieden Theorien zu ziehen.

Die Schlacht der Theorien

Zahlreiche auf den Analogien des Knochenbaus und des Gebisses gegründete Theorien haben sich seit langer Zeit gegenüber gestanden, um den Spezies Wolf, Schakal und Kojote als Vorfahre des Hundes zu definieren. Andere haben eine Hypothese vertreten, nach der die Hunderassen so verschieden sind, wie der Chow-Chow oder der Windhund, da sie von verschiedenen Spezies derselben Art Canis abstammen.

Fiennes schrieb den Ursprung der vier großen Rassengruppen unserer heutigen Hunde 1968 sogar den vier verschiedenen Unterspezies der Wölfe (europäischer Wolf, chinesischer Wolf, indischer Wolf und nordamerikanischer Wolf) zu.

Manche Forscher haben schließlich angenommen, dass Kreuzungen zwischen diesen Spezies am Ursprung der Spezies Hund stehen könnten und dabei argumentiert, dass Paarungen zwischen Wolf – Kojote, Wolf – Schakal und auch Schakal – Kojote fruchtbar sind und zur Geburt von zeugungsfähigen Hybriden führen können, die alle 39 Chromosomenpaare besitzen. Diese letztgenannte Theorie der Hybridation erscheint heute durch die Kenntnis der ökologischen Barrieren, die diese verschiedenen Spezies in der Epoche des Auftritts des Hundes trennten, und die insbesondere das Aufeinandertreffen von Kojoten und Schakalen unmöglich machten, entkräftet.

Die Wölfe waren überall anwesend. Die Unterschiede im Verhalten und in der Größe zu den beiden anderen Spezies machte die Paarungen zwischen diesen jedoch höchst unwahrscheinlich, was unter anderem die Hypothese widerlegen würde, die die "Vaterschaft" des Hundes einer Hybridation zwischen dem Schakal (*Canis aureus*) und dem grauen Wolf (*Canis lupus*) zuschreibt.

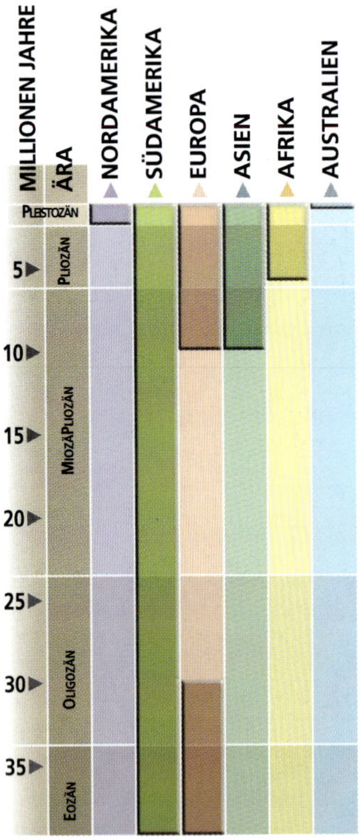

GEOGRAPHISCHE VERBREITUNG DES HUNDES IM VERLAUFE DER ERDZEITALTER
(Nach F. Duranthon, SFC 1994).

Nach jüngeren amerikanischen und schwedischen Untersuchungen lebt der Hund seit etwa 135.000 Jahren auf der Erde, das heißt 100.000 Jahre früher als ursprünglich angenommen. Tatsächlich sind, vermischt mit menschlichen Überresten, Reste von in der Morphologie dem Wolf nahestehenden Hunden an Stätten gefunden worden, die älter als 100.000 Jahre sind.

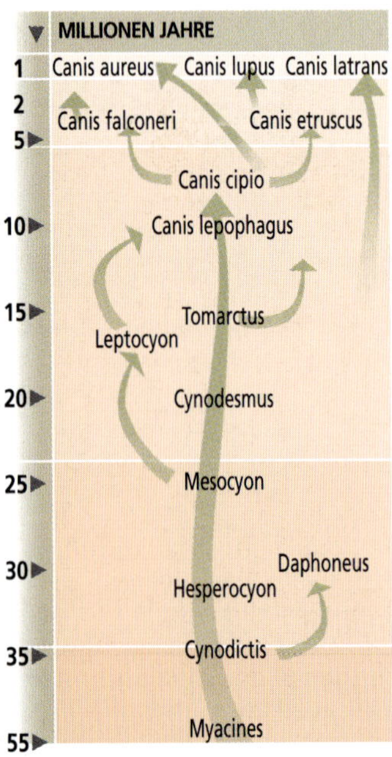

CANINE FOSSILIEN
(Nach M. Thérin).

Es bleibt jedoch anzumerken, dass die "Verbreitungstheorie", die die Verantwortung für die Anpassung des primitiven Hundes den menschlichen Wanderungen zuschreibt, die "Evolutionstheorie" nicht ausschließt, die wieder umbesagt, dass die Vielfalt der Hunde auf den unterschiedlichen Zentren der Domestikation des Wolfes beruht.

Die Domestikation des Wolfes

Die Entdeckung von Spuren und sterblichen Überresten von Wölfen in den von Menschen bewohnten Gebieten Europas geht etwa 40.000 Jahre zurück, wenn auch auf prähistorischen Fresken ihre tatsächliche Verwendung erst durch den Homo sapiens bekundet wurde.

In dieser Epoche war der Mensch noch nicht sesshaft und ernährte sich von den auf der Jagd erlegten Tiere, deren Wanderungen er folgte. Die klimatischen Veränderungen – Ende einer Eiszeit und starke Erwärmung der Atmosphäre – die sich vor etwa 10.000 Jahren beim Übergang vom Pleistozän zum Holozän abspielten, haben zur Ablösung der Tundras durch Wälder und in der Folge zum Rückgang des Mammuts und des Bisons zugunsten des Hirschs und des Wildschweins geführt. Diese Verkleinerung des traditionellen Jagdwildes hat den Menschen dazu gebracht, neue Waffen zu erfinden und seine Jagdtechniken anzupassen. Er befand sich damit im Wettbewerb zu den Wölfen, die sich von derselben Jagdbeute ernährten und dieselbe Methode der Jagd, der von "Treibern" unterstützten Meute, anwendeten.

Der Mensch musste so auf ganz natürliche Weise versuchen, den Wolf zu seinem Verbündeten in der Jagd zu machen, indem er zum ersten Mal versuchte, ein Tier zu zähmen, lange bevor er selbst sesshaft wurde und Vieh züchtete. Somit war der primitive Hund ein Jagdhund und kein Schäferhund.

Von der Zähmung des Wolfes bis zu seiner Domestikation

Die Domestikation des Wolfes begleitet somit den Übergang des Menschen von seiner Zeit als "Jäger und Sammler" zu seiner Periode als "Bauer". Sie hat mit Sicherheit mit der Zähmung von einigen Einzeltieren begonnen. Selbst wenn diese Zähmungsarbeit schließlich zum Tod der Einzeltiere führte, stellt sie dennoch die erste unverzichtbare Etappe dar, die dann in einer zweiten Etappe zur Beherrschung der Reproduktion führte, womit die Domestikation einer Art abgeschlossen war.

Die Domestikation des Wolfes hat ohne Zweifel im Orient begonnen, aber sie wurde nicht an einem einzigen Ort und auch nicht von heute auf morgen durchgeführt, wenn man sich an die verschiedenen in den archäologischen Stätten entdeckten Zentren der Domestikation hält.

Es mussten mehrere Versuche an verschiedenen Punkten des Globus mit jungen Wolfwelpen kurz nach ihrer Geburt, die von mehreren Gruppen abstammten, unternommen werden, welche zunächst zu einer unumkehrbaren Gewöhnung an den Menschen führten, dann zur Zurückweisung der Artgenossen, die den Erfolg der Domestikation charakterisieren. Dieser Erfolg wurde ohne Zweifel durch die natürliche Haltung der jungen Wölfe unterstützt, sich den hierarchischen Regeln einer Meute zu unterwerfen. Selbst wenn manche erwachsen gewordenen weiblichen Wölfe von Zeit zu Zeit von wilden Wölfen befruchtet worden waren, waren die Produkte dieser Paarungen, wenn sie in der Nähe des Menschen aufgezogen wurden, ebenfalls dieser interspezifischen Gewöhnung unterworfen. Dies begrenzte die Möglichkeiten der Rückkehr zur Wildform.

Vom Wolf zum Hund

Wie bei jeder Domestikation war die Unterwerfung des Wolfes von mehreren morphologischen und verhaltensmäßigen, sowie von unserer eigenen Evolution abhängigen Veränderungen begleitet. So zeugen die an den Skeletten beobachteten Veränderungen von einer Art der jugendlichen Regression, die man "Pädomorphose" nennt, davon, dass diese Tiere, wenn sie erwachsen waren, im Verlauf von Generationen Merkmale und gewisse unreife Verhaltensweisen behalten hatten : Verringerung der Größe, Verkürzung der Kopfvorderseite, Gebell, Klagelaute, verspieltes Verhalten... Dies veranlasste eine Reihe von Archäozoologen zu der Aussage, dass der Hund ein Tier

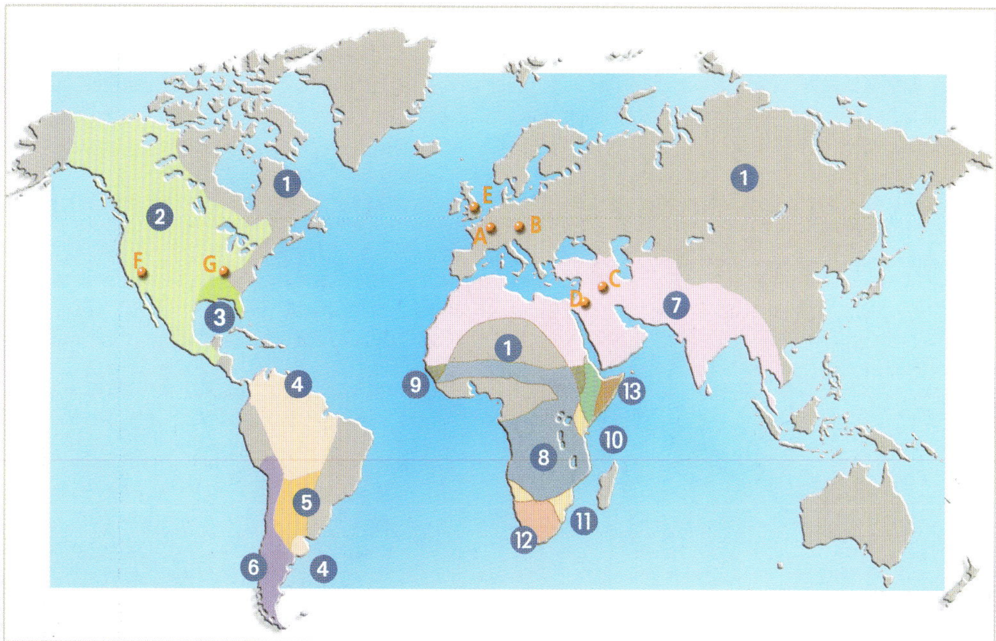

GEOGRAPHISCHE GEBIETE DER ART HUND,
DES SÜDAMERIKANISCHEN FUCHSES UND FUNDSTELLEN DER ERSTEN HUNDE
Nach Y. Lignereux und I. Carrière: SFC 1994, La Recherche 1996.

- 1 *Canius lupus*
- 2 *Canius latrans*
- 3 *Canius rufus*
- 4 *Cerdocyon*
- 5 *Dusicyon (psedalopex) / Cerdocyon*
- 6 *Dusicyon (psedalopex)*
- 7 *Canis avreus*
- 8 *Canis adustus*
- 9 *Canis adustus / Canis avreus*
- J *Canis mesomelas / C. adustus / C. avreus*
- K *Canis mesomelas / Canis adustus*
- L *Canis mesomelas*
- M *Canis mesomelas / Canis avreus*

SPUREN DER ERSTEN HUNDE

- A Bonn-Oberkassel: -14 000
- B Döbritz-Gniegrotte: -13 000
- C Palagrawa-Höhle: -12 000
- D Matlaha (und mehrere andere): -11 000 / -12 000
- E Starr Car / Seaman Car: -14 000
- F Danger-Höhle: -14 000
- G Koster: -14 000

auf dem Wege der Artwerdung ist, der im Stadium des Heranwachsenden verblieben und dessen Überleben damit völlig vom Menschen abhängig ist.

Paradoxerweise ist dieses Phänomen von einer Verkürzung der Wachstumsperiode begleitet, die zu einer Vorverlegung der Zeit der Pubertät führt und so auch eine vorzeitige Reproduktion ermöglicht. Dies würde auch erklären, warum heute die Pubertät bei den kleinen Hunderassen frühzeitiger eintritt als bei den großen Rassen und in allen Fällen früher als bei den Wölfen (etwa 2 Jahre). Parallel dazu passt sich das Gebiss mehr der Lebensweise der Allesfresser als der Fleischfresser an, da sich die Haushunde mit den Resten der Nahrung des Menschen "zufriedengeben" konnten, ohne ihre tägliche Nahrung jagen zu müssen.
Diese Form von "Entartung", die die Domestikation begleitet, ist auch bei der Mehrzahl der anderen Spezies wie den Schweinen (Verkürzung der Schnauze) und selbst bei aufgezogenen Füchsen anzutreffen, die über nur etwa 20 Generationen ein Verhalten kleiner Hunde annehmen können. Die domestizierte Beziehung scheint damit die natürlichen Evolution zu modifizieren.

Zuchtauswahl durch den Menschen

Obwohl man in der ägyptischen Paläontologie die Beschreibung von "Windhunden" oder in der assyrischen Geschichte Erzählungen von "Molosserhunden" findet, die in Wirklichkeit nur Unterarten des Canis familiaris waren, ist das Auftreten der Hunderassen, so wie wir sie heute kennen, ein viel jüngeres Phänomen als die Domestikation, da sie erst seit dem Altertum bekannt sind.

Abgesehen von einigen Hunderassen wie dem Malteser, dessen rassische Identität in einem begrenzten Gebiet erhalten werden konnte, sind die meisten Hunderassen im Zuge der rom Menschen vorgenommenen Zuchtauswahl entstanden, die durch die Domestikation und gezielte Paarungen ermöglicht wurde.

Die Versuche, Tiere zu domestizieren sind im Laufe der Geschichte des Menschen in der Regel misslungen. So haben in den meisten Fällen die von den alten Ägyptern an Hyänen, Gazellen, Wildkatzen oder Füchsen vorgenommenen Versuche nur zur Zähmung einzelner Individuen geführt. In jüngerer Zeit sind dieselben Versuche an Wilddingos ebenfalls fehlgeschlagen. Auch die Domestikation der Katze kann manchmal unter vielen Aspekten als unabgeschlossen gelten.

Anpassung der Spezies Hund im Verlauf der Zivilisationen

Somit hat sich im Gegensatz zu anderen nicht domestizierten Spezies, wie etwa den Krokodilen, die sich seit 200 Millionen Jahren kaum weiterentwickelt haben, die Spezies Hund, so wie wir sie heute kennen, in Rekordzeit an alle Klimas, Zivilisationen und geographischen Zonen angepasst (oder ist an sie angepasst worden): vom Husky Sibiriens zum Nackten Hund Mexikos, vom Pekinesen zur deutschen Dogge, über den Boxer oder den Teckel. Die 400 heute vom Internationalen Kynologischen Verband (FCI) zugelassenen Rassen gehören alle trotz ihrer Vielfalt der Art Canis familiaris an, unterstreichen aber kurioserweise die Unabhängigkeit der morphologischen Umwandlungen des Kopfes, der Glieder und der Wirbelsäule im Verlauf der Evolution des Hundes.

Diese Diversifizierung hat ebenfalls mit dem Sesshaftwerden des Menschen begonnen, als er im Neolithikum vom Stadium des Verbrauchers zum Stadium des Produzenten übergegangen ist. In dieser Epoche musste der Hund ohne Zweifel von mittlerer Statur sein und den von Van den Driesch beschriebenen "Loulou des tourbières" in England ähneln, das heißt einem Hund, der dem heutigen Typ Spitz ähnelte.

Der vom Menschen ausgeübte Selektionsdruck kann beträchtlich sein, wenn man zum Beispiel weiß, dass in Argentinien ein Jahrhundert ausgereicht hat, um aus normalen Pferden Pferde mit 40 Zentimeter Stockmaß zu züchten, und dass die Auswahl in der Spezies Hund aufgrund seiner schnelleren Vermehrung und seiner kurzen Tragzeit noch schneller vonstatten gehen kann.

Auftreten verschiedener Hundetypen

Im 3. Jahrtausend v. Chr. treten in Mesopotamien Hunde auf, die sich in zwei großen Typen voneinander abheben. Es sind die mit dem Schutz der Viehherden gegen Raubtiere (Bär und, ironischerweise, sein Vorfahre der Wolf!) betrauten Molossoïden, "Fleischerhunde", und der an Rennen und wüstenartigen Regionen angepasste Typ des "Windhunds", der sich als wertvoller Gehilfe des Menschen bei der Jagd erweist.

Neben diesen beiden Grundtypen gab es ohne Zweifel bereits die Hundetypen, die heute den von dem Kynologischen Verband erfassten Hauptgruppen entsprechen würden...

Der Hund an der Seite des Menschen

Seit dem Altertum übernimmt der Hund zahlreiche Funktionen und erfüllt Aufgaben, die so vielfältig sind wie der Kampf, die Fleischproduktion, das Ziehen von Schlitten in arktischen Regionen und selbst die heiligen Riten der Mythologie. Später wird das Römische Reich zum Pionier der Hundezucht, und verwies stolz auf den Titel "Vaterland der 1.000 Hunde", der auf die Mannigfaltigkeit der Hunderassen hinwies, die hauptsächlich als Haushunde, als Wachhunde auf den Bauernhöfen, als Hirtenhunde und für die Jagd eingesetzt wurden.

Es ist von daher leicht, sich vorzustellen, wie diese Vielfalt sich im Laufe der Jahrhunderte mit dem Austausch zwischen den Völkern, den genetischen Mutationen (die wahrscheinlich am Ursprung des chondrodystrophischen Zwergwuches der heutigen Bassets stehen), der Auswahl und der natürlichen oder gewollten Eliminierung, die zu den hypertypisierten Rassen führte, wie der Bulldogge, ein Hund, der ursprünglich für den Stierkampf gezüchtet wurde, oder auch der Pekinesen, den Schoßhunden der chinesischen Kaiserinnen.

Jagdhunde und erste Standards

Im Mittelalter wurden verschiedene Hundearten entsprechend ihren Fähigkeiten für die verschiedenen Formen der Jagd ausgewählt. Spürhunde und Bracken wurden eingesetzt, um die Jagdbeute aufzuspüren, ohne sie zu verbellen, Laufhunde, um die Hirsche zu ermüden, und Vogeljagdhunde, um das Federwild aufzuschrecken. Auch Bellhunde für die Verfolgung von Räubern und sogar Bassets für die Jagd in Erdhöhlen werden beschrieben. Selbst wenn es jedoch heute unmöglich ist, eine Rasse aufgrund des Skeletts mit Gewissheit zu identifizieren, so sind doch einige Rassen ohne Zweifel ausgestorben.

Die "Festlegung" von Merkmalen, unlösbar verbunden mit dem Begriff des Standards, also der Rassenbeschreibung, ist tatsächlich erst ab dem 16. Jahrhundert für Jagdhunde entstanden. Sie setzt sich im 17. und 18. Jahrhundert mit einem Essay über den Stammbaum der Buffonrassen, und vor allem im 19. Jahrhundert mit dem Aufblühen der durch die ersten Hundeausstellungen in London im Jahre 1861 und in Paris 1863 geprägten Kynophilie fort.

Man bemüht sich seitdem darum, ausgehend von den zuvor bestehenden Rassen, neue morphologische Typen zu schaffen, und jeder Rassehundeclub kann in seiner Geschichte das präzise Datum der Ausstellung finden, auf der Individuen, die zuvor nur eine "Züchtung" bildeten, offiziell zur "Rasse" erklärt wurden.

Jagdszenen. Miniature du Trésor de Vénerie, nach dem Manuskript von Harduin de Fontaines-Garin, Sammlung Selva, Paris

Der Hund der Gegenwart

Schon seit der römischen Antike werden die Hunde nach ihren Eigenschaften klassifiziert. So wurde zwischen „Schäferhunden“ , „Jagdhunden“ und „Haushunden“ unterschieden. Aristoteles beschrieb sieben Hunderassen, erwähnte jedoch mit keinem Wort die „Windhunde“, obwohl diese schon seit langer Zeit in Ägypten existierten. Im 17. Jahrhundert nahm Buffon eine Klassifizierung der Hunde nach der Form ihrer Ohren vor: Er teilte sie in 30 Rassen mit geraden, fallenden oder halbfallenden Ohren ein, während Cuvier vorschlug, die Spezies Hund anhand der Schädelform der Individuen in „Hofhunde“, „Doggen“ oder „Spaniel“ einzuteilen. Im Jahre 1885 wurde die Spezies Hund im „Livre des origines français“ in 29 klar unterschiedene Sektionen eingeteilt. Diese wurden zu Beginn des 20. Jahrhunderts in 11 Gruppen zusammengefasst und schließlich im Jahre 1950 in die heute bekannten 10 Gruppen geändert.

Rasse, Varietät und Standard

Im Jahre 1984 wurden auf Vorschlag von Professor R. Triquet hin von der FCI (Fédération Cynologique Internationale) zootechnische Definitionen der Begriffe "Gruppe", "Rasse" und "Varietät" offiziell festgelegt.

Spezies und Rasse

Die Rasse ist, nach der Definition von Professor Raymond Triquet "eine Gruppe von Individuen, die gemeinsame Merkmale aufweisen, die sie von anderen Vertretern ihrer Spezies unterscheiden, und die durch Vererbung übertragbar sind". Die Spezies "entsteht auf natürlichem Wege, wohingegen die Rasse das Ergebnis von Züchtungen im Rahmen der Kynologie darstellt." So kann der Mensch mit gezielten Paarungen von Zuchttieren neue Rassen heranzüchten, aber niemals eine neue Spezies schaffen.

So ist die Rasse der „Jack Russel Terrier“ aus von dem Geistlichen gleichen Namens vorgenommenen Kreuzungen zwischen verschiedenen Terrier-Arten hervorgegangen, um deren Eignung für die Jagd zu verbessern. Umgekehrt haben manche Hunde, wie die Berger du Languedoc, niemals den Status einer anerkannten Rasse erreichen können. Andere, wie der Chambray, der Levesque oder sogar der Normand-Poitevin sind wegen ihrer geringen Zahlen oder wegen des mangelnden Interesses an ihnen langsam ausgestorben, oder sie sind endgültig von der FCI aus der Nomenklatur gestrichen worden. Noch heute werden Rassen wie die Belgische Bracke oder der Ardenner Hirtenhund suspendiert, während andere wie der Épagneul de Saint-Usuge oder der American Bulldog Kandidaten für eine offizielle Anerkennung sind. So hat sich im Verlauf der letzten 50 Jahre die Zahl der von der FCI anerkannten Rassen praktisch verdreifacht, womit auf immer präzisere Anforderungen oder manchmal einfach dem Wunsch nach Originalität reagiert wurde!

Gruppe, Rasse und Züchtung

Die Gruppe wurde wie folgt definiert: "Verschiedene Rassen, die eine Reihe von eindeutig zu unterscheidenden, durch Vererbung übertragbaren, gemeinsamen Merkmalen aufweisen". So zeichnen sich zum Beispiel die der ersten Gruppe der Schäferhunde angehörenden Individuen, trotz ihrer morphologischen Unterschiede, alle dadurch aus, dass sie ihren ursprünglichen Instinkt als Hütehund für Viehherden bewahrt haben.

Die Varietät hingegen stellt der Definition des Kynologen Triquet zufolge "eine Untergruppe innerhalb einer Rasse dar, deren Vertreter sich alle durch ein gemeinsames, vererbbares Merkmal von den anderen Vertretern ihrer Rasse unterscheiden".

So stellt der Langhaarige Deutsche Schäferhund eine Varietät der Rasse Deutscher Schäferhund dar, obwohl es durchaus möglich ist, dass unter seinen Nachfahren kein einziger langhaariger Vertreter zu finden sein wird (das Merkmal "langhaarig" auf rezessive Weise erblich). Ebenso sind für zahlreiche Rassen verschiedene Farben, ja selbst verschiedene Ohrstellungen in ihrer Rassenbeschreibung zulässig. So umfasst zum Beispiel die Rasse der "Dachshunde" drei Varietäten: Langhaar, Kurzhaar und Rauhaar.

Einige Rassen sind von ihren ursprünglichen Anlagen abgewichen. So werden heute zum Beispiel nur wenige Yorkshire Terrier tatsächlich für die Jagd auf Höhlentiere verwendet - die Mehrzahl dieser Tiere werden als Begleithunde gehalten. Auch die Labrador Retriever, die ursprünglich zusammen mit Treibhunden für die Jagd eingesetzt wurden, werden heute kaum noch wegen ihrer Gebrauchseigenschaften gezüchtet.

Rassebeschreibung - Standard

Die Rassenmerkmale, auch "Standard" genannt, werden als "die Gesamtheit der für eine Rasse charakteristischen Merkmale" definiert. Sie werden als Grundlage bei der Zuchteignungsprüfung herangezogen, um die Übereinstimmung des Hundes mit den äußerlichen Merkmalen und Wesenseigenschaften seiner Rasse zu bewerten.

Jede Rasse hat einen von dem Rassenverband ihres Ursprungslandes aufgestellten Standard, und nur dieser Verband ist befugt, den Inhalt des Standards zu verändern. So bleibt die an der Wiege der Rasse festgelegte Rassebeschreibung der einzige von der FCI anerkannte Standard, selbst wenn einige Länder von Zeit zu Zeit versuchen, eigene Züchtungen einzuführen. So wurden zum Beispiel englische, amerikanische oder kanadische Züchtungen der Rasse Akita Inu zur Anerkennung seitens der FCI vorgeschlagen – ohne Erfolg. Andere wurden von den zuständigen nationalen Instanzen nicht anerkannt.

Andere wiederum, wie der Toy- und der Abricot-Pudel, sind schließlich vom Ursprungsland offiziell zur Rasse der Pudel gehörend anerkannt worden.

Schönheitsstandard und sportlicher Morphotyp

Gewisse Hunderassen lassen sich nicht eindeutig den bestehenden Gruppen zuordnen, weil sie sich allmählich von ihren ursprünglichen Erbanlagen entfernt haben. Um die Ursprünglichkeit der Rassen zu bewahren, haben manche Hundezuchtverbände Tests für natürliche Eigenschaften, ja sogar Arbeitsprüfungen, wie z.B. Feldprüfungen für Vorstehhunde eingeführt, die es ermöglichen, den Hund nach seinen verhaltensspezifischen Anlagen und nicht nur nach seinem äußerlichen oder phänotypischen Aussehen zu beurteilen.

Kreuzungen verschiedener Varietäten

Hundeveranstaltungen wie Wettbewerbe, Ausstellungen und Meisterschaften ermöglichen es den Richtern und Sachverständigen, die wegen ihrer Schönheits- oder Gebrauchseigenschaften als „positive Vererber" ihrer Rasse beurteilten Hunde zu fördern. Diese Praxis der Bewertung richtet die Zuchtauswahl an den von den Rasseklubs verfolgten Zuchtzielen aus, kann aber auch dazu führen, dass manchmal überzüchtete, sehr weit vom Ursprungsstandard entfernte Exemplare entstehen, die selbst wiederum allmählich verschiedene Varietäten aufkommen lassen, wenn die Gebrauchseigenschaften der Hunde mit den Schönheitskriterien wenig vereinbar zu sein scheinen. Um diese Abweichungen zu vermeiden, da sie die Integrität der Rasse und ihren Standard bedrohen, ist es wichtig, regelmäßig die besten Tiere jeder Rasse zu kreuzen, um gleichzeitig die der Rasse eigenen Arbeits- und Schönheitsqualitäten zu bewahren. Der Fall des Belgischen Schäferhundes, der vier klar zu unterscheidende Varietäten aufweist, ist bezeichnend. Es werden regelmäßig Paarungen zwischen Tieren der Varietäten Groenendael und Tervueren vorgenommen, um eine gewisse rassische Homogenität zu

bewahren, während Kreuzungen zwischen Malinois und anderen Rassen zur Verbesserung der Gebrauchseigenschaften (scharf, schussfest) wiederum die Integrität dieser Varietät gefährden könnten.

Eine nur an den Gebrauchseigenschaften orientierte Zuchtauswahl läuft Gefahr, einen außerhalb des Standards liegenden Typ zu schaffen (wie z.B. beim Englischen Setter) - denn morphologische Merkmale verlieren sich viel schneller als Gebrauchseigenschaften erworben werden!

Zuchtstamm, Vererbungslinie, Familie

Alle Rassen stammen von einem ursprünglichen Zuchtstamm ab, dessen Nachkommen bei verschiedenen Züchtern unterschiedliche Zuchtlinien hervorbringen.

Selbst wenn die Erbanteile des Vaters und der Mutter bei den Welpen der ersten Generation identisch sind, spricht man bei der Betrachtung eines Stammbaumes über mehrere Generationen z.B. von „mütterlicher" oder „väterlicher Abstammung".

Tatsächlich sind die Nachkommen eines „positiven Vererbers" (d.h. eines Elite-Zuchttiers) oft viel zahlreicher als die einer prämierten Hündin, die aus physiologischen Gründen auf zwei Würfe pro Jahr beschränkt ist. Die Zuchteignungsprüfung und die Zuchtempfehlung eines männlichen Zuchttieres kommen deshalb stärker für die Rasse zum Tragen als die eines weiblichen!

Familie und Konsanguinität

Der Einblick in die Ahnentafel eines Hundes ermöglicht die Rückverfolgung des Stammbaums eines Hundes und die Bestimmung des Verwandtschaftsgrads zu den Vorfahren. Es zeigt sich, dass die Linienzucht bei weitem die am häufigsten angewandte Zuchtauswahlmethode in der Hundezucht ist.

Nach mehreren Generationen ist es somit möglich, die Festigung der vom Züchter gewünschten Merkmale zu erreichen, um einen, für den erfahrenen Hundefreund erkennbaren Typ zu züchten. Seine Zuchttiere werden somit zu einer Einheit von blutsverwandten Exemplaren mit ähnlichen Merkmalen, wobei jede Zuchtstätte sich selbst durch einen „Zusatz", den Namen der eigenen Zuchtstätte, zu erkennen gibt.

Blutauffrischung

Die Übertreibung der Blutsverwandtschaft innerhalb derselben Familie kann jedoch zu Verlusten bei der Fruchtbarkeit und zu einer "genetische Sackgasse" der Merkmale führen. Der Züchter hat dann die Möglichkeit, Zuflucht zur "Auffrischung" bei einer anderen Blutlinie zu nehmen. Es ist heute sogar möglich, den Samen aufzubewahren und damit eine genetische Vaterschaft von gewissen Rüden zu bewahren, deren Eigenschaften eine "Rückkehr in die Vergangenheit" zulassen würden.

Mischlingshunde

Im Gegensatz zum „Bastard", Ergebnis einer Paarung zwischen zwei Hunden verschiedener Rassen oder der Kreuzung eines Rassehundes mit einem anderen Hund unbestimmten Ursprungs, ist der Mischling unmöglich genau zu beschreiben, da er das Ergebnis eines Zufalls ist, der Spross einer Kreuzung zwischen zwei Eltern unbestimmter Rassen. Ihre Zahl ist in Deutschland schwer zu erfassen, Schätzungen zufolge stellen Bastarde und Mischlinge etwa 60 Prozent der deutschen Hundepopulation.

Gebrauchseigenschaften und Robustheit

Mischlinge sind nicht immer Musterbeispiele an Schönheit, weisen aber häufig durchaus gute Gebrauchseigenschaften und eine Robustheit auf, die von ihren Besitzern sehr geschätzt werden.

Während der echte Mischling im allgemeinen in der Wildfarbe auftritt – sein Fell ist meist Grau oder Fahlrot – ist er sehr oft auch mittelgroß nach dem Beispiel des „Pluto" von Walt Disney, und er besitzt eine gewisse Schlauheit, die es ihm erlaubt, sein Talent als Jagdhund unter Beweis zu stellen, da ihm seine „für alle Gelegenheiten passende" Farbe eine ausgezeichnete Tarnung sichert (nur 10 Prozent der Jagdhunde in Frankreich haben eine Ahnentafel). Als Spross verschiedener Kreuzungen hat er auch den Vorteil, über ein äußerst reichhaltiges genetisches Erbgut zu verfügen, wobei große Chancen bestehen, dass die ungünstigen (oft rezessiven) Gene von den günstigen Genen dominiert werden.

Vom Zufall der genetischen Diversität

Der Hauptnachteil dieser genetischen Vielfalt beruht auf dem Fehlen einer Garantie für die Übertragung von Merkmalen im Verlaufe aufeinanderfolgender Generationen, und es ist sehr schwierig, die morphologischen und psychologischen Eigenschaften der von Mischlingseltern abstammenden Welpen vorauszusagen, selbst wenn diese nicht zu leugnende Qualitäten aufweisen.

Oft heißt es, dass Mischlinge lebhafte, intelligente, widerstandsfähige und willige Tiere seien, aber dies lässt sich nicht verallgemeinern. Genetische Zufälle dieser Art genießen keine sozialen, bzw. gesellschaftlichen Akzeptanz. Ganz im Gegenteil – Mischlinge stellen immer noch die Mehrheit der Streuner und Tierheimbewohner.

Quantitative Merkmale, wie die Gebrauchseigenschaften, sind von zahlreichen verschiedenen Genen abhängig und damit weniger vererblich als die morphologischen Merkmale, wie Farbe oder Textur des Haarkleids, die von einer sehr beschränkten Zahl von Genen abhängen. Die Anhänger des Mischlings sind oft Jäger, die aber doch zugeben, dass es schwierig ist, Mischlinge in der Hoffnung zu züchten, ihre Eigenschaften zu festigen. Aber der Verkaufswert dieser Tieres ist gleich Null und die Bestände sind groß, deshalb haben Jäger keine Schwierigkeiten, ihre Zuchtbestände zu erneuern.

Die Dingos kamen wahrscheinlich vor ca. 15.000 bis 20.000 Jahren nach Australien – zu einer Zeit, da der Fünfte Kontinent noch auf dem Landwege zu erreichen wer, aber es lässt sich nicht mehr eindeutig ermitteln ob es sich um einen verwilderten Haushund oder um eine eigenständige Spezies handelt. Im ersteren Fall würde man sie Canis familiaris dingo nennen, im zweiten Fall Canis dingo. So lange dieser Zweifel fortbesteht, wird dieser Hund wohl weiter ohne offizielle Benennung leben müssen…

Gibt es noch Wildhunde auf der Erde?

Selbst heutzutage ist es noch immer schwierig, gewisse Hundearten wie den Abessinischen Wolf Canis Semensis (mit einem Bestand von circa 500 Tieren in Äthiopien vertreten) den Wölfen, Füchsen oder Wildhunden zuzuordnen.

Nichtsdestoweniger existieren, auch wenn man die Wölfe aus der Gruppe der Wildhunde ausschließt, immer noch einige Arten von Wildhunden, wie die Singenden Hunde Neuguineas, die Paria in Indien und Afrika, die Basenji im Kongo (von denen heute viele domestiziert und sogar von der FCI anerkannt sind), die Karolingenhunde und die Dingos in Australien. All diese Wildhunde weisen jedoch gewisse morphologische Gemeinsamkeiten auf.

Kann sich ein im wilden Zustand belassener Hund wieder zum Wolf zurück entwickeln?

Um dieser Frage nachzugehen, haben Forscher der Universität Rom, ausgehend von dem Grundsatz, dass die Evolution nie rückwärts verläuft, Rudel wildlebender Waldhunde in den mittelitalienischen Abruzzen studiert. Es zeigte sich, dass Waldhunde wie Wölfe in Meuten und unter Einhaltung von klar definierten Jagdrevieren leben, ganz im Gegensatz zu in Dörfern streunenden Hunden, die sich im allgemeinen als Einzelgänger durchschlagen.

Dennoch besitzen Wildhunde keine Ähnlichkeit mit Wölfen. Sie sind kleiner, von bernsteingelber bis brauner Farbe, was auf einen definitiven Verlust von Allelen hindeutet, der ohne Zweifel nach einer Domestikationsphase eintrat.

Der Hund der Zukunft

Die Jahresstatistiken des französischen Hundezuchtverbands SCC ermöglichen es, aktuelle Trends zu erkennen und daraus das Profil des Hundes der Zukunft abzuleiten und zu prognostizieren. Die rassespezifisch aufgeschlüsselten Geburtenzahlen zeigen einen Rückgang der bekannten Rassen zugunsten von immer ursprünglicheren Rassen.

Übertypisierungen

Die Selektion auf Extreme ist eine, vor allem in den Vereinigten Staaten und in England entwickelte Zuchtmethode. Sie führt zu einer Erscheinung, die allgemein als „Übertypisierung" bezeichnet wird, wie zum Beispiel bei gewissen Bulldog-Varietäten, deren Schnauze derart platt gezüchtet wurde, dass sie ausschließlich per Kaiserschnitt zur Welt kommen und nur mit offener Schnauze atmen können. Eine ähnliche Erscheinung ist die eindeutige Tendenz des Labradors zur Fettleibigkeit, die des Dachshunds, des „Teckels", zur extremen Verlängerung des Körpers, die des Shar-Peis zur Faltenlegung der Haut, und die des Deutschen Schäferhunds zum abfallenden Rücken. Die Hunde der kleineren Rassen werden immer kleiner und werden „Toy" oder „Miniatur" genannt, die Hunde der größeren Rassen neigen zum Gigantismus. Allenfalls den Mischlingen wird noch ein gewisses Mittelmaß zugestanden und der Trend geht eindeutig in Richtung der beiden Extreme!

Einfluss der Genetik für Hunde nach Maß

„Morphing" ist eine Computertechnik, die besagten Trends und den Veränderungen unseres Lebensstils Rechenschaft trägt, aber vor allem die Fortschritte der Genetik, d.h. die Möglichkeiten der Zuchtsteuerung, integriert. Unser Lebensstil ändert sich unter dem Einfluss der ständig fortschreitenden Urbanisierung der Umwelt. Die Verringerung des Bestandes der reinen Arbeitshunde zugunsten der Begleithunde ist vorhersehbar und steht mit der Entwicklung der Kommunikations- und Mediengesellschaft und der damit immer populärer werdenden Heimarbeit in engster Verbindung. Allerdings ist das Profil der zukünftigen Begleithunde schwer vorher zu sagen, da es immer von Modeerscheinungen abhängig sein wird.

Wenn die aktuellen Trends fortbestehen, könnte man von einer Vermehrung der rassischen Vielfalt ausgehen. Der Hund der Zukunft wird zweifelsohne nie ein Durchschnittshund sein! Das Wissen um die Genetik im Hinblick auf Farbe und Beschaffenheit des Fells schreitet in großen Schritten voran. Der Hund wird eines Tages sicher „genetisch gefärbt" sein, da auch die Geheimnisse der Vererbungsmechanismen langsam, aber sicher erforscht werden. Es ist davon auszugehen, dass innerhalb der nächsten 20 Jahre die Kartierung des Genoms der Hunde abgeschlossen sein wird. Es wird dann zweifelsohne möglich sein, nicht nur erbliche Mängel zu beseitigen, sondern auch den Zufallsfaktor erheblich zu verringern und somit immer ausgefalleneren Wünschen Folge zu leisten.

Dank der Entwicklung der Besamungstechniken mit gekühltem oder tiefgefrorenem Samen wird man in Zukunft keine großen Entfernungen mehr überwinden müssen, um Hündin und Rüde zusammenzuführen. Grenzen und Quarantänen werden außer Kraft gesetzt, die Auswahl der Elterntiere wird per „Internetkatalog" erfolgen, und selbst die Verwendung von Samen längst verstorbener Zuchtrüden wird möglich sein. Diese Techniken werden jedoch angesichts der geringen Spermakonzentration im Ejakulat eines Hundes niemals das bei den Rindern anzutreffende Ausmaß erreichen.

Vielleicht werden in Zukunft weniger Tiere ausgesetzt werden, es ist jedoch davon auszugehen, dass der Hund von morgen, ein „Hund nach Maß", sich immer weiter von dem Profil des Wildhundes entfernen wird, der ihn ohne Zweifel nicht mehr als Artgenossen erkennen würde!

Die Fédération Cynologique Internationale (FCI)

Die FCI, hervorgegangen aus der französischen Vereinigung SCC (Société Centrale Canine) und dem belgischen Verband Société Royale Saint-Hubert, ist heute ein unabhängiger, internationaler Dachverband mit Sitz in Thurin, Belgien. Die FCI hat folgende Aufgaben:

- Bestimmung der Kriterien für die Anerkennungsverfahren der Hundestammbücher in den verschiedenen Mitgliedsländern (derzeit über 50 Länder, hauptsächlich in Europa, aber auch zahlreiche Länder in Asien, Lateinamerika und Afrika).
- Harmonisierung der internationalen Zuchtschauordnungen (Organisation, Bewertungen internationale Titel für Gebrauchshund- bzw. Schönheitswettbewerbe).
- Durchsetzung der von den Stammbüchern in den jeweiligen Mitgliedsländern vorgegebenen Rassenstandards, die regelmäßig in den kynologischen Fachzeitschriften veröffentlicht werden.
- Sicherzustellen, dass in allen Mitgliedsländern mindestens vier internationale Zuchtausschauen pro Jahr stattfinden.

Hundeliebhaber in aller Welt

Der FCI angeschlossen sind weltweit zahlreiche nationale Mitgliedsorganisationen tätig, die ältesten und größten Verbände sind nachstehend aufgeführt:

Britisch Kennel Club

Noch vor der französischen SCC, nämlich im Jahre 1873 gegründet, ist der Kennel Club die älteste der kynologischen Institutionen. Ursprünglich konnten nur Männer Mitglied sein, und erst 100 Jahre später, im Jahre 1979 wurden Frauen als Mitglieder zugelassen! Die Arbeit ist derjenigen des VDH vergleichbar. Der KC organisiert etwa 6.000 Zuchtschauen pro Jahr, deren renommierteste und angesehenste auf internationaler Ebene ohne Zweifel die „Cruft's Show" ist, anlässlich derer jedes Jahr für vier Tage nicht weniger als 26.000 Hunde zusammenkommen.

Plakat E. E. Doisneau (1902)
Kharbine-Tapabor Sammlung, Paris

Die offizielle Kynologie

American Kennel Club

Die Gründung des AKC erfolgte in etwa zeitgleich zu der des französischen Dachverbands SCC, nämlich im Jahre 1884. Diese Institution besteht aus Rasseclubs und -verbänden, nimmt aber auch Clubs, die sich mehreren Rassen widmen, auf. Die Büros dieses großen Verbandes liegen in Nord Carolina und dem Staat New York.

Der AKC organisiert mehr als 13.000 Hundeausstellungen pro Jahr und betätigt sich neuerdings auch in zahlreichen anderen Bereichen, z.B. mit der Gründung eines Ausbildungsinstituts für Hundekampfrichter oder einer Stiftung für die Forschung im Bereich der Hundemedizin.

Bermuda Kennel Club

Der jüngste der Verbände, der 1955 gegründete BKC, gehört ebenfalls dem Dachverband FCI an. Er organisiert zwei jährliche Ausstellungen, eine im Herbst und die andere im Frühjahr.

Australian National Kennel Council

Der 1911 gegründete ANKC, der zwar noch angeschlossenes Mitglied der FCI ist, akzeptiert dieselben Standards, gestattet sich aber bei den 153 von ihm anerkannten Rassen eine etwas unterschiedliche Beurteilung. Das Führungskomitee besteht aus je zwei Delegierten für jeden der 8 Mitgliedsstaaten, die sich zweimal im Jahr zu einer 4-tägigen Sitzung treffen.

Die Zuchtrichter werden von dem Vorstand jedes Staates gewählt, wobei die Kandidaten eine mindestens 10-jährige kynologische Erfahrung nachweisen müssen. In Australien gibt es derzeit 876 Zuchtrichter, von denen 223 befähigt sind, alle Rassen zu beurteilen.

Canadian Kennel Club

Der 1888 gegründete CKC, dessen Sitz sich in Toronto befindet, zählt etwa 25.000 Einzelmitglieder, die von 12 gewählten, aus den verschiedenen Regionen stammenden Delegierten vertreten werden. Im Jahre 1995 wurden 1.961 Hundeausstellungen organisiert, und der Club erfreut sich einer immer größeren Mitgliedschaft.

Die Hunderassen

Die internationalen Zuchtverbände und Vereinigungen haben oft unterschiedliche Systeme der Rassenklassifikation. So werden von der FCI (Fédération Cynologique Internationale) und dem französischen Kynologenverband S.C.C. (Société Centrale Canine) zehn Gruppen anerkannt; beim British Kennel Club sind es sechs; beim American Kennel Club acht; beim schwedischen Svenska Fennel Klubben acht; bei der spanischen Real Sociedad Canina fünf; beim Australian National Kennel Council sechs und beim Bermuda Kennel Club ebenfalls sechs. Die in diesem Buch verwendete Rassennomenklatur folgt den von der FCI-Generalversammlung am 23./24. Juni 1987 in Jerusalem verabschiedeten Benennungen (in der derzeit gültigen Fassung vom März 1999).

Die verschiedenen Rassengruppen

Sämtliche Hunderassen sind ihrer Zugehörigkeit zu den offiziellen Rassengruppen und deren Sektionen entsprechend aufgeführt. Die Auflistung innerhalb der Sektionen ist alphabetisch, wobei der deutsche (und nicht der ursprüngliche!) Name maßgeblich ist.

Die ausgewiesenen Gruppen und Sektionen (römische Zahlen) entsprechen der folgenden Einteilung:

Gruppe 1: Hütehunde (I) und Treibhunde (II), ausgenommen Schweizer Sennenhunde.

Gruppe 2: Pinscher und Schnauzer (I), Molosser (II) und Schweizer Sennenhunde (III)

Gruppe 3: Terrier. Hochläufige Terrier (I), Niederläufige Terrier (II), Bullartige Terrier (III), Zwerg-Terrier (IV).

Gruppe 4: Dachshunde.

Gruppe 5: Spitze und Hunde vom Urtyp: Nordische Schlittenhunde (Sektion I), Nordische Jagdhunde (II), Nordische Wach- und Hütehunde (III), Europäische Spitze (IV), Asiatische Spitze und verwandte Rassen (V), Urtyp (VI), Urtyp - Hunde zur jagdlichen Verwendung (VII), Jagdhunde vom Urtyp mit einem Ridge auf dem Rücken (VIII). Am Ende des jeweiligen Kapitels sind diejenigen Rassen aufgeführt, die sich nicht eindeutig einer bestimmten Gruppe zuordnen lassen bzw. deren Bestand sehr gering ist.

Gruppe 6: Laufhunde (I), Schweißhunde (II) und verwandte Rassen (III).

Gruppe 7: Vorstehhunde: Kontinentale Vorstehhunde (I), Britische und Irische Vorstehhunde (II).

Gruppe 8: Apportierhunde (I), Stöberhunde (II), Wasserhunde (III).

Gruppe 9: Gesellschafts- und Begleithunde, unterteilt in 11 Sektionen: Bichon und verwandte Rassen (I), Pudel (II), Kleine belgische Hunderassen (III), Haarlose Hunde (IV), Tibetanische Hunderassen (V), Chihuahua (VI), Englische Gesellschaftsspaniel (VII), Japanische Spaniel und Pekingesen (VIII), Kontinentale Zwergspaniel (IX), Kromfohrländer (X), Kleine doggenartige Hunde (XI).

Gruppe 10: Windhunde und verwandte Rassen. Langhaarige oder befederte Windhunde (I), Rauhaarige Windhunde (II), Kurzhaarige Windhunde (III)..

Die Rassenstandards

Die Darstellung umfasst folgende Punkte: FCI-Klassifizierung, den ursprünglichen Namen und weitere gebräuchliche Namen (falls zutreffend). Neben den wichtigsten Standard-Merkmalen finden Sie eine Beschreibung der Verhaltensweisen und Charakterzüge, sowie Informationen zur Verwendung des Tiers und Hinweise für die Erziehung.

Beim Rassenstandard wurden folgende Aspekte berücksichtigt: Herkunft, die verschiedenen anerkannten Arten, das allgemeine Erscheinungsbild, die erwünschte Form von Kopf, Hals, Körper, Läufen und Rute, mit Angabe der zuchtausschließenden Fehler. Bei Vorliegen eines derartigen Fehlers ist das betreffende Tier von der Weiterzucht auszuschließen, um zu verhindern, dass ein wahrscheinlich erblicher Rassemangel weitergegeben wird. Entspricht ein Tier hingegen den Anforderungen des festgeschriebenen Standards, so kann eine Zuchtbewertung beantragt werden; damit wird bestätigt, dass das Tier die Kriterien für die Zuchtauswahl erfüllt.

Es kann vorkommen, dass sich Standards im Laufe der Zeit verändern. Unter Berücksichtigung der Entwicklungen, die manche Rassen durchlaufen haben, wurden die Standards während des vergangenen.

Grundbegriffe

Für die Beschreibung der Rassen und ihrer Standards gibt es eine Reihe von Fachbegriffen. Nachstehend aufgeführt finden Sie Definitionen zu den wichtigsten Grundbegriffen (nach M. LUQUET, R. TRIQUET).

Abzeichen: Kleiner, von der Grundfarbe des Hundes abweichender, gefärbter Fleck (z.B. weiß) im Haarkleid.

Affix: Beiname eines Hundes, verweist auf seine Zuchtherkunft.

Aggressiv: Angriffsbereitschaft ohne vorausgegangene Bedrohung. Gilt in allen Standards als Ausschließungsgrund.

Aktiv: Aufgeweckt, agil, bewegungsfreudig, beim Hüten wie beim Jagen.

Alanerhund: Großer Hund aus Frankreich, der im Mittelalter für die Jagd auf Bären, Wölfe und Wildschweine verwendet wurde. Nach Furetière (17. Jh.) unterschied man: Gewöhnlicher Alan (vergleichbar mit Windhund); Saupacker (eine Art Mastiff), und Fleischer-Alan (Wach- und Fleischerhund)

Augen: Oval bei Hunden mit gerader Linienführung (Spaniel); rund bei Hunden mit konkaver Linienführung (Bulldogge); mandelförmig bei Hunden mit konvexer Linienführung (Windhund).

„Mandelförmig" bedeutet, dass die Lidspalte länger als breit ist ; das Auge selbst ist natürlich immer rund.

Ballen, Fußballen: Auf der Unter- und Hinterseite der Pfoten sitzende, dicke Polsterung mit einer harten, rauen, unregelmäßig genarbten und stark pigmentierten Hornhaut.

Basset: Hundegattung, deren Gebäude aus einer größeren Art hervorgegangen ist, mit sehr kurzen Läufen; bodennah gebaut, d.h. die Entfernung Brustbein-Boden ist geringer als die Brusttiefe.

Befederung: Das längere Fell am Ohrlappen, an der Hinterseite der Läufe, an der Rute, am Bauch (an der Rute auch „Fahne" genannt).

Belton: Haarkleid von weißer Grundfarbe, mit kleinen, hellen (falbfarbenen, orange- oder zitronenfarbigen) Tupfen überzogen bzw. gesprenkelt.

Bewegungsablauf: Es gibt verschiedene Arten des Laufens: natürliche Gangarten (Schritt, Trab, Galopp); lockere Gangarten (geschmeidig, fließend); leichte Gangarten (unbeschwert, ohne ersichtliche Anstrengung); gleichmäßige Gangarten (gleichbleibende Geschwindigkeit, regelmäßige Schrittlänge).

Bichon: Kurzform von "Barbichon", hervorgegangen aus "Barbet". Kleinwüchsiger Gesellschaftshund, lang- oder kurzhaarig; gelocktes ("frisé") oder seidiges Haarkleid.

Birkauge, Birkenauge: Auge mit Pigmentfehler, der sich darin äußert, dass helle grau-blaue, grau-bläuliche und mitunter weißliche Stellen (Farbveränderungen) auftreten. Der Fehler kann ein oder beide Augen betreffen und wird bei manchen Rassen toleriert. Man spricht von "verschiedenfarbigen" Augen, womit jedoch nicht gemeint ist, das die beiden Augen sich untereinander in der Färbung unterscheiden.

Birnenförmig: Formmerkmal.

Black-and-Tan: Schwarzer Hund mit gelben oder sandfarbenen Abzeichen.

Blau: Ergebnis der Verdünnung des schwarzen Farbschlags.

Blauschecke: Unregelmäßig dunkel geschek-

Klein Rassen: unter 10 kg

Mittelgroße Rassen: 10 bis 25 kg

Große Rassen: 25 bis 45 kg

Riesenrasen: 45 bis 90 kg

Diese Bildsymbole geben Aufschluss darüber, welcher Kategorie eine Rasse angehört. Damit behalten Sie beim Lesen stets den Überblick, was vor allem in den Abschnitten zur Gesundheit und Ernährung wesentlich ist.

Kleine Rassen, Mittelgroße Rassen, Große Rassen, Riesenrassen

In keiner anderen Gattung des Tierreichs sind die Unterschiede zwischen den kleinsten und den größten Rassen so groß wie bei den Hunden: vom Chihuahua (1kg) bis zur Deutschen Dogge (mitunter über 100kg). Bei Menschen oder bei Katzen erreichen die Größen- und Gewichtsschwankungen höchstens das Zwei- oder Zweieinhalbfache. Deshalb gibt es beim besten Freund des Menschen auch große Unterschiede hinsichtlich Morphologie und Physiologie, Stoffwechselsystem und nicht zuletzt den Wesensmerkmalen. Daraus ergeben sich wiederum vielfältige Anforderungen, was die Gesundheitsvorsorge und Ernährung sowie die Gestaltung einer harmonischen Mensch/Hund-Beziehung anbelangt. Nach Größe und Gewicht unterscheidet man vier Kategorien (ausgewachsener Tiere): Kleine Rassen, Mittelgroße Rassen, Große Rassen und Riesenrassen.

Bracke

Kurze Linienführung

Konkave Linienführung

Konvexe Linienführung

ktes Fell mit hellerer Grundfarbe, meist Grau. Französische Hunde mit dieser Farbe nennt man "Harlekin", bei englischen Tieren spricht man von "Blue Merle".

Blenheim: Bezeichnung für Haarkleid ohne Farbpigmente.

Blesse: Weißer Stirnstrich, zieht sich mitunter bis zum Kopf hin.

Blut: Im Zusammenhang mit der Rassenzucht bedeutet „Blut zuführen" (durch Einkreuzen), eine Rasse mit den Merkmalen, d.h. "dem Blut" einer anderen zu vermischen.

Blutauffrischung: Einkreuzen einer anderen Rasse während einer Generation, zur Vermeidung von Inzucht-Problemen. Kreuzung mit rasseneigenen Tieren, aber mit einem anderen Stammbaum.

Bodennah: Hund mit relativ kurzen Läufen, mit tief abgesenktem Brustkorb (z.B. Dackel).

Bogenförmig: Formmerkmal der Lenden, gewölbter, konvexer Verlauf.

Bracke: Mittelgroßer Hetzhund im Mittelalter, glatthaarig, Kurzhaar-Vorstehhund.

Braun: Farbschlag, z.B. leberfarben oder Schokolade. Beige oder Mausgrau ergibt sich aus Verdünnung von Braun.

Briquet: Mittelgroßer Laufhund; harmonische, kleinere Nachzucht einer größeren Art. Heute zwischen Original- und Bassetgröße.

Brust: Tiefe oder Länge: "lange Brust", gemessen in waagerechter Linie von der Vorbrust bis zur letzten Rippe. Höhe: "tiefe Brust", gute Brusttiefe, bis etwas unterhalb der Ellbogenhöcker

Brustharnisch: Vorbrust.

Bürstenrute: mittellanger, aber grob behaarter Schwanz.

Caille: Französisch für scheckiges Haarkleid mit weißer Grundfarbe. (z.B. Französische Bulldogge).

Camail: Französisch für langes, üppiges Haarkleid an Hals und Schultern.

Cob: Kompakter, stämmiger Hund, mit relativ kurzen, kräftigen und ovalrunden Läufen. (z.B. Mops).

Dogge: Stämmiger Wachhund mit großem Kopf und kräftigem Kiefer. Kurzhaar-Molosser.

Drahthaar: Kurzes, raues, hartes Haar.

Einfarbig: Haarkleid mit durchgehender Färbung, ohne weiße Flecken oder weiße Haare.

Épagneul: Aus der französischen Bezeichnung "Épagneul" wurde der englische Rassenname für britische, irische und amerikanische Spanielarten abgeleitet.

Erdhund: Jagdhund, der in unterirdischen Höhlen ("im Bau") lebendes Wild aufstöbert.

Eumetrisch: Hund von mittelgroßen Proportionen.

Fährte: Spur; Weg, den ein Tier beschreitet; Geruch, den es dabei hinterlässt.

Fährtenarbeit: Sucharbeitarbeit des Jagdhundes, spürt dem Wild nach.

Falb, fahlrot: Gelb (mit gelb-rotem Einschlag). Die so genannten "Loh-"Abzeichen sind falb. Mit sandfarben bezeichnet man abgeschwächtes Falb.

Fang: Gesamte Gesichtsregion: Nasenrücken, Nasenspiegel, Kiefer. Der Nasenrücken ist der oberste Teil.

Farbnuance: Tönung, Intensität eines Farbschlags.

Feder, Befederung: Das längere Fell auf der Hinterseite der Vorder- und Hinterläufe.

Federbusch: Aufgerichtete, üppige, buschige Rutenbehaarung.

Fest: Steifes, dickes Haar, wetterfest.

Flamme: Schmales, schlank auslaufendes weißes Band, das manchmal auf dem Kopf zu sehen ist.

Fleck: Jedes Farbmerkmal im Haarkleid, das von der Grundfarbe (weiß oder farbig) abweicht. Nach der Größe unterscheidet man: Sprenkelung (kleine Flecken), Stelle (großer Fleck) und Platte (sehr große Flecken). Liegen mehrere Farbflecke nebeneinander, spricht man von Mehrfarbigkeit.

Flieder: Beige-Variante. Ergebnis einer starken Verdünnung von Braun.

Flohbraun: Dunkles Braun, Rostbraun.

Füllhaar: Unterwolle

Gehorsam: Eigenschaft des Lauf-, Hetzhundes bei der Hetzjagd. Verfolgt das Wild "gehorsam".

Gekrümmt: Konvex, Aufwölbung; im Zusammenhang mit der Nase: "Ramsnase".

Gemeißelt: Ziseliert. Formmerkmal des Kopfes oder des Fangs: fein geschnittene Linien, deutliche Konturen, klar umrissene Züge.

Gerade Linienführung: Tier mit geradem Profil und gerade verlaufenden Profillinien. Der Stirnknochen ist flach. Im Wuchs mittelgroß (z.B. Bracke, Setter, Pointer).

Geräumig: Formmerkmal von Körperpartien, z.B. eine breit ausgebildete, mächtige Vorbrust.

Gescheckt: Haarkleid von gleichmäßiger Grundfarbe, mit weißen, schwarzen oder bunten Flecken.

Geschmeidig: Dünn, hochläufig, wendig.

Gesprenkelt: Weißes Haarkleid, in das einige farbige Haare eingestreut sind. Farbiges Haarkleid, in das einige weiße Haare eingestreut sind

Gestichelt: Haarkleid mit Farbfleckung (z.B. rötlich getupft oder gesprenkelt (Belton).

Gestromt: Fellzeichnung mit zumeist länglich verlaufenden Streifen, dunkel auf heller Grundfarbe.

Gewölbt: Körperpartie mit gebogener Linie.

Gewolkt: Helles Haarkleid mit dunklen Stellen.

Glatt: Eigenschaft des Haarkleids, eng und glatt anliegend.

Griffon: Vorsteh- oder Laufhund mit langem oder halblangem Haarkleid, struppig, zerzaust oder zottelig.

Größe: Körperhöhe, gemessen anhand der senkrechten Linie von der Widerristspitze bis zum Boden, wenn das Tier aufrecht und in freier Haltung steht. Variiert zwischen 20cm und 1m.

Haarkleid: Fell des Hundes, meist auch im Zusammenhang mit dem Farbschlag.

Halskrause: Lange, mehr oder wenig aufgerichtete Behaarung in der Halspartie.

Halsring: Weißes Abzeichen rund um den Hals. Behaarung in der Halspartie.

Hängeohren, Behang: Niedrig angesetzte, herabfallende Ohren, mit Klappfalte oder gedreht.

Harlekin (Blue Merle): Mehrfarbiges Haarkleid mit "Farbflecken" (Farbverdünnungen) auf grauer oder blauer Grundfarbe; schwarze Flecken auf weißer Grundfarbe (schwarz-weiß gefleckt, wie z.B. bei der Tigerdogge).

Harmonisch: Gut proportioniert im allgemeinen Erscheinungsbild, ausgewogene Größenverhältnisse der einzelnen Körperpartien.

Hasenpfoten: Ovale, längliche, schmale Pfoten.

Hinterhand: Körperpartie zwischen Kruppe und Hinterläufen.

Hirschrot: Falbfarbenes Haarkleid mit rotem/rötlichem Einschlag.

Hochläufig: Hund mit langen Läufen.

Hose: Dichteres und längeres Fell an der Hinterseite der Schenkel, aber weiter nach unten reichend als die Feder (wird beim Pudel kurz getrimmt ("Löwenschur").

Hypermetrisch: Übergroß, Hund von überdurchschnittlich großem Format (z.B. Dogge).

Isabell: Sehr blasse Farbabstufung von Falb, sandfarben, bräunlich-gelb.

Kastanie: Falb mit Rot- oder Orange-Stich.

Katzenpfoten: Rundliche, gewölbte Pfoten.

Kehle: Laufhund mit angenehmem Laut, mit „angenehmer Kehle".

Keilförmig: Form eines Keils (spitz zulaufend, sich verjüngend).

Keule: Besonders muskulöser und abgerundeter Oberschenkel.

Knochengerüst: Bezeichnet die Gesamtheit der Knochen.

Konkave Linienführung: Hund mit konkav verlaufendem Profil. Tief liegender Stirnknochen, sattelförmiges Gesicht, Hohlrücken. Insgesamt kurze Linien (Basset, Bulldogge, Boxer, Mops).

Konvexe Linienführung: Hund mit konvex verlaufendem Profil. Gewölbter Stirnknochen (Collie, Bedlington Terrier). Ingesamt oft längenbetontes Gebäude.

Kreuzung: Kreuzzüchtung von Tieren aus unterschiedlichen Rassen.

Krumm: Verformter Lauf, mit nach außen gedrehter Pfote.

Kruppe: Der Rücken des Hundes vom Ende der Lendenwirbel bis zum Ansatz der Rute. Eine zur Rute hin stark abfallende Kruppe nennt man "abgeschlagen".

Kurze Linien: Formmerkmal von Tieren, bei denen die Breite und Dicke des Gebäudes die Länge überwiegen. Stämmige Proportionen, gedrungener Körperbau. Die Bulldogge weist äußerst markante kurze Linien auf.

Kurzhaar: Kurzes, am Körper anliegendes Haar. Es gibt auch den Kurzhaar-Standard.

Kurzköpfig (brachyzephal): Kurze, breite Kopfform (z.B. Bulldogge, Mops).

Lange Linien: Hund mit längenbetonter Linienführung; die Länge überragt über die Breiten- und Dickenmaße, die Formen sind langgezogen und geschmeidig. (z.B. Windhund, Bedlington Terrier).

Langschädlig (dolichozephal): Hunde mit lang geformtem Kopf (z.B. Windhund).

Laufhund: Hund mit Hängeohren, lanciert, verfolgt, wobei er anschlägt; eventuell auch zum Verfolgen von Wild (Gruppe 6 der FCI-Nomenklatur der Hunderassen).

Laut: Richtiger Ausdruck für das "Gebell" der Laufhunde, "sie geben Laut".

Leberfarben: Braunton.

Lende: Lendenpartie, zwischen Rücken und Kruppe.

Loh-Abzeichen: Falbe oder sandfarbene Fellzeichnungen, charakteristisch für manche Arten.

Lozenge-Fleck: Rundes Farbabzeichen auf dem Kopf des King Charles Spaniel. Lohzeichen über den Augen der Tiere vom Typ „Black-and-Tan".

Mahagoni: Intensives Rotbraun.

Mantel: Bezeichnung für die dunkle Hauptfarbe der Rumpfpartie, im Unterschied zurm restlichen Körper.

Maske: Dunkle Gesichtsfärbung.

Mastiff: Großer, starker, massiger Wach-, Schäfer- oder Jagdhund.

Mehrfarbig: Haarkleid mit mehreren Farben. Weiße und farbige Platten wechseln sich ab.

Mittlere Linien: Hund von mittleren Größenproportionen, mittlerer Linienführung. (z.B. Setter, Pointer, Berger français, Belgischer Schäferhund).

Molosser: Großschädlige mächtige Wachhunde mit starker Bemuskelung (z.B. Dogge).

Morphologie: Einteilung der Hunderassen nach Körpermerkmalen in 4 Haupttyen (nach P. Mégnin, 1932).

Morphologie: Einteilung der Hunderassen nach Körpermerkmalen in 4 Haupttyen (nach P. Mégnin, 1932):

- Braccoide: Brackenartige Hunde; recht breiter Fang, abgesetzter Stop, Hängeohren (typische Vertreter: Bracke, Épagneul, Setter, Dalmatiner usw).
- Graioide: Doggenartige Hunde; längenbeton-

Griffon

Lange Linienführung

Mittlere Linienführung

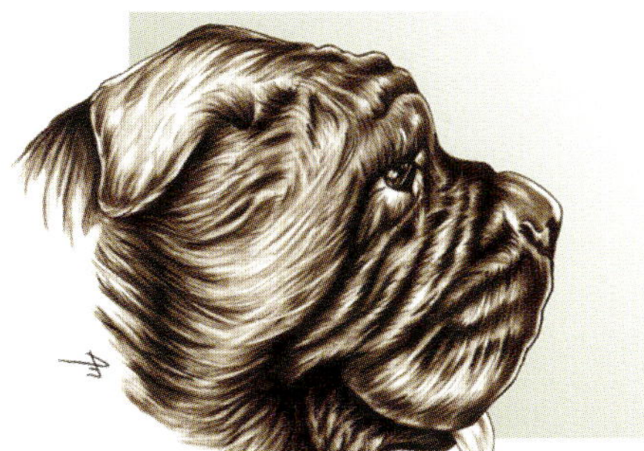

Molosser

Vierauge

Pfotenformen:

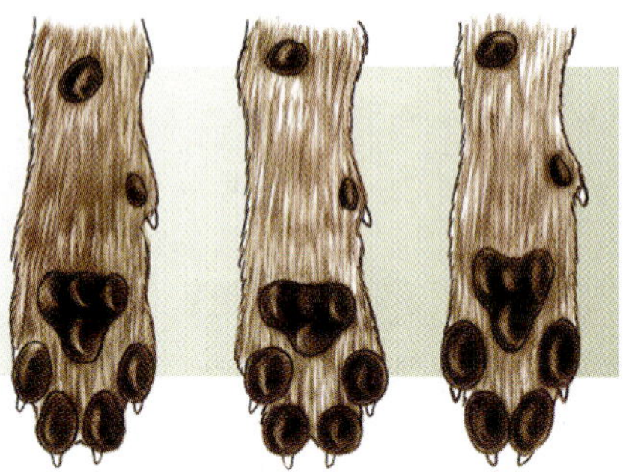

Normale Pfote *Katzenpfote* *Hasenpfote*

tes Gebäude, mit lang gezogenem Keilkopf; kleine Ohren, langer Fang, mäßiger Stop, schmale straffe Lefzen; hoch gezogener Körper, dünne Läufe, hoch gezogene Bauchlinie (typischer Vertreter: Windhund).

• Lupoide: Wolfsartige Hunde, wolfsähnliches Aussehen; Spitzohren, gestreckter Fang, kurze straffe Lefzen; gerade Linienführung (typischer Vertreter: Belgischer Schäferhund).

• Molossoide: Molosserhunde; massiger, runder, "bulliger" Kopf; ausgeprägter Stop, kurzer und mächtiger Fang, Hängeohren, dicke Lefzen; massiges Gebäude mit kurzer Linienführung, bodennah; eher lose Haut; kräftiges Knochengerüst.

Nachkommenschaft: Alle von einem Individuum gezeugten Tiere (Blutsverwandtschaft).

Nasenbein: Nasenrücken, obere Partie des Fangs.

Ohr: Je nach Rasse gibt es: Stehohren, aufgerichtete Ohren, Hängeohren (auch: "Behang"), Kippohren. Rosenohren: Die Rückseiten des Ohres sind nach innen gefaltet, so dass das Innere der Ohrmuschel sichtbar wird. Knopfohr: Kaum aufgerichtetes, nach vorn zum Schädel fallendes Ohr.

Particolor: Haarkleid mit zwei oder mehreren, eindeutig unterschiedlichen Farben.

Passgang: Gangart, gleichzeitige Vorwärtsbewegung beider Läufe einer Körperseite.

Pigmentiert: Mit Farbpigmenten besetzt.

Pigmentlos: Stelle mit Pigmentverlust.

Platte, Stelle: Großflächigr Farbfleck auf weißem Untergrund .

Pointer: Kurzhaar-Vorstehhund. Weist mit der Nase in die Richtung, in der sich das Wildstück befindet.

Proportionen, Gebäude: Größenverhältnisse zwischen den einzelnen Körperteilen, zusammengenommen das "Gebäude". Man unterscheidet: mittleres, langes und kurzes Gebäude.

Quadratisch: Hund mit quadratischem Gebäude. Die Widerristhöhe entspricht der Körperlänge (Bugspitze bis Sitzbeinhöcker).

Quaste: Besondere Behaarung am Ende der Rute; das Fell verläuft wirbelig, gleich einer Kornähre.

Rechteck: Hund, dessen Format sich in ein Rechteck einpassen lässt, wobei die lange Seite zumeist waagerecht verläuft.

Rehfarben: Gewolktes Falb.

Retriever: Apportierhund; Jagdhund, dessen Aufgabe darin besteht, angeschossenes oder erlegtes Wild aufzuspüren und herbeizutransportieren ("apportieren").

Rippen: Bei Hunden mit kurzen Gebäudemaßen (Linien): deutlich gerundet, gut gewölbt. Bei Hunden mit langen Gebäudemaßen (Linien): flach, Spitzbogenform.

Rippenkorb: Brustkorb.

Robust: Widerstandsfähig, kräftig, solides Knochengerüst.

Rostrot: Farbschlag, zwischen Gelb und Rot, im Bereich des Falbfarbenen.

Rot: Stärkster Ton der Falb-Palette (gelb bis rot).

Rotschimmel: Gleichmäßige Farbmischung im Haarkleid aus weißen und rötlich-gelben Haaren.

Rubinrot: Intensives Rot (Ruby).

Ruhig-mutig: Ruhiger, ausgeglichener und leichtführiger Hund, der jedoch nicht furchtsam ist.

Rustikal: Wetterfester Hund, der für das Leben im Freien geeignet ist, geringer Pflegebedarf.

Rute, Rutenansatz: Anhaltspunkt für die Längenbeschreibung ist das Sprunggelenk. Die Rute ist mittellang, wenn sie bis zum Sprunggelenk reicht; darunter spricht man von kurzer, darüber von langer Rute. Trageweisen: säbelartig (über die Horizontale gezogen); "fröhlich"; sichelförmig; krummsäbelförmig. Man unterscheidet Ringelruten (Shar Pei), doppelt geringelte Ruten (Mops), über den Rücken gerollte Ruten (Akita), halb kupierte Ruten (Deutsche Bracke) usw.

Rute: Richtige Bezeichnung für den Hundeschwanz, v.a. auch in der Jägersprache.

Sandfarben: Hellgelb; Ergebnis der Falb-Verdünnung.

Sattel: Gering dimensionierter Mantel.

Sattelnase: Kurze, flache Nasenform, mit konkav verlaufendem Nasenrücken.

Saupacker: Jagdhund, spezialisiert auf die Wildschweinjagd.

Schärfe: Bezeichnet die Eigenschaft eines furchtlosen, zur Verteidigung bereiten Hundes.

Schecke: Haarkleid mit einer Mischung aus weißen und andersfarbigen Flecken. Schwarzschecke (mehr Schwarz), Weißschecke (mehr Weiß).

Buntschecke (mehrere Farben).

Schimmel: Farbschlag; die weißen Platten enthalten eine feine Durchmischung von weißen und falbfarbenen Haaren, bzw. eine Mischung aus drei Farben (weiß, rot und schwarz bzw. braun).

Schokolade: Dunkles Rot-Braun. Ein schokolade- oder leberfarbenes Haarkleid ist braun.

Schweißhund: Jagdhund, der auf das Aufspüren der "Schweißfährte" (Blutspur) von angeschossenem Schalenwild spezialisiert ist (Gruppe 6 der FCI-Nomenklatur der Hunderassen).

Setter: Vorstehhund mit Ursprung auf den britischen Inseln. Ist ein "Vorlieger", d.h. er nimmt beim Vorstehen eine mehr oder weniger liegende Position ein.

Sohle: Oberfläche der Ballen.

Spaniel: Jagdhund mit langem oder mittellangem, meist seidigem Haarkleid; eumetrisch, gerades, mittelgroßes Gebäude. Die kontinentaleuropäischen Arten sind Vorstehhunde. Britische Arten ("Spaniel") werden vor allem als Stöberhunde eingesetzt.

Spur: Aufeinanderfolgende Abdrücke der Pfoten.

Spürhund: Laufhund mit ausgeprägtem Geruchssinn, zum lautlosen Aufspüren an der Leine.

Stämmig: Gebäudemerkmal, kurz, kompakt, kräftig.

Standard, Rassestandard: Ideale Merkmale einer Rasse. Der erste offizielle Standard war der Rassenstandard der Bulldogge (1876). Standards sind oft ungenau formuliert.

Stern: Weißes Abzeichen auf dem Kopf oder der Brust, mit mehr oder weniger ungleichmäßigen Umrissen.

Stöberhund: Jagdhund, der auf das Aufstöbern des Wilds im Unterholz spezialisiert ist (z.B. Spaniel). Verfolgt das Wild nicht (Hetzhund), steht ihm nicht vor (Vorstehhund).

Stop: Bezeichnet die deutliche Trennung von Oberkopf und Fang (Stirnabsatz zwischen Schädel und Nasenbein), durch die Verwinkelung bzw. Einbuchtung von Nasenbein und Stirn. Bei Hunden mit konkaver oder kurzer Linienführung ist der Stop ausgeprägt (Bulldogge), bei Hunden mit konvexer oder langer Linienführung mäßig entwickelt (Windhund), bei Hunden mit gerader oder mittlerer Linienführung abgesetzt.

Strumpf: Weißes Abzeichen im äußeren Bereich der Läufe.

Struppig: Eigenschaft des Haarkleids; hart, borstig.

Stumm: Hund, der während dem Aufspüren/Suchen keinen Laut gibt.

Stupsnase: Kurzer, aufgezogener Nasenschwamm.

Toy: Bezeichnung für Zwergrassen, also kleine Gesellschafts- bzw. Schoßhunde (z.B.Toy-Pudel).

Treibhund: Nutzhund für Rindertrieb.

Trocken: Trockener Kopf: Fein gemeißelt, die Haut eng an den Knochen anliegend. Trockenes Gelenk: "kräftige" Umrisse, nicht aufgedunsen, kein überflüssiges Gelenksgewebe. Trockene Lefzen: dünn, straff, gut anliegend.

Tupfen: Münzenförmige Farbmerkmale im Haarkleid, wie z.B. beim Dalmatiner.

Überschwänglich: Sehr lebhafter, aufgewekkter, aktiver Hund.

Unterwolle: Unter dem Deckhaar befindliches Haar; dünn, weich oder wollig.

Üppig: Bezeichnet eine dicke, starke, reichhaltige Behaarung.

Urtyp: Bezeichnung für die "ersten Hunde", die unmittelbar vom Wolf abstammen (nordische Hunde).

Varietät (Variante): Rassen werden in Varietäten unterteilt. Tiere mit gemeinsamen Rassenunterscheidungsmerkmalen, jedoch einem zusätzlichen Erbelement, das sie von anderen Tieren innerhalb der Rasse unterscheidet (Größe, Beschaffenheit und Länge des Haarkleids, Farbe, Ohren u.ä.).

Verwaschen: Stark verdünnte, verblasste Farbe.

Vierauge: Hund mit lohfarbenen Abzeichen über den Augen; es entsteht der Eindruck, das Tier hat vier Augen. Typischer Ahne der Black-and-Tan.

Vor-/Rückbiss: Bezeichnet im Allgemeinen den vorstehenden Unterkiefer bzw. Oberkiefer. Je nach Rasse ein Fehler oder zum Standard gehörend.

Vorderhand: Körperpartie zwischen den Vorderläufen und dem Rumpf.

Vorliegen: Vorstehen, bei dem die Haltung des Hundes einem Liegen gleichkommt; eingesetzt bei der Netzjagd. Das Netz wurde über den liegenden Hund und das Federwild geworfen.

Vorstehen: Der Hund steht dem aufgestöberten Wild reglos vor, bis der Jäger kommt.

Vorstehhund: Verharrt reglos, wenn er Wild aufgespürt hat; er "steht dem Wild vor" (Gruppe 7 der FCI-Nomenklatur der Hunderassen).

Wamme: Lose Kehlhaut, reicht mitunter bis zum Brustbereich.

Wasserhund: Jagdhund für Wasser- und Sumpfwild, hauptsächlich zum Apportieren (Gruppe 8 der FCI-Nomenklatur der Hunderassen).

Weiß: Haarkleid ohne Farbpigmente.

Weißstich: Weiße Stichelung in einem ansonsten andersfarbigen Haarkleid (z.B. Korthals Griffon).

Widerrist: Körperpartie zwischen Hals und Rücken. Widerristhöhe ist der kynologisch korrekte Ausdruck für die Schulterhöhe des Tiers.

Wiegender Gang: Bei jedem Schritt quer durch den Körper verlaufende Bewegung.

Windhundbauch: Bezeichnung für stark aufgezogenen Bauch (hochbeinig wie der Windhund).

Wolfsfarben: Falb- oder sandfarbenes Haarkleid mit Russstich.

Wolkung: Farbmerkmal des Haarkleids; eher helle Grundfarbe (gelb, sandfarben) mit dunklem, schwarzbraunem oder blauem Stich. Auch: Rußstich, Charbonnage.

Zitronenfarben: Helles Gelb, helles Falb.

Zuchtstamm: Umfasst alle Vertreter einer Familie, die auf den selben Ahnen zurückgehen bzw. alle Tiere einer Rasse, die über mehrere Generationen "geschlossen", d.h. ohne rassenfremdes Blut weitergezüchtet wurden.

Zweifarbig: Zwei verschiedene Farben im Haarkleid.

Zwerg: Klein gehaltene Gebäudedimensionen mit harmonischen Proportionen. Es handelt sich nicht um eine Missbildung.

Jack Russel Terrier

Poitevin

St.-Bernhardshund

Cocker Spaniel

Alle Informationen

Ursprung, Entstehungsgeschichte und Beschreibung der Rasse

Vollständiger Name der Rasse

Profil des Hundes (1)

Farbe der Gruppe (2)

Nummer der Gruppe (3)

Nummer der Sektion (4)

Farbe der Sektion (5)

Auszug aus dem FCI-Standard

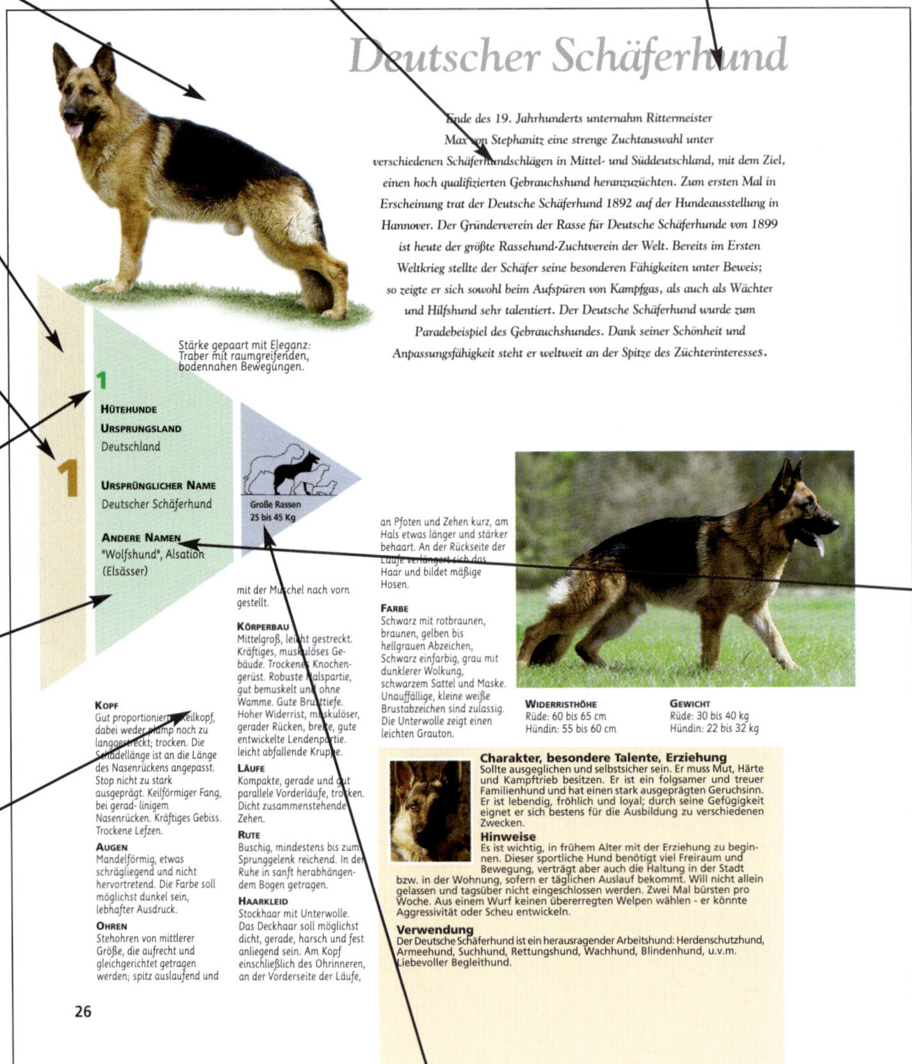

Deutscher Schäferhund

Ende des 19. Jahrhunderts unternahm Rittermeister Max von Stephanitz eine strenge Zuchtauswahl unter verschiedenen Schäferhundschlägen in Mittel- und Süddeutschland, mit dem Ziel, einen hoch qualifizierten Gebrauchshund heranzuzüchten. Zum ersten Mal in Erscheinung trat der Deutsche Schäferhund 1892 auf der Hundeausstellung in Hannover. Der Gründerverein der Rasse für Deutsche Schäferhunde von 1899 ist heute der größte Rassehund-Zuchtverein der Welt. Bereits im Ersten Weltkrieg stellte der Schäfer seine besonderen Fähigkeiten unter Beweis; so zeigte er sich sowohl beim Aufspüren von Kampfgas, als auch als Wächter und Hilfshund sehr talentiert. Der Deutsche Schäferhund wurde zum Paradebeispiel des Gebrauchshundes. Dank seiner Schönheit und Anpassungsfähigkeit steht er weltweit an der Spitze des Züchterinteresses.

Stärke gepaart mit Eleganz: Traber mit raumgreifenden, bodennahen Bewegungen.

1

HÜTEHUNDE

URSPRUNGSLAND

Deutschland

1

URSPRÜNGLICHER NAME

Deutscher Schäferhund

ANDERE NAMEN

"Wolfshund", Alsation (Elsässer)

Große Rassen 25 bis 45 Kg

KOPF
Gut proportionierter Keilkopf, dabei weder plump noch zu langgestreckt; trocken. Die Schädellänge ist an die Länge des Nasenrückens angepasst. Stop nicht zu stark ausgeprägt. Keilförmiger Fang, bei gerad- linigem Nasenrücken. Kräftiges Gebiss. Trockene Lefzen.

AUGEN
Mandelförmig, etwas schrägliegend und nicht hervortretend. Die Farbe soll möglichst dunkel sein, lebhafter Ausdruck.

OHREN
Stehohren von mittlerer Größe, die aufrecht und gleichgerichtet getragen werden; spitz auslaufend und mit der Muschel nach vorn gestellt.

KÖRPERBAU
Mittelgroß, leicht gestreckt. Kräftiges, muskulöses Gebäude. Trockenes Knochengerüst. Robuste Halspartie, gut bemuskelt und ohne Wamme. Gute Brusttiefe. Hoher Widerrist, muskulöser, gerader Rücken, breite, gute entwickelte Lendenpartie. leicht abfallende Kruppe.

LÄUFE
Kompakte, gerade und gut parallele Vorderläufe, trocken. Dicht zusammenstehende Zehen.

RUTE
Buschig, mindestens bis zum Sprunggelenk reichend. In der Ruhe in sanft herabhängendem Bogen getragen.

HAARKLEID
Stockhaar mit Unterwolle. Das Deckhaar soll möglichst dicht, gerade, harsch und fest anliegend sein. Am Kopf einschließlich des Ohrinneren, an der Vorderseite der Läufe, an Pfoten und Zehen kurz, am Hals etwas länger und stärker behaart. An der Rückseite der Läufe verlängert sich das Haar und bildet mäßige Hosen.

FARBE
Schwarz mit rotbraunen, braunen, gelben bis hellgrauen Abzeichen, Schwarz einfarbig, grau mit dunklerer Wolkung, schwarzem Sattel und Maske. Unauffällige, kleine weiße Brustabzeichen sind zulassig. Die Unterwolle zeigt einen leichten Grauton.

WIDERRISTHÖHE
Rüde: 60 bis 65 cm
Hündin: 55 bis 60 cm

GEWICHT
Rüde: 30 bis 40 kg
Hündin: 22 bis 32 kg

Charakter, besondere Talente, Erziehung
Sollte ausgeglichen und selbstsicher sein. Er muss Mut, Härte und Kampftrieb besitzen. Er ist ein folgsamer und treuer Familienhund und hat einen stark ausgeprägten Geruchsinn. Er ist lebendig, fröhlich und loyal; durch seine Gefügigkeit eignet er sich bestens für die Ausbildung zu verschiedenen Zwecken.

Hinweise
Es ist wichtig, in frühem Alter mit der Erziehung zu beginnen. Dieser sportliche Hund benötigt viel Freiraum und Bewegung, verträgt aber auch die Haltung in der Stadt bzw. in der Wohnung, sofern er täglichen Auslauf bekommt. Will nicht allein gelassen und tagsüber nicht eingeschlossen werden. Zwei Mal bürsten pro Woche. Aus einem Wurf keinen übererregten Welpen wählen - er könnte Aggressivität oder Scheu entwickeln.

Verwendung
Der Deutsche Schäferhund ist ein herausragender Arbeitshund: Herdenschutzhund, Armeehund, Suchhund, Rettungshund, Wachhund, Blindenhund, u.v.m. Liebevoller Begleithund.

26

Farbiges Bildsymbol mit Angabe von Größe und Gewicht: kleine, mittelgroße und große Rassen sowie Riesenrassen

(1) Die Abbildungen zeigen den Hund in einer möglichst standardkonformen Haltung.
(2) (3) Die zehn Rassengruppen (ent-sprechend der FCI-Nomenklatur) sind durch visuelle Orientierungshilfen (Hintergrundfarbe, Nummerierung) gekennzeichnet.
(4) (5) Auch die jeweiligen Sektionen (entsprechend der FCI-Nomenklatur) sind durch visuelle Orientierungshil-fen (Hintergrundfarbe, Nummerierung) gekennzeichnet.

im Überblick

Allgemeines Erscheinungsbild der Rasse

Name der Sektion

Offizielles Herkunftsland

Ursprünglicher Name

Andere Namen

Praktische Tipps und Hinweise

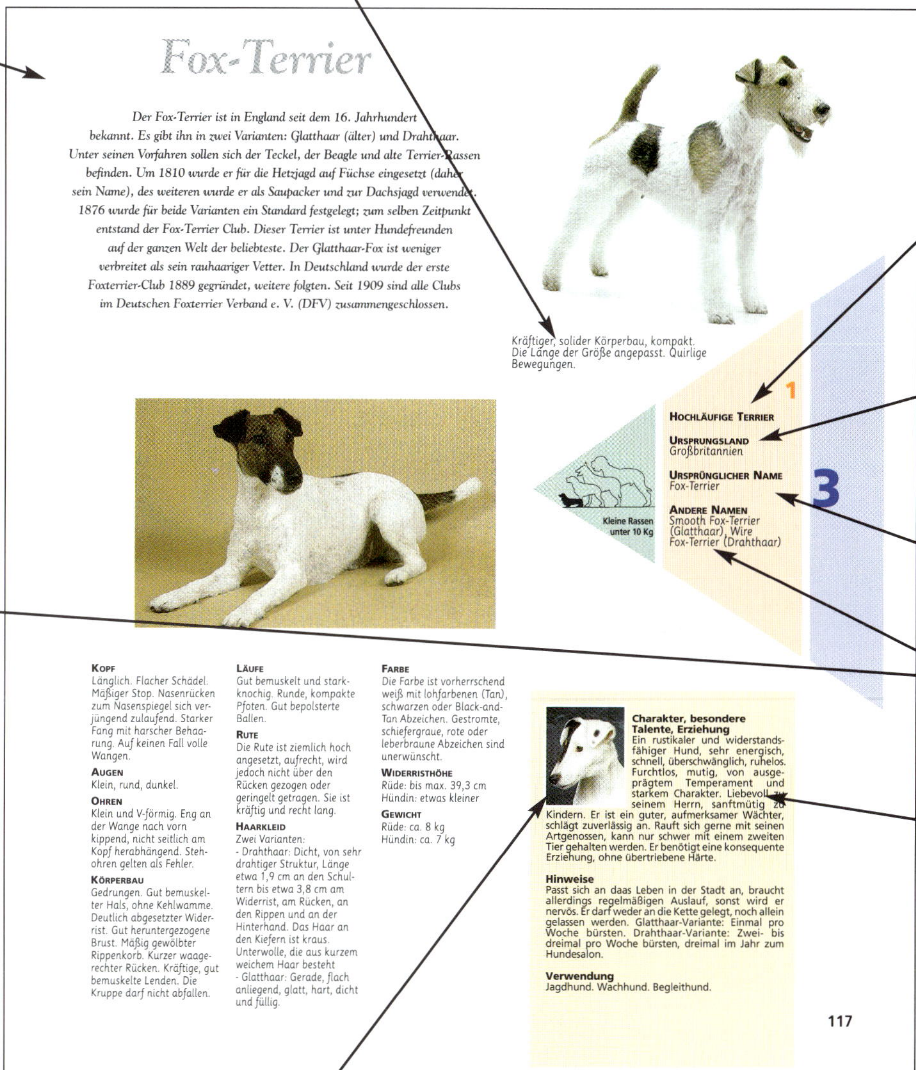

Fox-Terrier

Der Fox-Terrier ist in England seit dem 16. Jahrhundert bekannt. Es gibt ihn in zwei Varianten: Glatthaar (älter) und Drahthaar. Unter seinen Vorfahren sollen sich der Teckel, der Beagle und alte Terrier-Rassen befinden. Um 1810 wurde er für die Hetzjagd auf Füchse eingesetzt (daher sein Name), des weiteren wurde er als Saupacker und zur Dachsjagd verwendet. 1876 wurde für beide Varianten ein Standard festgelegt; zum selben Zeitpunkt entstand der Fox-Terrier Club. Dieser Terrier ist unter Hundefreunden auf der ganzen Welt der beliebteste. Der Glatthaar-Fox ist weniger verbreitet als sein rauhaariger Vetter. In Deutschland wurde der erste Foxterrier-Club 1889 gegründet, weitere folgten. Seit 1909 sind alle Clubs im Deutschen Foxterrier Verband e. V. (DFV) zusammengeschlossen.

Kräftiger, solider Körperbau, kompakt. Die Länge der Größe angepasst. Quirlige Bewegungen.

1

HOCHLÄUFIGE TERRIER

URSPRUNGSLAND
Großbritannien

URSPRÜNGLICHER NAME
Fox-Terrier

ANDERE NAMEN
Smooth Fox-Terrier (Glatthaar), Wire Fox-Terrier (Drahthaar)

Kleine Rassen unter 10 Kg

3

KOPF
Länglich. Flacher Schädel. Mäßiger Stop. Nasenrücken zum Nasenspiegel sich verjüngend zulaufend. Starker Fang mit harscher Behaarung. Auf keinen Fall volle Wangen.

AUGEN
Klein, rund, dunkel.

OHREN
Klein und V-förmig. Eng an der Wange nach vorn kippend, nicht seitlich am Kopf herabhängend. Stehohren gelten als Fehler.

KÖRPERBAU
Gedrungen. Gut bemuskelter Hals, ohne Kehlwamme. Deutlich abgesetzter Widerrist. Gut heruntergezogene Brust. Mäßig gewölbter Rippenkorb. Kurzer waagerechter Rücken. Kräftige, gut bemuskelte Lenden. Die Kruppe darf nicht abfallen.

LÄUFE
Gut bemuskelt und starkknochig. Runde, kompakte Pfoten. Gut bepolsterte Ballen.

RUTE
Die Rute ist ziemlich hoch angesetzt, aufrecht, wird jedoch nicht über den Rücken gezogen oder geringelt getragen. Sie ist kräftig und recht lang.

HAARKLEID
Zwei Varianten:
- Drahthaar: Dicht, von sehr drahtiger Struktur, Länge etwa 1,9 cm an den Schultern bis etwa 3,8 cm am Widerrist, am Rücken, an den Rippen und an der Hinterhand. Das Haar an den Kiefern ist kraus. Unterwolle, die aus kurzem weichem Haar besteht
- Glatthaar: Gerade, flach anliegend, glatt, hart, dicht und füllig.

FARBE
Die Farbe ist vorherrschend weiß mit lohfarbenen (Tan), schwarzen oder Black-and-Tan Abzeichen. Gestromte, schiefergraue, rote oder leberbraune Abzeichen sind unerwünscht.

WIDERRISTHÖHE
Rüde: bis max. 39,3 cm
Hündin: etwas kleiner

GEWICHT
Rüde: ca. 8 kg
Hündin: ca. 7 kg

Charakter, besondere Talente, Erziehung
Ein rustikaler und widerstandsfähiger Hund, sehr energisch, schnell, überschwänglich, ruhelos. Furchtlos, mutig, von ausgeprägtem Temperament und starkem Charakter. Liebevoll zu seinem Herrn, sanftmütig zu Kindern. Er ist ein guter, aufmerksamer Wächter, schlägt zuverlässig an. Rauft sich gerne mit seinen Artgenossen, kann nur schwer mit einem zweiten Tier gehalten werden. Er benötigt eine konsequente Erziehung, ohne übertriebene Härte.

Hinweise
Passt sich an daas Leben in der Stadt an, braucht allerdings regelmäßigen Auslauf, sonst wird er nervös. Er darf weder an die Kette gelegt, noch allein gelassen werden. Glatthaar-Variante: Einmal pro Woche bürsten. Drahthaar-Variante: Zwei- bis dreimal pro Woche bürsten, dreimal im Jahr zum Hundesalon.

Verwendung
Jagdhund. Wachhund. Begleithund.

117

Bild vom Kopf des Hundes

Gruppe 1

Sektion 1

Australian Shepherd
Bearded Collie
Berger de Beauce
Belgische Schäferhunde
- Malinois
- Lakenois
- Groenendael
- Tervueren

Bergamasker Hirtenhund
Berger de Picardie
Border Collie
Berger de Brie`
Bobtail
Mallorca-Schäferhund
Portugiesischer Schäferhund
Collie
Deutscher Schäferhund
Holländischer Schäferhund
Katalanischer Schäferhund
Kelpie
Komondor
Kroatischer Schäferhund
Kuvasz
Maremmen-Abruzzen-Schäferhund
Mudi
Polnischer Niederungshütehund
Puli
Pumi
Pyrenäenschäferhund
Saarloos-Wolfshund
Schapendoes
Schipperke
Shetland Sheepdog
Slowakischer Tschuvatsch
Südrussischer Ovtcharka
Tatra-Schäferhund
Tschechoslowakischer Wolfshund
Welsh Corgi Cardigan & Welsh Corgi Pembroke

Sektion 2

Australischer Treibhund
Flämischer Treibhund

Links: Belgischer Schäferhund Malinois

Stärke gepaart mit Eleganz: Traber mit raumgreifenden, bodennahen Bewegungen.

Deutscher Schäferhund

Ende des 19. Jahrhunderts unternahm Rittermeister Max von Stephanitz eine strenge Zuchtauswahl unter verschiedenen Schäferhundschlägen in Mittel- und Süddeutschland, mit dem Ziel, einen hoch qualifizierten Gebrauchshund heranzuzüchten. Zum ersten Mal in Erscheinung trat der Deutsche Schäferhund 1892 auf der Hundeausstellung in Hannover. Der Gründerverein der Rasse für Deutsche Schäferhunde von 1899 ist heute der größte Rassehund-Zuchtverein der Welt. Bereits im Ersten Weltkrieg stellte der Schäfer seine besonderen Fähigkeiten unter Beweis; so zeigte er sich sowohl beim Aufspüren von Kampfgas, als auch als Wächter und Hilfshund sehr talentiert. Der Deutsche Schäferhund wurde zum Paradebeispiel des Gebrauchshundes. Dank seiner Schönheit und Anpassungsfähigkeit steht er weltweit an der Spitze des Züchterinteresses.

1

1

HÜTEHUNDE

URSPRUNGSLAND
Deutschland

URSPRÜNGLICHER NAME
Deutscher Schäferhund

ANDERE NAMEN
"Wolfshund", Alsation (Elsässer)

Große Rassen
25 bis 45 Kg

KOPF
Gut proportionierter Keilkopf, dabei weder plump noch zu langgestreckt; trocken. Die Schädellänge ist an die Länge des Nasenrückens angepasst. Stop nicht zu stark ausgeprägt. Keilförmiger Fang, bei geradlinigem Nasenrücken. Kräftiges Gebiss. Trockene Lefzen.

AUGEN
Mandelförmig, etwas schrägliegend und nicht hervortretend. Die Farbe soll möglichst dunkel sein, lebhafter Ausdruck.

OHREN
Stehohren von mittlerer Größe, die aufrecht und gleichgerichtet getragen werden; spitz auslaufend und mit der Muschel nach vorn gestellt.

KÖRPERBAU
Mittelgroß, leicht gestreckt. Kräftiges, muskulöses Gebäude. Trockenes Knochengerüst. Robuste Halspartie, gut bemuskelt und ohne Wamme. Gute Brusttiefe. Hoher Widerrist, muskulöser, gerader Rücken, breite, gute entwickelte Lendenpartie. leicht abfallende Kruppe.

LÄUFE
Kompakte, gerade und gut parallele Vorderläufe, trocken. Dicht zusammenstehende Zehen.

RUTE
Buschig, mindestens bis zum Sprunggelenk reichend. In der Ruhe in sanft herabhängendem Bogen getragen.

HAARKLEID
Stockhaar mit Unterwolle. Das Deckhaar soll möglichst dicht, gerade, harsch und fest anliegend sein. Am Kopf einschließlich des Ohrinneren, an der Vorderseite der Läufe, an Pfoten und Zehen kurz, am Hals etwas länger und stärker behaart. An der Rückseite der Läufe verlängert sich das Haar und bildet mäßige Hosen.

FARBE
Schwarz mit rotbraunen, braunen, gelben bis hellgrauen Abzeichen, Schwarz einfarbig, grau mit dunklerer Wolkung, schwarzem Sattel und Maske. Unauffällige, kleine weiße Brustabzeichen sind zulassig. Die Unterwolle zeigt einen leichten Grauton.

WIDERRISTHÖHE
Rüde: 60 bis 65 cm
Hündin: 55 bis 60 cm

GEWICHT
Rüde: 30 bis 40 kg
Hündin: 22 bis 32 kg

Charakter, besondere Talente, Erziehung
Sollte ausgeglichen und selbstsicher sein. Er muss Mut, Härte und Kampftrieb besitzen. Er ist ein folgsamer und treuer Familienhund und hat einen stark ausgeprägten Geruchsinn. Er ist lebendig, fröhlich und loyal; durch seine Gefügigkeit eignet er sich bestens für die Ausbildung zu verschiedenen Zwecken.

Hinweise
Es ist wichtig, in frühem Alter mit der Erziehung zu beginnen. Dieser sportliche Hund benötigt viel Freiraum und Bewegung, verträgt aber auch die Haltung in der Stadt bzw. in der Wohnung, sofern er täglichen Auslauf bekommt. Will nicht allein gelassen und tagsüber nicht eingeschlossen werden. Zwei Mal bürsten pro Woche. Aus einem Wurf keinen übererregten Welpen wählen - er könnte Aggressivität oder Scheu entwickeln.

Verwendung
Der Deutsche Schäferhund ist ein herausragender Arbeitshund: Herdenschutzhund, Armeehund, Suchhund, Rettungshund, Wachhund, Blindenhund, u.v.m. Liebevoller Begleithund.

Australian Shepherd

Zu den Ahnen dieser Rasse gehören australische Schäferhunde; sie entstand im 20. Jahrhundert in Kalifornien, wo die Hunde auf den Farmen und Ranches als Schäferhunde eingesetzt wurden.

Gut proportioniert, etwas länger als hoch. Gut gebaut. Mittlere Größe und Knochengerüst. Wendig und agil. In seinen Bewegungen ebenmäßig, frei, locker.

Mittlegroße Rassen
10 bis 25 Kg

1

HÜTEHUNDE

URSPRUNGSLAND
USA

URSPRÜNGLICHER NAME
Australian Shepherd

ANDERER NAME
Australischer Schäferhund

1

KOPF
Kräftiger, fein gezeichneter Kopf, trocken. Der Schädel ebenso breit wie lang. Mäßiger, gut definierter Stop. Die Nase schwarz oder braun, je nach Farbe des Haarkleids.

AUGEN
Mandelförmig. Augenfarben: Braun, Blau, Bernstein, Variationen oder Kombinationen dieser drei.

OHREN
Hoch angesetzt, von dreieckiger Form. Mäßig dimensionierte Ohrlappen. Wenn der Hund aufmerksam ist, sollten die Ohren nach vorne oder zur Seite gelegt werden. Steh- oder Hängeohren sind schwere Fehler.

KÖRPERBAU
Kräftiger Hals. Gerade Rücklinie; solide. Gute Brusttiefe, gut gewölbte Rippen. Kruppe mäßig geneigt.

LÄUFE
Starkknochig. Die Pfoten oval und kompakt.

RUTE
Gerade, von Natur aus kurz.

HAARKLEID
Mittlere Länge und Textur. Gerade und wellig. Mähne, Halskrause und Hosen von mäßiger Haarmenge.

FARBE
Blue-Merle, Schwarz, Rot-Merle. Alle diese Farben, möglich mit weißen Flecken oder lohfarbenen Abzeichen (Kupfer). Der weiße Halsring darf nicht über den Widerrist hinausragen; am Hals, Vorbrust, den Läufen und der Fangunterseite ist Weiß gestattet, ebenso ein weißer Stirnstrich. Die Augenpartien müssen vollständig von der Färbung eingefasst sein.

WIDERRISTHÖHE
Rüde: 51 bis 58 cm
Hündin: 46 bis 53 cm

GEWICHT
20 bis 25 kg

Charakter, besondere Talente, Erziehung
Hochaktiver Hund, widerstandsfähig und schnell, kann am Tag bis zu 60 km zurücklegen. Intelligenter Herdenschutzhund. Dieser Shepherd ist jedoch nicht nur ein sehr talentierter Schäferhund, sondern auch aufmerksamer Wächter in den Farmen. Er ist liebvoll, sanftmütig und guten Willens und ein sehr treuer Gefährte.

Hinweise
Er ist an großen Freiraum gewöhnt und besitzt eine nahezu unerschöpfliche Energie; er verträgt es nicht, in der Wohnung gehalten zu werden. Pflege: Regelmäßiges Bürsten.

Verwendung
Schäferhund, Wachhund, Begleithund.

Berger de Beauce

Der Beauceron ist ein Nachfahre der "Niederungshütehunde", die im Pariser Becken eingesetzt wurden. Der Name kam gegen Ende des 19. Jahrhunderts auf und bezeichnete die Kurzhaar-Varietäten dieser Rasse, die Langhaar-Hunde hießen fortan Briard. E. Boulet (ansonsten eher wegen des Boulet-Griffon bekannt), der die Rasse als erster beschrieb, wirkte 1896 bei der Gründung des französischen Schäferhundeklubs mit, und 1911 entstand der "Klub der Freude des Beauceron". Wegen seiner auffälligen Loh-Abzeichen an den Enden der Läufe erhielt der Beauceron den Beinamen "Rotstrumpf". Bei der Zuchtauswahl herrschte lange Uneinigkeit, ob den Hütehunden, der reinen Schönheitszucht oder der Qualifikation als Wach- oder Schutzhund der Vorzug zu geben sei. Letztendlich entschied man sich für seine Fähigkeiten als Herdenführer. In Frankreich weit verbreitet, in anderen Ländern, mit Ausnahme Belgien, jedoch nahezu unbekannt.

Sehr harmonisch, von wolfsartigem Typ. Gut gebaut, bei mittlerer Linienführung. Lockere, freie Bewegungen (raumgreifender Trott).

1

1

HÜTEHUNDE

Große Rassen
25 bis 45 Kg

URSPRUNGSLAND
Frankreich

URSPRÜNGLICHER NAME
Berger de Beauce

ANDERE NAMEN
Beauceron, Rotstrumpf, Bas Rouge, Französischer Schäferhund

KOPF
Lang (2/5 der Schulterhöhe) und ziseliert. Flachschädlig. Mäßiger Stop. Leicht konvex verlaufender Nasenrücken, der Fang weder schmal noch spitz.

AUGEN
Rund und dunkelfarben; freimütiger Ausdruck.

OHREN
Hoch angesetzt. Wenn natürlich: Herabfallend, nicht anliegend und kurz.

KÖRPERBAU
Solide, kräftig, gut gebaut; muskulös, jedoch nicht plump. Gut bemuskelte Halspartie. Breite Brust mit guter Brusttiefe, wobei die Rippen weit nach hinten reichen. Gerader Rücken und breite Lenden. Kruppe mäßig geneigt.

LÄUFE
Unterschenkel leicht nach hinten versetzt. Doppelte Afterkralle an der Innenseite der Hinterläufe, knapp an den Pfoten sitzend. Pfoten kräftig und rund.

RUTE
Muss ebenmäßig sein. Wird tief getragen. Mäßig buschig, vom Sprunggelenkshöcker ohne Knick oder Krümmung in einem leichten J-Bogen herabfallend.

HAARKLEID
Am Kopf glatte Behaarung, am Körper kräftiges, dickes und anliegendes Haarkleid von 3-4 cm Länge. In der Sitzbeingegend und am Bauch mäßige Fransen. Sehr kurze Unterwolle, dünn, dicht und weich, möglichst mausgrau.

FARBE
Bikolor, schwarz-lohfarben. Das Schwarz muss sehr intensiv sein. Farbe des Lohs: Eichhörnchenrot. Runde Loh-Abzeichen über den Augen, an der Fangunterseite, am Hals und unter der Rute. An den Läufen auffällige Loh-Färbung, die sich bis zu den Pfoten und Fußwurzelgelenken erstreckt (erweckt den Eindruck von Strümpfen, daher der Name "Rotstrumpf"). Harlekin: Grau, Schwarz und Loh (trikolor); Grau und Schwarz zu gleichen Teilen, in Flecken verteilt, und mit den bekannten Loh-Abzeichen.

WIDERRISTHÖHE
Rüde: 65 bis 70 cm
Hündin: 61 bis 68 cm

GEWICHT
30 bis 40 kg

Charakter, besondere Talente, Erziehung
Freimütig, furchtlos, schnell, hart im Nehmen. Guter Wächter und äußerst respekteinflößend. Unbestechlich und gegenüber Fremden misstrauisch. Folgt seinem Herrn treu, kinderliebend, ausgesprochener Familienhund. Zu beachten ist, dass er Dominanzgebahren gegenüber anderen Rüden entwickelt. Der Hund besitzt einen ausgeprägten Geruchsinn, der z.B. bei der Fährtesuche oder Trüffeljagd genutzt wird. Ruhig und mutig, also ein sehr direkter, dynamischer und mutiger Arbeitshund, gleichzeitig jedoch führig und gehorsam.

Hinweise
Dieses rustikale Tier ist an das Landleben gewöhnt und braucht viel Platz und Bewegung. Kein Wohnungshund. Nicht an der Kette halten und nicht einsperren. Braucht eine konsequente Erziehung und eine starke Hand. Muss seine Energie ausleben können. Gelangt erst spät zu Reife. Zwei bis drei Mal pro Woche bürsten, regelmäßiges Schneiden der Afterkrallen.

Verwendung
Eignet sich als Herdenhund (Schafe und Rinder), Schutz-, Wach -, Armee- Such und Rettungshund, u.v.m. Begleithund.

Bergamasker Hirtenhund

Hier handelt es sich um eine alte Rasse, die aus der Alpenregion im Gebiet von Bergamo in Oberitalien stammt, wo sie als Hirtenhund eingesetzt wurde. Die Schafzucht war weit verbreitet, und so gab es eine beträchtliche Anzahl dieser Hunde. Mitunter wird angenommen, dass der Bergamasker seinen Ursprung dem Berger de Brie verdanke. Andere meinen, er sei asiatischer Herkunft und - wie ähnliche Rassen - im Zuge der Mongolenstürme nach Westeuropa gekommen.

Robustes Erscheinungsbild. Mächtiges Gebäude. Bevorzugte Gangart: Trab.

1

HÜTEHUNDE

URSPRUNGSLAND
Italien

URSPRÜNGLICHER NAME
Cane da Pastore Bergamasco

1

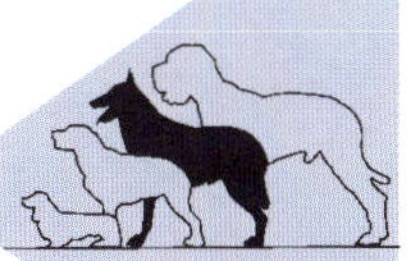

KOPF
Wirkt übergroß, der Schädel breit. Ausgeprägte Augenbrauenbögen. Betonter Stop. Fang nicht spitz, sondern stumpf. Großflächiger Nasenspiegel. Dünne Lefzen. Die Gesichtshaut von feiner Struktur und faltenlos.

AUGEN
Groß, schrägliegend. Die Farbe soll braun bzw. je nach Farbe des Haarkleids möglichst dunkel sein. Schwarze Lidränder. Äußerst lange Augenbrauen, die vor den Augen abschließen.

OHREN
Kippohren, biegsam, dünn, dreieckig.

KÖRPERBAU
Viereckiges Gebäude. Am Hals keine Wamme. Mächtige Brust. Gerader muskulöser Rücken. Kurze, gut bemuskelte Lendenpartie. Die Kruppe breit und solide, gut bemuskelt und schräg.

LÄUFE
Muskulös und starkknochig. Robuste Pfoten, ovalrund, "Hasenpfoten". Dicht zusammenstehende und gut gewölbte Zehen.

RUTE
Dicker, kräftiger Ansatz, sich nach außen verjüngend. Mäßig gewellte Ziegenbehaarung. In der Ruhe säbelförmig getragen.

HAARKLEID
Im vorderen Körperbereich sehr lang und harsch (ziegenhaarartig). An den Seiten des Rumpfes in Fransen herabhängend. Kurze Unterwolle, fest anliegend, muss sich geschmeidig anfühlen.

FARBE
Einheitliches Grau, oder mit grauen Flecken (hellgrau bis schwarz). Einfarbig schwarzes Haarkleid ist zulässig, einfarbig Weiß jedoch unerwünscht. Weiße Flecken werden toleriert, sofern ihre Fläche nicht mehr als ein Fünftel der Gesamtfärbung ausmacht.

WIDERRISTHÖHE
Rüde: 58 bis 62 cm
Hündin: 55 bis 58 cm

GEWICHT
Rüde: 32 bis 38 kg
Hündin: 26 bis 32 kg

Charakter, besondere Talente, Erziehung

Dieser Hund zeigt ein unvergleichliches Talent als Herdenschutzhund: Er wacht zuverlässig und ist ausgeglichen. Sein guter Charakter, seine Treue, seine Gutmütigkeit und Geduld machen aus ihm auch einen vorzüglichen Begleithund. Er ist von respekteinflößender Erscheinung und damit auch als Wächter geeignet. Es muss früh mit einer strengen Erziehung begonnen werden, da das Tier oft zu Eigensinn neigt.

Hinweise

Benötigt viel Platz und Auslauf, für die Haltung in der Stadt absolut ungeeignet. Das Zottelfell muss von Hand gepflegt werden, um Filz zu vermeiden.

Verwendung

Hirtenhund. Wach-, Lawinensuch- und Katastrophensuchhund, Rettungshund, Begleithund.

Berger de Brie

Länglicher Körperrahmen, gut proportioniert, beweglich. Lebhaft und aufgeweckt.

1

HÜTEHUNDE

URSPRUNGSLAND
Frankreich

1

URSPRÜNGLICHER NAME
Berger de Brie

ANDERER NAME
Briard

Große Rassen
25 bis 45 Kg

Stammt wie der Beauceron von den Niederungshütehunden der Pariser Region ab. Die Bezeichnung "Berger de Brie" wird erstmalig 1809 im "Cours d'Agriculture" des Abtes Rozier erwähnt und bezog sich auf langhaarige Hirtenhunde. Auf der Pariser Hundeausstellung von 1863 ging der erste Preis an eine Hündin, die eine große Ähnlichkeit mit einem Briard aufwies. 1888 schrieb Pierre Mégnin in der Hundezüchterzeitschrift "L'Éleveur": "Der Briard ist aus einer Kreuzung zwischen einem Barbet und einem Berger de Beauce hervorgegangen, von dem er sich durch sein langes, wolliges Haarkleid unterscheidet." Der erste Eintrag eines Briards im Französischen Zuchtbuch (L.O.F.) erfolgte 1885. Der erste Rassestandard wurde 1897 vom Französischen Hütehundeverband festgeschrieben, man unterschied zwischen einer Varietät mit langem wolligem und einer mit ziegenhaarartigem Fell. Durchgesetzt hat sich letztere, die seit 1988 dem offiziellen FCI-Standard entspricht. Im Ersten Weltkrieg wurde der Briard von der französischen Armee als Wachhund eingesetzt. Es ist eine weit zurück reichende Tradition, ihm die Ohren zu kupieren. Ursprünglich wollte man so sicherstillen, dass die Tiere bei Kämpfen mit anderen Hunden oder mit Wölfen (bei der Verteidigung von Viehherden) eine möglichst geringe Angriffsfläche bieten.

KOPF
Kräftig und lang. Abgesetzter Stop. Der Nasenrücken ist geradlinig, der Fang weder schmal noch spitz. Eher quadratischer denn runder Nasenspiegel. Reichliche Kopfbehaarung mit Kinn- und Schnurrbartbildung. Die Augenbrauen verdecken leicht die Augen.

AUGEN
Eher groß und waagerecht liegend, von dunkler Farbe und etwas hinter der üppigen Kopfbehaarung versteckt.

OHREN
Hoch angesetzt, sollten aufrecht getragen werden.

KÖRPERBAU
Solider, muskulöser Körperbau. Gut bemuskelte, deutlich abgesetzte Halspartie. Breite Brust mit guter Brusttiefe. Gerader Rücken, die Lenden gut bemuskelt. Kruppe mäßig geneigt.

LÄUFE
Muskulöse, starkknochige Läufe. An der Hinterläufen möglichst tief angesetzte, doppelte Afterkralle. Die Pfoten kräftig und ovalrund. Dicht zusammenstehende Zehen.

RUTE
Nicht gekrümmt oder geknickt, reichlich behaart. An der Spitze ein typischer Haken. Muss tief getragen werden.

HAARKLEID
Leicht gewellt, lang und spröde ("Ziegenhaar"). Leichte Unterwolle mit einer Mindestlänge von 7 cm.

FARBE
Alle einfarbigen Haarkleid sind für die Zucht zugelassen, mit Ausnahme von Weiß, Braun, Mahagoni, sowie Bikolor. Besonders erwünscht sind dunkle Farben.

WIDERRISTHÖHE
Rüde: 62 bis 68 cm
Hündin: 56 bis 64 cm

GEWICHT
30 bis 40 kg

Charakter, besondere Talente, Erziehung
Athletischer, stolzer und mächtiger Hund, nicht gerade das was man unter einem kuscheligen Teddybär versteht. Ausgeglichen, sehr lebhaft, mutig und besitzt Härte. Ein ruhig und mutiger Hund. Hinter seinem ruppigem Äußeren verbirgt sich ein sehr gutmütiges Wesen. Sehr liebevoll und treu, immer zum Spielen bereit und kinderliebend. Seinem Herrn gegenüber sehr ergeben, jedoch misstrauisch gegenüber Fremden. Die Rüden sind dominant und erfordern eine strenge Erziehung, die in frühem Alter beginnen muss; entwickelt ansonsten wird er starrsinnig und unabhängig. Reif im Alter von 2-3 Jahren.

Hinweise
Dieser sehr robuste, dynamische und bewegungsfreudige Hund braucht jede Menge Auslaufmöglichkeit. Kein Stadthund. Regelmäßig bürsten und kämmen, um die Bildung von Zotteln zu vermeiden: zwei- bis dreimal wöchentlich bei im Freien gehaltenen Tieren, einmal pro Woche bei im Haus lebenden Tieren.

Verwendung
Hirtenhund. Begleithund, Zuchtziele am äußeren Erscheinungsbild orientiert.

Maremmen-Abruzzen-Schäferhund

Dieser Hütehund gilt als eine sehr alte Rasse.Bereits der römische Agronom Varro vermerkte in seinen Aufzeichnungen. Wie die meisten europäischen Molossern stammt er von den zentralasiatischen Hirtenhunden ab, die im Zuge der Mongolenstürme nach Westeuropa gelangten. Bis 1950/1960 unterschied man den kurzhaarigen "Maremmano" vom "Abruzzese" - dies lag jedoch allein daran, dass der Hütehund über Jahrhunderte zwischen Juni und Oktober in den Abruzzen, und von Oktober bis Juni in der Maremma im Einsatz war. Der einheitliche Zuchtstandard mit dem neuen Doppelnamen ist 25 Jahre alt und geht auf Professor G. Solaro zurück.

Großformatig, majestätisch. Kraftvolles Gebäude, von rustikaler Erscheinung. Eher dicke Haut. Gangarten: Schritt und weit ausholender Trab.

1

HÜTEHUNDE

URSPRUNGSLAND
Italien

URSPRÜNGLICHER NAME
Cane da Pastore Maremmano-Abruzzese

1

KOPF
Großer flacher Keilkopf, erinnert an einen Polarbären. Mäßiger Stop.

AUGEN
Mandelförmig, im Verhältnis zu den Gebäudemaßen relativ klein. Ocker oder dunkelbraun gefärbt. Schwarze Lidränder.

OHREN
Hängeohren, eher klein, dreickig (V-Form), sehr hoch angesetzt.

KÖRPERBAU
Eher lang als hoch. Dicker, kräftiger Hals. Breite Brust mit guter Brusttiefe, gut gewölbte Rippen. Der Rücken ist geradlinig. Die robuste, gut bemuskelte Kruppe verläuft etwas schräg.

LÄUFE
Große, fast runde Pfoten. Die Zehen sind mit dichter, kurzer Behaarung besetzt.

RUTE
Niedrig angesetzt, reichlich behaart. In der Ruhe herabhängend, im Lauf bis in Höhe der Oberlinie aufgezogen, die Spitze über den Rücken nach innen gezogen.

HAARKLEID
Üppig und lang (am Rumpf 8 cm). Greift sich harsch an. Halskrause; Fransen an der Hinterseite der Läufe. Im Winter reichlich Unterwolle.

FARBE
Durchgehend weiß. Elfenbeinfarbenen, blass-orange oder zitronenfarbige Nuancen werden toleriert.

WIDERRISTHÖHE
Rüde: 65 bis 73 cm
Hündin: 60 bis 68 cm

GEWICHT
Rüde: 35 bis 45 kg
Hündin: 30 bis 40 kg

Charakter, besondere Talente, Erziehung
Ruhig, besonnen, aber stolz und nicht gerade unterwürfig; braucht daher eine konsequente Erziehung. Zuneigungsvoller und äußerst Kinderlieber, angenehmer Gefährte. Sehr zurückhaltend gegenüber Fremden. Als Wächter zuverlässig und bestimmt.

Hinweise
Möglichst nicht in der Stadtwohnung halten, er braucht Auslaufmöglichkeit. Von robuster Natur, allerdings verträgt er keine Hitze. Regelmäßig bürsten.

Verwendung
Schäferhund. Wachhund. Begleithund.

Mittelgroß. Robuste und doch elegante Erscheinung.

Berger de Picardie

Wahrscheinlich eine der ältesten Hütehunderassen,die bereits auf Gemälden und Gravuren aus dem Mittelalter abgebildet ist. Es wird vermutet, dass der Ursprung des Berger de Picardie auf keltische Hunde zurückgeht, die im 9. Jahrhundert mit den Kelten nach Frankreich kamen. Er besitzt eine gewisse Ähnlichkeit mit dem Griffon. Schon im 18. Jahrhundert wurde er als Herdenschutzhund eingesetzt. Ende des 19. Jahrhundert begann eine strenge Zuchtauswahl. Nach dem Ersten Weltkrieg war diese Rasse fast ausgestorben. Nach der Anerkennung der Rasse im Jahre 1923 wurde der Standard 1948 neu aufgelegt und dann 1964 offiziell von der FCI anerkannt.

1

1

HÜTEHUNDE

URSPRUNGSLAND
Frankreich

URSPRÜNGLICHER NAME
Berger de Picardie

ANDERE NAMEN
Pikardischer Schäferhund, Picardischer Schäferhund, Picard

Mittelgroße Rassen
10 bis 25 Kg

KOPF
Gut proportioniert. 4 cm lange Kopfbehaarung, ausgeprägte Augenbrauen. Äußerst mäßiger Stop. Kräftiger und mäßig langer Fang. Schnur- und Kinnbart.

AUGEN
Mittelgroß, von dunkler Färbung. Helle Augenfarbe sowie verschiedene Augenfarben nicht erwünscht.

OHREN
Mittelgroß, mit breitem Ansatz, werden aufrecht getragen; an den Spitzen etwas abgerundet.

KÖRPERBAU
Gut gebaut, muskulös. Kräftiger und gut bemuskelter Hals. Gute Brusttiefe. Lange Schultern und Oberschenkel. Gerader Rücken. Solide Lenden. Leicht aufgezogene Bauchlinie.

LÄUFE
Trockene Knochenstruktur. Abgerundete Pfoten, kurz und gut geschlossen. Dunkel gefärbte Nägel. Keine Afterkrallen.

RUTE
Gerade herabhängend, mit einer mäßigen Spitzenbiegung. Reicht bis zum Sitzbeinhöcker.

HAARKLEID
Hart, mittellang (5-6 cm), weder gewellt noch glatt, harsch, muss unter den Fingern knirschen.

FARBE
Grau, grau-schwarz, graublau, grau-rot, hell- oder dunkelfauve, keine großen weißen Abzeichen.

WIDERRISTHÖHE
Rüde: 60 bis 65 cm
Hündin: 55 bis 60 cm

GEWICHT
19 bis 23 kg

Charakter, besondere Talente, Erziehung
Ein rustikaler, kraftvoller und mutiger Hund. Temperamentvoll, ausgeglichen. Sehr widerstandsfähig, impulsiv bei der Arbeit . Schätzt die Nähe der Familie, sanftmütig mit Kindern.

Hinweise
Kein Stadthund. Braucht viel Platz und Bewegung. Regelmäßiges, gründliches Bürsten ist notwendig.

Verwendung
Schäferhund. Wachhund. Begleithund.

Pyrenäen-schäferhund

Der kleinste unter den französischen Hütehundenrassen. Buschiges Haarkleid. Sehr elegant.

Die Ursprünge des kleinsten französischen Hütehundes liegen weit zurück. Es ist anzunehmen, dass diese Rasse aus einheimischen Rassen hervorging und schon seit langer Zeit in den hoch gelegenen Pyrenäentälern lebt. Erst gegen Ende des 19. Jahrhunderts soll sich der Pyrenäen-Schäferhund über sein Herkunftland hinaus verbreitet haben. Im Ersten Weltkrieg wurde er in der französischen Armee als Wachhund, Nachrichtenhund sowie zum Aufspüren von Verletzten eingesetzt. Die offizielle Anerkennung der Rasse erfolgte 1936. Je nach Region trägt diese Rasse verschiedene Namen, z.B. "Labrit". Es handelt sich dabei um eine robuster, größere Varietät (50-55 cm), die 1935 beinahe als Rasse anerkannt worden wäre, heute jedoch offiziell nicht mehr existiert und mit dem Berger des Pyrénées verschmolzen ist. Man unterscheidet zwei Arten:
- Langhaar-Pyrenäen-Schäferhund, weit verbreitet;
- Berger "à face rase", seltener, mit recht kurzer Kopfbehaarung und auch etwas kürzerem Körperfell.

1

HÜTEHUNDE

URSPRUNGSLAND
Frankreich

URSPRÜNGLICHER NAME
Berger des Pyrénées

1

KOPF
Der Kopf ist in seiner allgemeinen Erscheinung dreieckig und erinnert an den des Braunbären. Bei der Langhaar-Varietät etwas kurzer Fang, beim "face rase" eher ein wenig länger.

AUGEN
Dunkelbraun, mit schwarz geränderten Lidern. Verschiedenfarbige Augen sowie Glas- oder Birkenaugen sind zugelassen für Hunde mit harlekinfarbenem oder schiefergrauem Fell.

OHREN
Sollen ziemlich kurz sein. Der untere Teil des natürlichen Ohres muss aufgerichtet und beweglich sein. Idealerweise fällt der obere Teil des Ohres nach vorn oder auf die Seite zurück.

KÖRPERBAU
Der "face rase" ist etwas kürzer gebaut als sein Artgenosse. Kräftiger Hals. Breite Brust bei guter Brusttiefe. Der Rücken lang. Kruppe recht schräg.

LÄUFE
Die Vorderhand ist trocken. An den Hinterläufen doppelte Afterkrallen. Die Zehen stehen beim "face rase" dichter zusammen und sind stärker gewölbt als beim Langhaar-Pyrenäen.

RUTE
Langhaar-Pyrenäenschäferhund: Gut befranst, nicht sehr lang, tief angesetzt und bildet an der Spitze einen Haken. Behaarung von wolliger bis ziegenhaarartiger Textur. Pyrenäenschäfer "à face rase": Recht lange, buschige Rute, befedert. Wird tief getragen und bildet an der Spitze einen Haken. Nur beim erregten Hund wird die Rute über den Rücken gezogen und eingerollt.

HAARKLEID
Langhaar-Pyrenäenschäferhund: Halb oder mittellang, immer üppig. Fast ganz am Körper anliegend oder mäßig gewellt. An der Kruppe und den Oberschenkeln üppiger und wolliger. Am Fang und den Backen von vorn nach hinten gekämmt. Textur von "Ziegenhaar" bis wollig. Pyrenäenschäfer "à face rase": Reichlich, glatt, recht lang und weich. An der Rute und rund um den Hals länger. Am Kopf kurze und dünne Behaarung. Glatt anliegendes Haar an den Läufen und Keulenhosen.

FARBE
Langhaar-Pyrenäenschäferhund: Mehr oder weniger dunkles Falb, Durchsetzung mit schwarzen Haaren und etwas Weiß an Vorbrust und Läufen möglich. Mehr oder weniger helles Grau, am Weiß an Kopf, Vorbrust und Läufen. Harlekin: Verschiedene Tönungen möglich. Ein weißes Fellkleid ist ein nicht tolerierter Fehler. Pyrenäenschäferhund "à face rase": Am Kopf, den Ohren und am Rutenansatz weiß, oder weiß mit grauen (oder dachsfarbenen) Flecken, oder blassgelb, oder wolfsfarben oder orange. Bevorzugt werden dachsfarbene Flecken.

WIDERRISTHÖHE
Langhaar-Pyrenäen-Schäferhund
Rüde: 40 bis 48 cm
Hündin: 38 bis 46 cm
Pyrenäenschäferhund "à face rase"
Rüde: 40 bis 54 cm
Hündin: 40 bis 52 cm

GEWICHT
für beide Arten:
Rüde: 8 bis 15 kg

Charakter, besondere Talente, Erziehung
Der Berger "à face rase" ist nicht so unruhig und etwas führiger als die Langhaar-Art. Charakteristisch für den Pyrenäenschäferhund ist seine grosse Nervosität. Aufgeweckt, lebendig und hyperaktiv. Muss ständig in Bewegung sein. Kein leichter Hund. Recht lautfreudig, gegenüber Unbekannten misstrauisch, aufmerksamer Wächter und sehr mutig. Braucht eine starke Hand.

Hinweise
Dieser Hund darf keinesfalls in der Wohnung gehalten werden, sobald er allein gelassen wird, macht er Kleinholz aus allem, was er findet. Bei Bewegungsmangel wird er aggressiv. Einmal pro Woche bürsten.

Verwendung
Schäferhund. Wachhund, Begleithund. Gebrauchshund: Rettungshund (Trümmersuchhund), Drogen- und Sprengstoffspürhund.

Südrussischer Ovtcharka

Dieser Hund ging aus den asiatischen Molossern hervor und wurde später mit den Barzoi gekreuzt, um eine leichtere Silhouette heranzuzüchten. Die Rasse wurde 1952 in der damaligen UdSSR offiziell anerkannt und dann als erste Rasse aus Russland die in die FCI-Nomenklatur aufgenommen wurde. Eigentlich ein Herdenhütehund, wird in der sowjetischen Armee als Wachhund eingesetzt. Außerhalb des Herkunftslandes ist diese Rasse noch recht wenig verbreitet.

1

1

HÜTEHUNDE

URSPRUNGSLAND
Russland

URSPRÜNGLICHER NAME
Jouzjnorusskaja Ovtcharka

ANDERER NAME
Südrussischer Owtcharka

Robuste Konstitution. Gut entwickelte Muskulatur. Natürliche Gangarten: Schwerer Trab und Galopp.

Mittelgroße Rassen 10 bis 25 Kg

KOPF
Langgestreckt, mit mäßig breiter Stirn. Mäßiger Stop. Großer Nasenspiegel.

AUGEN
Oval, mit dunkler Färbung; müssen waagerecht liegen.

OHREN
Von recht geringer Größe, dreieckig, herabhängend.

KÖRPERBAU
Gute Bemuskelung. Trockener Hals. Recht breite Brust, leicht abgeflacht, mit guter Brusttiefe. Rücken gerade und kräftig. Die Lendenpartie kurz, breit und abgerundet. Bauch leicht aufgezogen.

LÄUFE
Massive Knochenstruktur. Ovalrunde Pfoten, kräftig und gut gebogen.

RUTE
Lang.

HAARKLEID
Lang (10-15 cm). Grob, dicht, buschig und etwas gekräuselt. Gut entwickelte Unterwolle.

FARBE
Weiß, weiß mit gelb. Strohgelb, gräulich, aschgrau. Weiß mit mäßiger grauer Zeichnung, grauen Flecken.

WIDERRISTHÖHE
Rüde: mind. 65 cm
Hündin: mind. 62 cm

GEWICHT
ca. 25 kg

Charakter, besondere Talente, Erziehung
Robuster, kräftiger, ausgeglichener und lebhafter Hund; sein Mut ist legendär. Gegenüber Fremden zeigt er sich misstrauisch. Ausgeprägtes Dominanzverhalten, bei der Schutzarbeit sehr aktiv. Stolze und gleichzeitig sympathische Erscheinung.

Hinweise
Braucht reichlich Bewegung. Regelmäßig bürsten.

Verwendung
Hütehund. Wach- und Schutzhund. Begleithund.

Shetland Sheepdog

Wie der Name schon sagt, stammt dieser kleine Hütehund von den Shetland-Inseln, nördlich vor Schottland. Vermutlich ist er aus einer Kreuzung zwischen dem schottischen Collie, dem isländischen "Yakkie" (Hund der grönländischen Walfänger) und dem Spitz, einem bei den norwegischen Fischern sehr beliebten Begleithund hervorgegangen. Andere meinen, dass auch der King Charles Spaniel zu den Vorfahren dieses Hundes zählt. Er trägt den Spitznamen Sheltie und ähnelt einer Miniaturausgabe des Langhaar-Collies. 1908 entstand auf den Shetland-Inseln der erste Sheltie-Rasseverein. Bereits gegen Ende des 19. Jahrhunderts war er in ganz England verbreitet, wurde aber erst 1914 offiziell als Rasse anerkannt.

Harmonische Formen. Geschmeidiger Gang.

1

HÜTEHUNDE

URSPRUNGSLAND
Großbritannien

URSPRÜNGLICHER NAME
Shetland Sheepdog

ANDERE NAMEN
Sheltie, Shetland, Shetland Collie, Zwergcollie

1

KOPF
Dreieckig und langgestreckt, der Schädel flach und schmal. Mäßig abgesetzter Stop. Nase, Lefzen und Augenpartien schwarz.

AUGEN
Schrägliegend, mandelförmig; dunkelbraun, außer bei Tieren mit Blue Merle Haarkleid, auch blaue oder blaugefleckte Augen gestattet sind.

OHREN
Stehohren von geringer Größe, an der Spitze abhängend.

KÖRPERBAU
Im Verhältnis zur Höhe etwas lang. Gut bemuskeltes und ausgeglichenes Gebäude. Gute Brusttiefe. Gewölbte Rippen. Der Rücken gerade.

LÄUFE
Starkknochig. Ovalrunde Pfoten mit gut gepolsterten Ballen. Gewölbte Zehen, stehen dicht zusammen.

RUTE
Tief angesetzt, mit reichlicher Behaarung. Nur in Erregung angehoben, jedoch nicht über die Rückenlinie hinaus.

HAARKLEID
Lang, gerade, hart. Weiche, reichliche Unterwolle. Mähne und Krause üppig, verleihen dem Hund ein majestätisches Aussehen. Gut befranste Vorderhand.

FARBE
Zobel: Hell oder gewolkt, blassgolden bis satt mahagoni. Trikolor: intensives Schwarz, grelle Loh-Abzeichen, weiß. Blue Merle: hellblau/silberfarben, gesprenkelt und schwarz-marbriert. Schwarz und weiß. Schwarz und lohfarben.

WIDERRISTHÖHE
Rüde: 36 bis 40 cm
Hündin: 34 bis 38 cm

GEWICHT
5 bis 10 kg

Charakter, besondere Talente, Erziehung
Aktiver, wachsamer Hund mit fröhlichem Wesen, leichtführig. Charakter. Liebevoll, sanftmütig und sehr gelehrig. Gegenüber Fremden zurückhaltend, bellfreudiger Hund, nie furchtsam.

Hinweise
Zweimal wöchentlich bürsten, in der Zeit des Fellwechsels häufiger. Nicht mehr als einmal im Monat waschen. Er braucht täglichen Auslauf.

Verwendung
Schäferhund. Begleithund.

Bobtail

Die Abstammung des Bobtail ist nicht eindeutig geklärt. Eine Annahme lautet, er sei aus einer sehr weit zurückliegenden Mischung zwischen verschiedenen Schäferhundarten hervorgegangen, darunter dem heute nicht mehr existierenden italienischen Mastiff, der mit den Römern auf die Insel kam. Andere gehen davon aus, der Bobtail sei das Resultat der Kreuzung von britischen und kontinentaleuropäischen Schäferhundrassen (Puli, Briard u.a.). Jedenfalls ist der Bobtail eine recht alte Rasse, seit geraumer Zeit; auf einem Gainsbourough-Gemälde von 1771 ist ein Exemplar dargestellt. Offiziell anerkannt wurde er in Großbritannien 1888, und 1900 entsteht der erste US-amerikanische Klub. In Kontinentaleuropa spielte der Bobtail vor 1945 kaum eine Rolle.

1

1

HÜTEHUNDE

URSPRUNGSLAND
Großbritannien

URSPRÜNGLICHER NAME
Bobtail

ANDERER NAME
Old English Sheepdog

Kräftiger, stämmiger und muskulöser Cob-Typ. Nicht sehr hochläufig. Quadratisches Gebäude. Charakteristischer, wiegender Gang. Gut federnder Galopp.

Große Rassen
25 bis 45 Kg

KOPF
Kräftig, quadratisch. Geräumiger Schädel. Ausgeprägter Stop. Starker Fang, quadratisch, stumpf. Starke Nase.

AUGEN
Weit auseinander stehend; dunkel oder verschiedenfarbig. Blaue Augen sind gestattet.

OHREN
Klein, flach an den Seiten des Kopfes getragen, hängend.

KÖRPERBAU
Kurzer und kompakter Körperbau. Kräftiger Hals. Widerrist etwas tiefer liegend als die Lende. Geräumige, tiefe Brust. Gewölbte Rippen. Schulterblätter schräg liegend. Kräftige, mäßig gebogene Lendenpartie.

LÄUFE
Starkknochig. Kleine, runde Pfoten, die Zehen gewölbt. Gut gepolteste, harte Ballen.

RUTE
Dem Haarkleid entsprechend gut behaart, in sanftem Bogen getragen..

HAARKLEID
Reichlich, harsch, zottelig, nicht gewellt. An der Hinterhand üppiger als am Rest des Gebäudes. Weiche, dichte Unterwolle.

FARBE
Jede Schattierung von grau, "grizzle" oder blau. Körper und Hinterläufe sind durchgehend einfarbig, dabei mit oder ohne weiße Socken. Kopf, Hals, Vorhand und Unterbauch weiß. Jede Schattierung von Braun ist unerwünscht.

WIDERRISTHÖHE
Rüde: mind. 61 cm
Hündin: mind. 56 cm

GEWICHT
25 bis 30 kg

Charakter, besondere Talente, Erziehung
Der Hund ist kraftvoll, turbulent; ein guter Spielkamerad, weder furchtsam noch aggressiv. Sehr liebevoll, leichtführig, von ebenmäßigem Wesen, treu. Passt gut auf Kinder auf, daher auch sein Beiname "Nanny Dog". Taugt als Wachhund, ohne aber bissig zu sein - im übrigen ist er mit seinem "Teddybärkopf" und seinem Gebell wenig respekteinflößend.

Hinweise
Kann durchaus in der Wohnung gehalten werden, solange er nicht allein gelassen wird und der tägliche Auslauf gesichert ist. Verträgt keine Hitze. Der Hund hat einen starken Charakter und erfordert daher eine konsequente Erziehung. Tägliches Bürsten ist wichtig, um Zottelbildung zu vermeiden.

Verwendung
Schäferhund (heute kaum noch der Fall). Begleithund.

Border Collie

Dieser Hund stammt von nordischen Hütehunden ab, die mit den Wikingern auf die britischen Inseln kamen und mit einheimischen Schäferhunden gekreuzt wurden. Die Rasse entstand, wie der Name schon besagt, im gebirgigen Grenzland ("Border") zwischen England und Schottland. Es handelt sich um die am weitesten verbreitete Collie-Art, bereits seit dem 18. Jahrhundert spezialisiert als Herdenschutzhund. Zur Festschreibung der Rassenmerkmale kommt es erst 1976 durch den Kennel Club bzw. 1985 die S.C.C. Die deutschen Schäfer interessieren sich seit den 80er Jahren für den Border Collie.

Harmonie und Adel. Agil und elegant. In der Bewegung sehr niedrige Aktion der Läufe.

1

HÜTEHUNDE

URSPRUNGSLAND
Großbritannien

URSPRÜNGLICHER NAME
Border Collie

ANDERER NAME
Zwergcollie

1

KOPF
Schädel ziemlich breit, Fang mäßig kurz und kräftig. Stop sehr ausgeprägt. Nase schwarz, braun oder schieferfarben.

AUGEN
Weit auseinanderstehend, oval, von mittlerer Größe und braun, außer bei Blue Merle, wo ein Auge oder beide teilweise oder ganz blau sein dürfen.

OHREN
Von mittlerer Größe, weit auseinanderstehend, aufrecht oder halb aufrecht getragen.

KÖRPERBAU
Körper gut proportioniert und von athletischem Aussehen. Kräftiger Hals. Tiefe und recht breite Brust. Rippen gut gewölbt, Lenden gut bemuskelt.

LÄUFE
Starkknochig. Die Pfoten oval. Die Zehen gewölbt, eng aneinanderliegend.

RUTE
Mäßig lang, tief angesetzt, mit einem Aufwärtsschwung am Ende.

HAARKLEID
Zwei Fellvarietäten sind zulässig, eine mäßig lange (Mähne, Hosen und fuchsschwanzartige Rute) und eine stockhaarige. Bei beiden Varietäten ist das Deckhaar dicht und von mittlerer Textur, Unterwolle weich und dicht.

FARBE
Meist schwarz mit weißen Abzeichen (Halskragen, Blesse und Hosen). Doch ist eine Vielfalt von Farben ist zulässig, wobei weiß nie vorherrschen sollte.

WIDERRISTHÖHE
Rüde: 50 bis 55 cm
Hündin: 47 bis 52 cm

GEWICHT
15 bis 20 kg

Charakter, besondere Talente, Erziehung
Kraftvoller, ausdauernder Arbeitshund mit ausgeprägtem arbeitseifer, sehr leichtführig. Gegenüber seinem Herrn sehr anhänglich. Äußerst aufmerksam und intelligent, lernt deshalb besonders schnell. Gegenüber Fremden zurückhaltend, aber weder furchtsam noch aggressiv. Arbeitet als Herdenhund aus der Ferne und scheint das Vieh zu "hypnotisieren"; bei der Annäherung kriechend wie ein Jagdhund. Der Border Collie ist die erfolgreichste Rasse bei Hütehundwettbewerben.

Hinweise
Man sollte seine Bestimmung als Hütehund respektieren. Mit der Erziehung im Alter von 6 Monaten beginnen (während 2-3 Jahren). Für die Haltung in der Stadt ungeeignet. Dieser unermüdliche Hund braucht unbedingt tägliche Bewegung. An die Rolle als Begleithund gewöhnt sich das Tier nur mäßig. Ein Ausgleich für fehlende Hütearbeit durch intensiven Einsatz im Sport (Turnierhundesport, Agility) ist möglich. Kein besonderer Pflegebedarf.

Verwendung
Schäferhund. Aufgrund seiner natürlichen Veranlagung und der vorherrschenden Zuchtauswahl sollte er für die Arbeit an der Herde eingesetzt werden.

Belgischer

Großer Schäferhund mit vier Varietäten. Es wird vermutet, dass er von mitteleuropäischen Herdeschutzhunden oder einer Kreuzung zwischen einheimischen Mastiff-Rassen und im 13. Jahrhundert aus England gekommenen Deerhouds abstammt. Im 19. Jahrhundert gab es eine Vielzahl von Schäferhunden, die in Belgien beheimatet waren, mit unterschiedlichsten Färbungen und Texturen des Haarkleids. Die gezielte Zuchtauswahl begann um 1885. Der 1891 auf Betreiben von A. Reul, Professor für Tierzucht, gegründete Schäferhunde-Klub schuf die Grundlagen für die Festschreibung der Rassenmerkmale; ein erster Standard stammt aus dem Jahre 1894, es wurden vier Varietäten unterschieden. Ab 1898 nannte man den Langhaarigen belgischer Schäferhund "Groenendael", abgeleitet vom Namen

MALINOIS

1

HÜTEHUNDE

URSPRUNGSLAND
Belgien

1

URSPRÜNGLICHE NAMEN
Belgische Herdershond, Groendaler, Lakense, Mechelaar, Tervurense

ANDERE NAMEN
Malinois, Lakenois, Groendael, Tervueren

Mittlere Linienführung mit viereckigem Gebäude. Lupoider Typ mit harmonischen Proportionen. In seiner Robustheit sehr elegant.

Große Rassen
25 bis 45 Kg

TERVUEREN

Schäferhund

GROENENDAEL

jenes Schlosses, in dem der einflussreichste Züchter wohnte, N. Rose. Zur selben Zeit gab man am königlichen Schloss von Laeken einer falbfarbenen Rauhaar-Art den Namen "Laekenois", die heute sehr selten ist. Die überwiegende Mehrheit der Kurzhaar-Belgier aus der Gegend von Mecheln wurden unter der Bezeichnung "Malinois" geführt. Und in der kleinen Stadt Tervueren begann ein Bierbrauer namens Corbeels damit, einen falbfarbige Langhaarschlag zu züchten, der unter dem Namen "Tervueren" bekannt wurde. Auf das größte Interesse stößt gegenwärtig der Malinois, gefolgt vom Tervueren und dem Groenendael. Der Laekenois ist seit jeher wenig verbreitet.

LAEKENOIS

KOPF
Der Kopf ist schön geschnitten, lang und trocken. Der Fang verjüngt sich allmählich zum Nasenspiegel hin . Der Nasenrücken ist gerade; mäßig ausgeprägter, aber markanter Stop. Trockene Lefzen. Trockene, flache Backen.

AUGEN
Die Augen sind mittelgroß, leicht mandelförmig; bräunlich mit schwarzgeränderten Augenlidern.

OHREN
Hoch angesetzt, dreieckig, straff; müssen aufgerichtet getragen werden.

KÖRPERBAU
Imposant, doch nicht plump. Gut abgesetzter Hals. Mäßig breite Vorbrust. Gerade, lange Unterlinie; gut bemuskelt. Kruppe mäßig geneigt.

LÄUFE
Starkknochig und gut bemuskelt. Hinterhand kräftig, nicht plump. Runde Pfoten, zusammenstehende Zehen.

RUTE
Kräftig an der Basis, von mittlerer Länge. In Ruhe wird sie hängend getragen. Bildet keinen Haken, weicht nicht von der Körpermittellinie ab.

HAARKLEID
Muss bei allen Schlägen üppig und dicht sein. Wollige Unterwolle. Halskrause und Hose am Sitzbein.
Groenendael und Tervueren: Langhaar, am Kopf kurz behaart.
Malinois: Kurzhaar am Kopf glatt.
Laekenois: Rauhaar (harsch, spröde, struppig; Länge 6 cm).

FARBE
Die Maske muss die Lefzen und Lefzenwinkel in einem durchgehenden Schwarz einschließen.
Tervueren: Falb mit Kohlestichelung (bevorzugt).
Malinois: Falb mit Kohlestichelung, schwarze Maske (ausschließlich).
Groenendael: Einfarbig schwarz (ausschließlich).
Laekenois: Falb mit leichter Kohlestichelung, vor allem an Fang und Rute.

WIDERRISTHÖHE
Rüde: 60 bis 66 cm
Hündin: 56 bis 62 cm

GEWICHT
28 bis 35 kg

Charakter, besondere Talente, Erziehung
Nervös, sensibel, impulsiv. Er reagiert mit überschäumendem Temperament auf äußere Reize. Wachsam, aufmerksam und von ausgeprägtem Charakter. Von unvergleichlicher Treue gegenüber seinem Herrn, gegenüber Fremden manchmal aggressiv. Aktiver Hund, der in ständiger, unermüdlicher Bewegung ist; kann nicht an der Kette gehalten werden. Der Malinois, der bereits am Ende des 19. Jahrhunderts als Wach- und Sporthund gezüchtet wurde, hat einen stärkeren Charakter als seine "Brüder", die eher ruhig-mutig sind, was vor allem auf ihre ursprüngliche Bestimmung als Hütehunde zurückzuführen ist. Es handelt sich um hochsensible Tiere, die keine Brutalität vertragen; sie erfordern daher eine Erziehung, bei der Milde, Strenge und große Geduld gleichermaßen vorhanden sein sollen.

Hinweise
Um sich voll zu entfalten, brauchen die Belgischen Schäferhunde Harmonie und regelmäßige Bewegung. Bei den Langhaar-Varietäten ist wöchentliches Bürsten erforderlich.

Verwendung
Schäferhund. Wachhund, Diensthund bei Polizei und Zoll, talentierter Suchhund. Begleithund (extrem anhänglich, starke Bindung an sein Umfeld).

Katalanischer Schäferhund

Sein Ursprung liegt, wie der Name schon besagt, in Katalonien (Spanien). Man nimmt an, dass er aus alten Pyrenäenschäferhunderassen hervorgegangen ist. Es wird berichtet, dass er im Spanischen Bürgerkrieg als Botenhund und Wachposten zum Einsatz kam.

Mittelgroß, mittelere Linienführung. proportionier Körperbau. Gut pigmentierte, dicke Haut. Typische Gangart: kurzer Trab.

1

HÜTEHUNDE

URSPRUNGSLAND
Spanien

1

URSPRÜNGLICHE NAMEN
Gos d'Atura Català, Perro de Pastor Catalán

Mittelgroße Rassen
10 bis 25 Kg

KOPF
Starker Kopf, leicht konvex. Gut sichtbarer Stop. Gerader und kurzer Nasenrücken. Fang in Form eines Pyramidenstumpfes.

AUGEN
Rundlich, dunkel-bernsteinfarben mit schwarz umrandeten Augenliedern.

OHREN
Hoch angesetzt, dreieckig, hängend, dünn, spitz zulaufend.

KÖRPERBAU
Kräftig, etwas länger als hoch. Eher kurze Halspartie. Breite Brust, gewölbte Rippen. Gerader Rücken, die robuste Kruppe ist mäßig geneigt.

LÄUFE
Starke Läufe. An den Hinterläufen doppelte Afterkrallen. Ovale Pfotenform. Nägel und Ballen schwarz.

RUTE
Eher tief angesetzt, kann lang oder kurz (nicht über 10 cm) sein. Es gibt rutenlose Exemplare. In der Ruhe wird die Rute herabhängend getragen, im unteren Ende einen Haken bildend. Von reichlich Haar bedeckt.

HAARKLEID
Lang, glatt, rau. Reiche Unterwolle. Am Kopf bildet es Kinn- und Schnurbart und Tolle; an den Augenbrauen reichlich. Der Haarwechsel vollzieht sich in zwei Phasen: Zuerst wechselt das Haar der vorderen Körperhälfte; die hinter Körperhälfte folgt später.

FARBE
Kommt durch ein Gemisch unterschiedlicher Töne zustande: Fauve, mehr oder weniger rötliches Braun, grau, weiß und schwarz; daraus resultieren die drei möglichen Grundfarben Fauve, Sandgelb und Grau.

WIDERRISTHÖHE
Rüde: 47 bis 55 cm
Hündin: 45 bis 53 cm

GEWICHT
Rüde: ca. 18 kg
Hündin: ca. 16 kg

Charakter, besondere Talente, Erziehung

Der Katalanische Schäferhund ist mutig, intelligent und energisch. Das wirkliche Wesen der Rasse kommt bei der Beaufsichtigung der Herden zum Ausdruck; der Hund folgt nicht nur den Anweisungen des Schäfers, sondern ist darüber hinaus fähig, eigene Entscheidungen zu treffen. Er lenkt die Herde mit wunderbarer Leichtigkeit. Sein großer Mut und seine Wachsamkeit lassen auch eine Verwendung für Wachaufgaben zu. Sehr treu und kinderliebend, hervorragender Begleithund. Sehr witterungsbeständig.

Hinweise

Kann im Haus gehalten werden, braucht jedoch in jedem Fall Beschäftigung. Täglich bürsten.

Verwendung

Schäferhund (Hütehund und Herdenschutzhund). Wachhund, Diensthund. Begleithund.

Kroatischer Schäferhund

Die Herkunft dieses Hundes liegt im Orient. Seit jeher wird er als Herdenschutzhund und zur Bewachung der Hofes eingesetzt, ist jedoch bis heute außerhalb seines Ursprungslandes nahezu unbekannt. Man nimmt an, dass er aus nordkroatischen Schäferhunden hervorgegangen ist.

Rechteckige Silhouette. Leichtes Knochengerüst. Bevorzugte Gangart: Trab.

1

HÜTEHUNDE

URSPRUNGSLAND
Kroatien

URSPRÜNGLICHER NAME
Hrvatski Ovcar

ANDERER NAME
Kroatischer Hirtenhund

1

KOPF
Relativ leichter Keilkopf (Gesamtlänge ca. 20 cm). Augenbrauenbögen nicht entwickelt. Abgerundete Backen. Insgesamt erscheint der Kopf trocken. Mäßiger Stop. Gerader Nasenrücken.

AUGEN
Kastanienbraun bis schwarz, von mittlerer Größe, mandelförmig. Dunkle Lider.

OHREN
Dreieckige, leicht seitlich angesetzte Steh- oder Kippohren von mittlerer Größe. Stehohren sind erwünscht.

KÖRPERBAU
Etwas länger als hoch. Kurzer muskulöser Rücken, vor allem gut bemuskelte Lendenpartie. Mäßig ausgeprägte Vorbrust. Gewölbte Rippen. Füllige, feste Flanken. Kruppe mäßig schräg.

LÄUFE
Gut bemuskelt. Kleine Pfoten, leicht langgestreckt.

RUTE
Mittelhoch angesetzt, buschige lange Behaarung. In der Ruhe unter der Rückenlinie getragen, in der Erregung darüber.

HAARKLEID
Relativ weich, gewellt bis lockig, jedoch niemals wollig. Im Gesichtsbereich kurz, am Rück lang (7-14 cm). An den Läufen Fransen- und Hosenbildung. Buschige Unterwolle.

FARBE
Schwarze Grundfarbe; unter dem Hals, auf Vorbrust und Brust oder an den Pfoten sind einige weiße Abzeichen gestattet, jedoch nicht erwünscht.

WIDERRISTHÖHE
ca. 40 bis 50 cm

GEWICHT
15 bis 20 kg

Charakter, besondere Talente, Erziehung
Lebhaft, aufmerksam und mutig; von überragender Ausdauer. Sehr gelehrig.

Hinweise
Dieser Hund braucht viel Platz und Bewegungsmöglichkeit.

Verwendung
Hütehund, Begleithund.

Holländischer Schäferhund

Der Ursprung dieser Rasse reicht ins 19. Jahrhundert zurück sie stammt aus dem südlichen Holland. Ausgangspunkt war eine Kreuzung zwischen Malinois und einheimischen Schäferhunderassen. Später kamen - im Rahmen der Hundeausstellungen - drei Varietäten auf (Kurz-, Lang- und Rauhaar).

Mittelgroßer, "lupoider" Typ. Mächtiges Gebäude. Freier, fließender, geschmeidiger Bewegungsablauf.

1

HÜTEHUNDE

URSPRUNGSLAND
Holland

1

URSPRÜNGLICHE NAMEN
Hollandse Herdershond, Hollandse Herder

Große Rassen
25 bis 45 Kg

KOPF
Trocken, Form eher länglich, nicht massig. Bei der Rauhaar-Varietät eher viereckig. Der Nasenrücken gerade. Stop wenig ausgeprägt. Der Fang ist etwas länger als der Schädel.

AUGEN
Dunkel gefärbt, mittelgroß, mandelförmig.

OHREN
Von mittlerer Größe. Straff aufgerichtet und nach vorne gerichtet getragen. Form nicht löffelförmig.

KÖRPERBAU
Kräftig und gut proportioniert. Hals ohne Wamme. Gute Brusttiefe. Die Rippen mäßig gewölbt. Gerader, kurzer, robuster Rücken. Die Lenden kräftig. Die Kruppe darf nicht kurz oder abfallend sein.

LÄUFE
Kräftig, gut bemuskelt, von solidem Knochenbau. Eher runde Pfoten, mit dicht zusammenstehenden Zehen. Nägel und Ballen schwarz.

RUTE
Tief angesetzt, leicht gebogen, in der Ruhe bis zum Sprunggelenk reichend. In der Bewegung wird sie erhoben getragen.

HAARKLEID
Kurzhaar: Gewünscht wird am ganzen Körper ein kurzes Haar mit dichter Unterwolle. Kragen, Hosen und befederte Rute. Diese Varietät ist am weitesten verbreitet. Langhaar: Am ganzen Körper langes, schlichtes, anliegendes, sich grob anfühlendes Haar ohne Locken oder Wellen, mit reichlich Unterwolle. Rute reichlich behaart. Rauhaar: Am gesamten Körper wird dichtes, hartes, buschiges Haar gewünscht mit, am Kopf ausgenommen, dichter Unterwolle. Gut behaarte Rute und stark entwickelte Hosen erwünscht.

FARBE
Kurz- und Langhaar: Mehr oder wenig deutlich gestromt, auf dunkelbrauner oder grauer Grundfarbe. Schwarze Maske bevorzugt. Rauhaar: Blaugrau, Pfeffer & Salz, gold oder silber gestromt.

WIDERRISTHÖHE
Rüde: 57 bis 62 cm
Hündin: 55 bis 60 cm

GEWICHT
ca. 30 kg

Charakter, besondere Talente, Erziehung
Voller Temperament. Zugleich ein sehr ausdauernder Hund, robust, sehr sprungbegabt. Liebevoll, leichtführig, sehr treu und seinem Herrn gegenüber sehr anhänglich. Kinderliebend. Zeigt gegenüber anderen Hunden recht aggressives Verhalten. Die Wacharbeit entspricht seinem ureigensten Wesen; wird als Militär- und Polizeidiensthund geschätzt.

Hinweise
Dieser Hund braucht täglich ausreichende Beschäftigung. Bei allen drei Varietäten ist tägliches Bürsten erforderlich.

Verwendung
Schäferhund. Wachhund. Begleithund.

Mallorca-Schäferhund

Sehr alte Rasse mit Ursprung auf den spanischen Balearen, die als Hütehund und Herdenführer eingesetzt wurde (Schafe und Ziegen) wurde.

Robust und solide, von mittlerer Statur. Sub-konvex. Hellgraues Haarkleid. Befreiter Galopp, schnell und elegant.

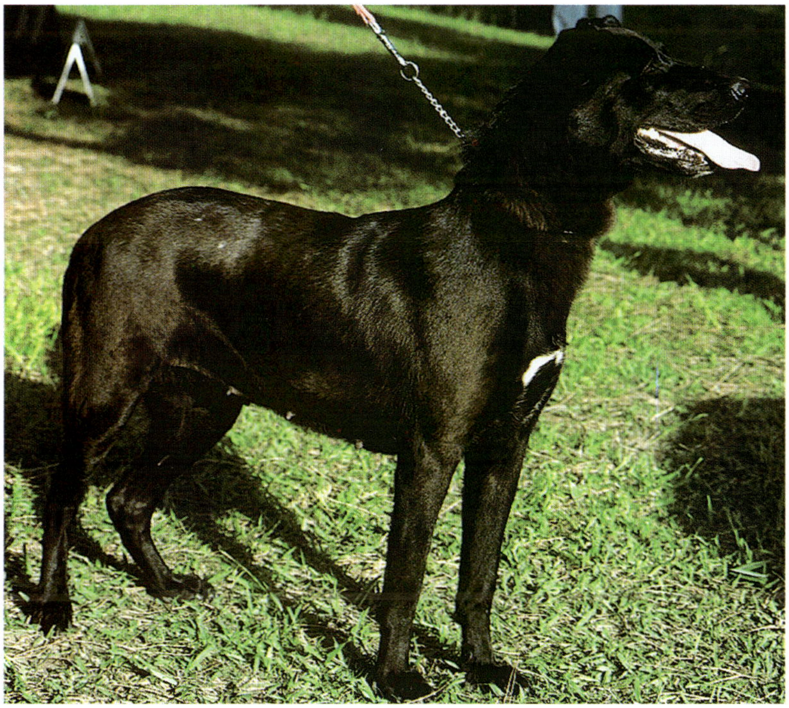

Große Rassen
25 bis 45 Kg

1

HÜTEHUNDE

URSPRUNGSLAND
Spanien

URSPRÜNGLICHE NAMEN
Perro de Pastor Mallorquín, Ca de Bestiar

1

KOPF
Massiger Kopf mit sub-konvexem Profil. Stop etwas schräg. Breiter Fang. Schwarze Lefzen.

AUGEN
Leicht mandelförmig und schrägliegend. Hell bis dunkel gefarbt. Schwarze Lider.

OHREN
Hoch angesetzte Hängeohren; reieckig, dick.

KÖRPERBAU
Groß gewachsen, gut proportioniert, robust. Massiger Hals. Waagerechte Rückenlinie. Geräumige Brust. Gebogene Rippen. Breite und starke Lendenpartie. Breite Kruppe, nicht stark hervortretend, auch nicht abfallend.

LÄUFE
Solide. Beinahe "Hasenpfoten".

RUTE
Recht lang, aufgebogen, in Aktion sichelförmig nach oben gezogen.

HAARKLEID
Kurzhaar (am weitesten verbreitet): 1,5-3 cm am Rücken. Sehr dünne Unterwolle. Langhaar: Leicht gewellt (ca. 7 cm). Mäßig dichte Unterwolle. Bei beiden Varietäten ist das Haarkleid weich, widerstandsfähig und recht dünn.

FARBE
Schwarz. Weiß ist nur auf der Brust und den Pfoten gestattet. Bevorzugt wird Pechschwarz.

WIDERRISTHÖHE
Rüde: 66 bis 73 cm
Hündin: 62 bis 68 cm

GEWICHT
ca. 40 kg

Charakter, besondere Talente, Erziehung
Robuster, wendiger, schneller, tapferer und kämpferischer Hund. Leichtführig, voll Zuneigung und bedingungsloser Treue seinem Herrn gegenüber. Instinktives Misstrauen Fremden gegenüber.

Hinweise
Ab und zu bürsten. Braucht viel Platz und Bewegung.

Verwendung
Hütehund. Wach- und Schutzhund. Begleithund.

Mittelgroßer Hund von rechteckiger Silhouette. Leichtfüssiger, raumgreifender Passgang.

Polnischer Niederungs-hütehund

Es heißt, dass der Polnische Niederungshütehund aus einer Kreuzung zwischen dem ungarischen Puli und anderen asiatischstämmigen Hütehunden (vom Tibet-Terrier) hervorgegangen ist. Er ist ein Cousin des Bobtails und womöglich auch des Bearded Collie. Er eignet sich bestens für die Arbeit mit Schafherden. Nach dem Zweiten Weltkrieg war der Zuchtbestand ernsthaft gefährdet. Die Anerkennung der Rasse durch die FCI erfolgte 1971.

1

1

HÜTE- UND TREIBHUNDE

URSPRUNGSLAND
Polen

URSPRÜNGLICHER NAME
Polski Owczarek Nizinny

ANDERE NAMEN
Nizinny,
Polnischer Täler-Hütehund,
Pon

Mittelgroße Rassen
10 bis 25 Kg

KOPF
Von mittlerer Größe, der Schädel leicht gewölbt. Kräftige Nase. Die buschige Behaarung an Stirn, Backen und Kinn verleihen ihm eine sanftmütige Erscheinung.

AUGEN
Oval, von haselnussbrauner Farbe. Die Lidränder sind dunkel.

OHREN
Hängend, ziemlich hoch angesetzt, von mittlerer Größe.

KÖRPERBAU
Gedrungen, kräftig, muskulös. Starke Halspartie. Tiefe Brust. Der Rücken gut bemuskelt. Breite Lenden, kurze Kruppe.

LÄUFE
Ovalrunde Pfoten mit dicht zusammenstehenden Zehen. Starkknochig.

RUTE
Natürlich kurz.

HAARKLEID
Derbes, dichtes, dickes und reichlich vorhandenes Haarkleid; weiche Unterwolle. Die von der Stirn fallenden Haare bedecken die Stirn auf charakteristische Weise.

FARBE
Alle Farben und Flecken sind erlaubt.

WIDERRISTHÖHE
Rüde: 45 bis 50 cm
Hündin: 42 bis 47 cm

GEWICHT
15 bis 20 kg

Charakter, besondere Talente, Erziehung
Rustikaler, witterungsfester Hund, wachsam und mutig. Unabhängig. Dominant, bellfreudig, starke Persönlichkeit; braucht bei der Erziehung eine feste Hand. Fremden gegenüber sehr zurückhaltend; seinem Herrn ein ergebener Begleiter und angenehmer Gefährte, kinderliebend, ein guter Begleithund.

Hinweise
Kann sich an die Haltung in der Stadt gewöhnen, sofern er Gelegenheit zu viel Bewegung hat. Ein- bis zweimal wöchentlich bürsten.

Verwendung
Hütehund. Wachhund. Begleithund.

Portugiesischer Schäferhund

Die Hunde der Serra de Aires gelten als die Nachkommen eines von dem Grafen Castro Guimaraes zu Beginn des 20. Jahrhunderts eingeführten Hundepaares der Rasse Berger de Brie. Da man die Hunde aber heute in beachtlicher Zahl vorfindet, und sie sich in ihren gefestigten Eigenschaften so unterscheiden, dass sie eher der Rasse Berger des Pyrénées anzugehören scheinen, liegt der Gedanke nahe, dass es sich vielmehr um einen neuen Zweig dieser Rasse handelt, den man durch Einkreuzen des Berger de Brie zu verbessern versuchte. Außerhalb seines ursprünglichen Herkunftsgebietes ist dieser Hund relativ unbekannt.

Mittelgroßer Hund. Affenähnliches Gehabe und Aussehen. Leichter Gang (Traber).

1

Hüte- und Treibhunde

Mittelgroße Rassen
10 bis 25 Kg

Ursprungsland
Portugal

Ursprünglicher Name
Cao da Serra de Aires

Anderer Name
"Affenhund"

1

Kopf
Stark und breit, gewölbter Schädel. Hinterhauptbein sichtbar. Gut abgesetzter Stop. Der Nasenrücken verläuft geradlinig oder leicht konkav. Gut abgehobener, leicht aufgezogener Nasenspiegel. Straff anliegende, dünne Lefzen.

Augen
Rundlich, waagrecht, im Ausdruck lebhaft. Vorzugsweise von dunkler Farbe, die Augenlider dunkler pigmentiert als die Fellfarbe.

Ohren
Hoch angesetzt, ohne Knick herabfallend. Dreieckig, von mittlerer Länge, dünn und glatt.

Körperbau
Eher länglicher Körperbau. Hals ohne Wamme. Die breite Vorbrust ist vorgewölbt. Gut bemuskelter Widerrist. Die Brust gut herabreichend, tief. Langer Rücken. Kurze, gebogene Lenden.

Läufe
Kräftig. Die Pfoten abgerundet, nicht platt. Lange Zehen, die Nägel dunkler gefärbt als das Haarkleid. Sohlen gut gepolstert und widerstandsfähig.

Rute
Hoch angesetzt; spitz, bis zum Sprunggelenk reichend. Zur Spitze hin etwas betontere Krümmung. In der Bewegung erhebt sie sich leicht eingerollt.

Haarkleid
Lang, glatt oder ein wenig wellig, langen Kinn- und Schnauzbart bildend.

Farbe
Gelb, braun, grau, lohfarben und wolfsgrau, jeweils in heller, üblicher oder dunkler Tönung, schwarz mit mehr oder weniger starken rotbraunen Abzeichen, gleich ob mit oder ohne Einsprengung weißer Haare.

Widerristhöhe
Rüde: 45 bis 55 cm
Hündin: 42 bis 52 cm

Gewicht
12 bis 18 kg

Charakter, besondere Talente, Erziehung
Rustikal, nüchtern, sehr lebendig. Dem Schäfer sehr ergeben, arbeitet mit großer Begeisterung an der Herde. Fremden gegenüber in jedem Fall ablehnend.

Hinweise
Der Portugiesische Schäferhund ist keine Stadthund. Er braucht viel Platz und Auslauf. Einmal wöchentlich bürsten reicht aus.

Verwendung
Schäferhund. Wachhund. Begleithund.

Eine imposante Statur. Von kräftiger, kompakter Konstitution. Rechteckiges Gebäude.

Tatra-Schäferhund

Wie bei einer Vielzahl von anderen europäischen Molossern nimmt man auch vom Podhalaner an, dass seine Herkunft auf Tibetanische Hirtenhunde zurückreicht, die im Zuge der großen Eroberungsstürme nach Europa kamen. Er ist ein naher Verwandter des ungarischen Kuvasz. Er wurde in den Tälern der Hohen Tatra, der höchsten Erhebung der Westkarpaten, als Hütehund eingesetzt und erwies sich als talentierter Beschützer der Schafherden vor Bären und Wölfen. Der Rassebestand wurde im Zweiten Weltkrieg stark dezimiert; die FCI-Anerkennung erfolgt 1967. Der Podhalaner ist bis heute außerhalb seines Stammlandes selten anzutreffen.

1

1

Hüte- und Treibhunde

Ursprungsland
Polen

Ursprünglicher Name
Polski Owczarek Podhalanski

Andere Namen
Tatrahund, Podhalaner

Große Rassen
25 bis 45 Kg

Kopf
Trocken. Deutlich ausgeprägter Stop. Starker Fang, breiter Nasenrücken. Straffe Lefzen.

Augen
Mittelgroß, etwas schrägliegend. Iris dunkelbraun, die Lidränder von dunkler Farbe.

Ohren
Etwas höher angesetzte Hängeohren, von mittlerer Größe. Dreieckig und ziemlich dick.

Körperbau
Lang und massiv, gut bemuskelt. Der Widerrist ist deutlich betont. Hals ohne Wamme. Gute Brusttiefe. Gerader breiter Rücken. Die Lenden breit, gut angesetzt. Die Rippen schräg gestellt; schräg abfallende Kruppe.

Läufe
Gute Knochenstruktur. Ovale Pfoten, dicht aneinanderliegende Zehen. Starke, harte Ballen.

Rute
Tief angesetzt, unterhalb der Rückenlinie getragen; kann an der Spitze eine leichte Biegung aufweisen. Buschige, eine Fahne bildende Behaarung.

Haarkleid
Am Kopf und an der Vorderseite der Vorderläufe ist das Haar kurz und dicht. An Hals und Rumpf ist das Haar lang, dicht und gerade. Unterwolle reichlich; am Hals eine ausgiebig entwickelte Krause.

Farbe
Einheitlich weiß; cremefarbige Flecken sind unerwünscht

Widerristhöhe
Rüde: 65 bis 70 cm
Hündin: 60 bis 65 cm

Gewicht
30 bis 45 kg

Charakter, besondere Talente, Erziehung
Ein sehr widerstandsfähiger, mutiger, lebhafter und wachsamer Hund; sehr wendig und von beachtlicher Schnelligkeit. Im Wesen sanftmütig und ruhig; verträgt keine harsche Behandlung. Treuer Begleiter seines Herrn, liebevoll zu Kindern, aufmerksamer Behüter seines Territoriums und seiner Familie.

Hinweise
Die Haltung in der Wohnung ist undenkbar. Der Hund braucht reichlich Auslaufmöglichkeit und Platz. Einmal wöchentlich bürsten. Zur Zeit des Fellwechsels ist Trimmen ratsam.

Verwendung
Schäferhund. Wachhund. Begleithund.

Saarloos-Wolfshund

Um 1930 wollte L. Saarlos in der Nähe von Rotterdam seine Hunde verbessern, vor allem hinsichtlich ihrer Robustheit und Ausdauer. Zu diesem Zweck kreuzte er sie mit einem Deutschen Schäferhund und einer russischen Wölfin, das erfolgreiche Ergebnis ist der "Saarlos-Wolfshund". Die neue Rasse wurde in den Niederlanden 1957 anerkannt, 1981 erfolgt die Aufnahme in das Rassenregister der FCI. Außerhalb seines Stammlandes ist dieser Hund sehr selten.

Wolfsartiger Hund von harmonischen Gebäudemaßen. Die Gangart erinnert stark an den Wolf.

1

HÜTE- UND TREIBHUNDE

URSPRUNGSLAND
Niederlande

URSPRÜNGLICHER NAME
Saarlooswolfhond

ANDERER NAME
Saarlos Wolfhound

1

KOPF
Sein Erscheinungsbild erinnert an einen Wolf, der Körperbau ist harmonisch. Breiter, flacher Schädel. Mäßiger Stop. Schwarzer oder lederfarbener Nasenspiegel, je nach Farbe des Haarkleids. Gut geschlossene Lefzen.

AUGEN
Vorzugsweise gelb, mandelförmig; von mittlerer Größe.

OHREN
Mittelgroße, aufrecht getragene Ohren. Fleischig, spitz zulaufend.

KÖRPERBAU
Der mächtige Hund ist etwas länger als hoch. Trockener, gut bemuskelter Hals. Gebogene Rippen. Massiver, geradliniger Rücken. Die Lenden mit sehr guter Bemuskelung. Kruppe geneigt.

LÄUFE
Lang und starkknochig. Leicht ovalrunde Pfoten, gut geschlossen.

RUTE
In der Ruhe säbelförmig getragen.

HAARKLEID
Fest und gerade (stockhaariges Deckhaar). Dichte, reichliche Unterwolle.

FARBE
Von hell bis dunkel schattiertes Schwarz ("wolfsgrau"); von hell bis dunkel schattiertes Braun; von hellem Creme bis weiß. Alle anderen Farbschläge gelten als Fehler.

WIDERRISTHÖHE
Rüde: 65 bis 75 cm
Hündin: 60 bis 70 cm

GEWICHT
30 bis 35 kg

Charakter, besondere Talente, Erziehung
Ein sehr anhänglicher und aufmerksamer Hund, der Fremden gegenüber zurückhaltend und vorsichtig begegnet. In Gegenwart anderer Hunde zeigt sich das noch stark ausgeprägte Rudelverhalten. Er ist unabhängig und eigensinnig, braucht daher einen Herrn mit starkem, gut dosiertem Durchsetzungsvermögen. Um den Hund ausreichend zu sozialisieren, braucht es eine Erziehungsarbeit von 2 Jahren.

Hinweise
Für das Leben in der Stadt ungeeignet. Auch als Landhund benötigt er regelmäßigen Auslauf. Das Haarkleid erfordert keine besondere Pflege.

Verwendung
Blindenhund, Rettungshund. Begleithund.

Tschechoslowakischer Wolfshund

1955 wurden in der damaligen Tschechoslowakischen Republik Kreuzungsversuche zwischen Deutschen Schäferhunden und Karpatenwölfen vorgenommen. Ab 1965 ging man daran, die neu entstandene Rasse in Reinzucht weiterzuführen, mit dem Hintergedanken, die besten Eigenschaften von Wolf und Hund zu vereinen. Im Jahre 1982 wurde der Tschechoslowakische Wolfshund durch den Ausschuss der Züchterverbände der damaligen CSSR als nationale Rasse anerkannt, 1994 folgte die Anerkennung durch die FCI. Seither sind nur wenige Exemplare bis ins restliche Europa vorgedrungen.

1

Wolfsähnliche Erscheinung (Gangwerk, Haarkleid, Maske). Von robuster Konstitution. Gangarten: Gleichmäßiger, gelöster und langgestreckter Trab.

HÜTE- UND TREIBHUNDE

URSPRUNGSLAND
Ehemalige Tschechoslowakei

1

URSPRÜNGLICHER NAME
Ceskoslovensky Vlciak

ANDERER NAME
Tschechoslowake Wolfshund

Große Rassen 25 bis 45 Kg

KOPF
Bildet in der Form einen stumpfen Keil und läßt eine leicht gewölbte Stirn erkennen. Mäßig ausgeprägter Stop. Geradliniger Nasenrücken, ovalrunder Nasenspiegel.

AUGEN
Schmal, schrägliegend; bernsteinfarben.

OHREN
Stehend, dünn, dreiecksförmig, kurz.

KÖRPERBAU
Von robuster Konstitution, rechteckige. Trockener und gut bemuskelter Hals. Geräumige Brust. Gerade Rückenlinie. Die Lendenpartie ist kurz und gut bemuskelt. Kurze Kruppe, leicht abfallend.

LÄUFE
Die Vorderläufe sind gerade, fest, trocken; kräftige Hinterläufe. Die großen Vorderpfoten sind leicht nach außen gedreht.

RUTE
Hoch angesetzt, in der Ruhe gerade herunterhängend. In der Erregung wird sie sichelförmig aufgerichtet.

HAARKLEID
Gerade, dicht anliegend. Im Winter üppige Unterwolle.

FARBE
Gelbgrau bis silbergrau mit charakteristischer heller Maske. Helles Haar auch am unteren Teil des Halses und an der Vorderseite der Brust. Zulässig ist auch eine dunkelgraue Maske.

WIDERRISTHÖHE
Rüde: mind. 65 cm
Hündin: mind. 60 cm

GEWICHT
Rüde: mind. 26 kg
Hündin: mind. 20 kg

Charakter, besondere Talente, Erziehung
Temperamentvoll, sehr aktiv, ausdauernd, reaktionsschnell furchtlos und mutig. Seinem Herrn gegenüber zeigt er bedingungslose Treue; jedoch ist er misstrauisch und zurückhaltend bei Fremden, besonders bei männlichen Personen und Tieren. Ihm wird ein außergewöhnlicher, alle andere Hunderassen übertreffender Geruchssinn nachgesagt. Es handelt es sich um einen äußerst respekteinflößenden Hund - so stellt sich die Frage, ob er als Wach- oder als Schutzhund erzogen werden sollte.

Hinweise
Dieser Wolfshund ist nur für ausgesprochene Hundekenner geeignet.

Verwendung
Wachhund, Schutzhund.

Collie

Allgemein heißt es, der Collie stamme von schottischen Herdehütehunden ab. Auf jeden Fall ist eine ganze Reihe von Kreuzungen zu nennen, die für die Entstehungsgeschichte dieser Rasse von Bedeutung waren; zum Einen im Zuge der Eroberungsfeldzüge der Römer, zum Anderen durch den Einfluss sehr alter englischer Züchter, die mit Kurz- sowie Langschwanzrassen arbeiten. Das Ergebnis ist ein wundervolles Tier von majestätischem Erscheinungsbild. Der Ursprung des Namens ist ungewiss: Eine Theorie besagt, er leite sich von einer schottischen Schafrasse namens "Colley" ab, für die der Hund früher als Hütehund eingesetzt wurde. Andere meinen, "Colley" komme von "collar", was soviel heißt wie "Halskrause". Die Kurzhaar-Varietät ist weniger bekannt als die Langhaar-Varietät.

Ein Hund von vollendeter Schönheit und Würde.

1

Hüte- und Treibhunde

Ursprungsland
Großbritannien

Ursprüngliche Namen
Zwei Varietäten:
- Collie Smooth (Collie Kurzhaar)
- Collie Rough (Collie Langhaar)

Andere Namen
Schottischer Schäferhund, Colley

1

Kopf
Länglich, keilförmig, dünn; muss in gutem Verhältnis zur Größe des Hundes proportioniert sein. Flacher Schädel. Mäßiger Stop.

Augen
Mittelgroß, schräg angesetzt, mandelförmig. Von dunkelbrauner Farbe, ausgenommen bei den Blue-merles, bei denen die Augen häufig blau oder blaugefleckt sind

Ohren
Mäßig groß, breit, weder zu nahe beieinander , noch zu weit voneinander angesetzt. Sie werden nach vorne gebracht und halb aufrecht getragen.

Körperbau
Mittelgroß, im Vergleich zur Schulterhöhe etwas länger, kräftiger Hals. Rippen gut gewölbt. Tiefe Brust. Gerader Rücken mit leichter Wölbung über der Lendenpartie.

Läufe
Muskulös, mit mäßig entwickeltem Knochenbau. Ovale Pfoten, die Zehen leicht aufgeknöchelt und dicht zusammenaufstehend.

Rute
Lange, im allgemeinen tief getragen; reicht dabei bis zum Sprunggelenk. Reichlich behaart.

Haarkleid
Langhaar-Varietät: Gerade, hart, lang, dicht. Weiches dichtes Unterhaar. Mähne und Krause sehr üppig. Die Läufe gut befedert. Kurzhaar-Varietät: Flach anliegend, von harter Textur. Sehr dichtes Unterhaar.

Farbe
Drei Farben sind zugelassen:
Zobelfarben: Alle Schattierungen von hellem Gold bis zum satten Mahagoni.
Trikolor: Vorwiegend schwarz mit satten, lohfarbenen Abzeichen an Kopf und Läufen, weiße Abzeichen.
Blue-merle ("Marbled Collie"): Vorwiegend klares, silbriges Blau, mit schwarzen Flecken oder schwarzmarmorierter Zeichnung.

Widerristhöhe
Rüde: 56 bis 61 cm
Hündin: 51 bis 56 cm

Gewicht
Rüde: 20 bis 29 kg
Hündin: 18 bis 25 kg

Charakter, besondere Talente, Erziehung
Lebhafter, aktiver Hund Meistens ausgeglichen, manchmal jedoch leicht ängstlich und scheu. Sanftmütiges und sensibles Wesen. Der Collie eignet sich damit auch als Begleithund. Gegenüber Fremden misstrauisch, ohne aggressiv zu werden. Die Erziehung muss konsequent aber doch auch mit Nachsicht erfolgen.

Hinweise
Anpassungsfähig, kann auch in der Stadt gehalten werden; wohler fühlt er sich sicherlich mit einem Garten und Auslaufmöglichkeit. Braucht Bewegung. Zwei Mal wöchentlich bürsten.

Verwendung
Schäferhund. Diensthund, Blindenhund. Begleithund.

Bearded Collie

Manche gehen davon aus, dass der Bearded Collie eine entfernte Abstammung vom mitteleuropäischen Komondor aufzuweisen habe. Andere vermuten seine Ursprünge eher in der Kreuzung zwischen einem schottischen und einem polnischen Schäferhund, dem Nizinny. Das Stammgebiet des Beardies liegt in den schottischen Highlands. Im 20. Jahrhundert war die Rasse aufgrund der allgemeinen Vorliebe für den Bobtail fast vom Aussterben bedroht. Einer schottischen Züchterin ist es zu verdanken, dass die Rasse ab 1950 wieder einen neuen, bis heute ungebrochenen Aufschwung erlebte. Mitte der 70 er Jahre kam die Rasse aufs europäische Festland.

Solides Gebäude. Der Gang des Beardie ist wendig und unbeschwert.

1

1

HÜTE- UND TREIBHUNDE

URSPRUNGSLAND
Großbritannien

URSPRÜNGLICHER NAME
Bearded Collie

ANDERE NAME
Beardie, Beardy

10 bis 45 kg

KOPF
Breit und flach. Der Fang ist kräftig; mäßiger Stop. Der große Nasenspiegel hat eine viereckige Form.

AUGEN
Weit auseinanderliegend und groß. Im Farbton auf die Farbe des Haarkleids abgestimmt. Augenbrauen nach oben und nach vorn gewölbt.

OHREN
Von mittlerer Größe und hängend.

KÖRPERBAU
Lang, mit guter Brusttiefe. Rippen gut gewölbt. Gerader Rücken, kräftige Lendenpartie. Hochläufig.

LÄUFE
Gute Knochenstruktur. Ovale Pfoten, die Zehen gewölbt und gut geschlossen. Gut gepolsterte Ballen.

RUTE
Tief angesetzt und üppig mit Haar bedeckt. Ohne Knick oder Drehung getragen, niedrig, mit einem Aufwärtsschwung an der Spitze.

HAARKLEID
Lang, glatt, pelzig, borstig; eine leichte Wellung ist gestattet. An den Wangen und unter dem Kinn wird das Fell zur Brust hin länger und bildet den typischen Bart. Weiche, dichte Unterwolle.

FARBE
Schiefergrau, rötlich rehfarben, schwarz, blau, alle Schattierungen von grau, braun und sandfarben, mit oder ohne weiße Abzeichen. Der endgültige Farbschlag entwickelt sich erst im Alter von drei Jahren.

WIDERRISTHÖHE
Rüde: 53 bis 56 cm
Hündin: 51 bis 53 cm

GEWICHT
20 bis 30 kg

Charakter, besondere Talente, Erziehung
Ausgeglichen, lebhaft und selbstsicher, Aktiv, weder furchtsam noch aggressiv. Der Beardie ist ein fröhlicher Hund, immer zum Spielen aufgelegt . Seinem Herrn treu ergeben, äußerst kinderliebend. Verträgt es nicht, allein zu bleiben. Bellfreudig, und doch ein schlechter Wächter. Sein ausgeprägter Geruchsinn macht ihn zu einem guten Trüffeljäger. Es empfiehlt sich, früh mit einer konsequenten, aber nicht übermäßig harten Erziehung zu beginnen.

Hinweise
Haltung in der Wohnung ist möglich, sofern dem Hund regelmäßiger Auslauf sicher ist und er nie allein eingeschlossen bleiben muss. Sehr oft bürsten, zumindest zwei Mal die Woche, um die Ausbildung undurchdringlicher Zotteln zu vermeiden.

Verwendung
Begleithund.

Kelpie

Dieser Hund ist wahrscheinlich das Ergebnis der Kreuzung zwischen einem Dingo, einem australischen Wildhund und dem schottischen Kurzhaar-Collie, der kurz vor 1870 auf den Fünften Kontinent kam. Der Name soll aus einem Roman von R. L. Stevenson stammen; dort ist von einem Wasserdämon namens "Kelpie" die Rede. Die Rasse ist in Europa wenig bekannt, während sie in Australien und Neuseeland die am weitesten verbreite Schäferhundrasse ist.

Robust, von guter Substanz. Wendig.

1

Hüte- und Treibhunde

Ursprungsland
Australien

Ursprünglicher Name
Australian Kelpie

Anderer Name
Australischer Kelpie

1

Mittlegroße Rassen
10 bis 25 Kg

Gewicht
11 bis 20 kg

Kopf
Lang, schmal. Die Form erinnert leicht an einen Fuchs. Leicht runder Schädel. Ausgeprägter Stop. Straffe, deutlich ausgeformte Lefzen.

Augen
Mandelförmig. Die Farbe soll braun sein, abgestimmt auf die Farbe des Haarkleids.

Ohren
Spitz zulaufende Stehohren. Dünner Ohrlappen. Die Innenseite des Ohrs ist gut behaart.

Körperbau
Mäßig langer Hals, ohne Wamme, mit gut erkennbarer Krause. Fester Rücken mit waagerechter Oberlinie. Die Brust ist eher tief als breit. Gut gewölbte Rippen. Gut herabgezogene Flanken. Die Lendenpartie ist kräftig und gut bemuskelt. Die eher lange Kruppe ist abfallend.

Läufe
Gut entwickelte Muskulatur, starkknochig. Die runden Pfoten sind kräftig; gut gepolsterte Ballen. Dicht zusammenstehende, gewölbte Zehen. Kurze, starke Krallen.

Rute
Herabhängend getragen, eine mäßige Krümmung bildend. Reicht bis zum Sprunggelenk. Guter Bürstenbesatz.

Haarkleid
Dicht, glatt anliegend, flach und hart; kurz (2-3 cm). An der Körperunterseite und Hinterseite der Läufe länger. Am Hals eine Krause bildend. Kurze, dichte Unterwolle.

Farbe
Schwarz, Black and Tan, rot, rot-lohfarben, Schokolade (braun), rauchblau.

Widerristhöhe
Rüde: 46 bis 51 cm
Hündin: 43 bis 48 cm

Charakter, besondere Talente, Erziehung
Der Kelpie ist ein äußerst aktiver und eifriger Hund. Von sanftmütigem Wesen, leichtführig, äußerst treu und ergeben. Besitzt instinktives Talent für die Arbeit an Schafherden, auf der Weide und im Hof. Unermüdliches Arbeitstier, von schier unerschöpflicher Energie.

Hinweise
Braucht viel Platz und Bewegung. Einmal wöchentlich bürsten.

Verwendung
Schäferhund.

Komondor

Der Komondor, so die geläufige Annahme, ist eine alteingesessene ungarische Hirtenhundrasse, die von den als Nomaden lebenden Altmagyaren vor 1000 Jahren in diese Region gebracht wurde. Der Herkunft der Rasse geht auf verschiedene asiatische Schäferhundrassen wie z.B. den Tibetischen Molosser zurück. Lange Zeit wurde er als Herdenschutzhund eingesetzt, um die Schafe vor Wölfen und Bären zu verteidigen, aber auch für die Jagd auf Viehdiebe. Der Rassenstandard wurde 1921 von Dr. Rajsits definiert.

Von imposanter Statur, in der Gesamterscheinung edel und würdevoll. Stark pigmentierte Haut. Leichter Gang, raumgreifender Schritt und Trab.

1

Hüte- und Treibhunde

1

Ursprungsland
Ungarn

Ursprüngliche Namen
Komondor, Kiraly

Anderer Name
Ungarischer Schäferhund

Riesenrassen
45 bis 90 Kg

Kopf
Breit, in guter Proportion zum Körper; dichte, schirmförmige Behaarung. Der Schädel gewölbt. Gut ausgebildeter Stop. Gerader Nasenrücken. Sehr breiter Fang.

Augen
Oval, dunkelbraun.

Ohren
Lang, hängend, dabei eine U-Form zeigend.

Körperbau
Die Körperlänge übertrifft die Widerristhöhe geringfügig. Hals ohne Wamme. Breite Vorbrust. Kurzer Rücken. Lange, fassförmig geschnittene Brust. Kruppe mäßig abfallend.

Läufe
Vorderläufe säulenförmig, mit massivem Knochenbau. Runde, große Pfoten. Gut gepolsterte Ballen. Starke schiefergraue Nägel.

Rute
In der Ruhe herabhängend; in der Bewegung bis zur Horizontalen erhoben.

Haarkleid
In der Lendenregion lang (20-27 cm); an Rücken, an Brust und Schulter 15-22 cm; an Kopf, Hals und Läufen 10-18 cm. Das Haarkleid ist harsch und hängt in Schnüren herab; buschig. Dünne, reichliche Unterwolle. Bei den Welpen besteht der Haaransatz aus flaumigen, dünnen weißen Haaren, leicht gelockt oder gewellt.

Farbe
Weiß.

Widerristhöhe
Rüde: ca. 80 cm
Hündin: ca. 70 cm

Gewicht
Rüde: 50 bis 60 kg
Hündin: 40 bis 50 kg

Charakter, besondere Talente, Erziehung
Wenig anschmiegsamer, aber treuer und ergebener Hund. Selbstsicher, sanftmütig mit Kindern . Es ist ein robuster Hund, der reichlich Beschäftigung und Bewegung braucht. Sehr aufmerksamer Behüter von Herde und Hof; äußerst mutig und von unerschütterlicher Unerschrockenheit. Verteidigt seinen Herrn bis zum Äußersten. Sein Angriff erfolgt wagemutig und lautlos. Erfordert eine sehr konsequente Erziehung.

Hinweise
Für die Haltung in der Wohnung völlig ungeeignet; der Hund braucht großflächige Auslaufmöglichkeiten und viel Bewegung. Den Komondor niemals bürsten. Ab dem Alter von acht Monaten die in Filzschnüren herunterhängenden Haare mit der Hand auseinanderziehen. Ein- oder zweimal im Jahr baden.

Verwendung
Herdenschutzhund. Wachhund. Begleithund.

Kuvasz

Es heißt, dass der Kuvasz schon zur Zeit der Völkerwanderungen Begleiter der Magyaren war. Eine andere Hypothese lautet, dass er von den Kumanen, einem türkischstämmigen Nomadenvolk von Hirten ins Karpatenmassiv eingeführt wurde, und zwar im Verlauf des 13. Jahrhunderts, als die Kumanen im Magyarentum aufgingen. Zu den Ahnen des Kuvasz zählen also in jedem Fall Schäferhunde aus dem Orient. Im 15. Jahrhundert verwendete König Mathias I. den Kuvasz als Jagdhund für Hochwild, obwohl sich der Hund eher zum Hütehund als zum "Saupacker" eignet. In weiterer Folge wurde er fast ausschließlich zur Bewachung der Anwesen der ungarischen Großgrundbesitzer eingesetzt ("Kavas" bedeutet Wachposten). In seinem Stammland ist er sehr beliebt, hingegen wird er im Ausland, abgesehen von den USA, nur selten gezüchtet.

Edler und starker Hund.
Fast viereckige Gebäudeformen.
Trockene Muskulatur.
Starkes Knochengerüst.
Gemächlicher, schwerer Gang.
Wiegender Trab.

1

HÜTE- UND TREIBHUNDE

URSPRUNGSLAND
Ungarn

URSPRÜNGLICHER NAME
Kuvasz

ANDERER NAME
Canis familiaris Undulans Hungaricus

1

KOPF
Edel und harmonisch, kräftig. Der Schädel länglich, doch nicht spitz. Ausgesprochene Stirnfurche. Mäßiger Stop. Breiter langer Nasenrücken. Der Fang ist gerade. Straff anliegende Lefzen.

AUGEN
Mandelförmig, schrägliegend. Die Farbe soll dunkelbraun sein.

OHREN
Relativ klein, hoch angesetzt. Werden herabhängend und leicht vom Kopf abstehend getragen. V-förmig.

KÖRPERBAU
Solider Körperbau mit gut entwickelter Muskulatur. Mächtiger Hals. Gute Brusttiefe. Breite, schräg liegende Schultern. Gerader Rücken. Die Lendenpartie ist kurz. Gut entwickelter Windhundbauch. Stark pigmentierte Haut (schiefergrau). Leicht abfallende Kruppe.

LÄUFE
Lange, runde und gut geschlossene Pfoten. Starke Krallen von schiefergrauer Färbung.

RUTE
Buschig, recht tief angesetzt. Über das Sprunggelenk hinausreichend. Die Spitze ist mäßig aufgebogen.

HAARKLEID
Am Körper kräftiges, gewelltes, langes Haarkleid. Gut erkennbare Halskrause, die Hinterseiten der Läufe befedert. Kurzes, steifes Haar am Kopf und auf der Vorderseite der Läufe. Reichliche Unterwolle.

FARBE
Weiß. Elfenbeinfarben wird toleriert.

WIDERRISTHÖHE
Rüde: 71 bis 75 cm
Hündin: 66 bis 70 cm

GEWICHT
Rüde: 40 bis 52 kg
Hündin: 30 bis 42 kg

Charakter, besondere Talente, Erziehung
Ein treuer Hund von unerschütterlichem Mut. Nicht sehr anschmiegsam. Sehr widerstandsfähig, nüchtern; dank seiner feinen Nase wurde er in der Vergangenheit zur Wolfs- und Wildschweinjagd eingesetzt.

Hinweise
Für das Leben in der Stadt ist dieser Hund nicht geeignet. Er braucht Platz und Bewegung. Täglich bürsten, damit sich keine Zotteln bilden.

Verwendung
Schäferhund. Wachhund, Diensthund. Begleithund.

Mudi

Diese Rasse soll Ende des 19. Jahrhunderts bzw Anfang des 20. Jahrhunderts gezüchtet worden sein; es ist anzunehmen, dass der Mudi aus einer Kreuzung zwischen einem Puli und einem spitzartigen Hund hervorgegangen ist. Der Mudi wurde stets als Hüte- und Treibhund an Rinder- und Schafsherden verwendet, daneben kam er auch bei der Wildschweinjagd zum Einsatz.

Mittelgroßer Hund. Gut pigmentierte Haut. Abgehackter Gang.

1

1

HÜTE- UND TREIBHUNDE

URSPRUNGSLAND
Ungarn

URSPRÜNGLICHER NAME
Mudi

ANDERER NAME
Canis Ovilis
Fenyesi-Anghi 1936

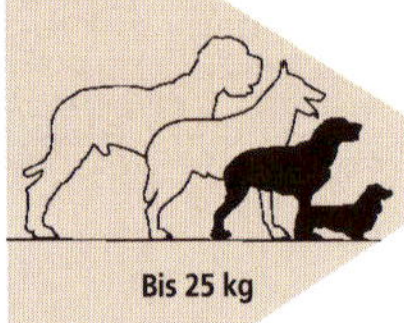

KOPF
Langgestreckt, schmal. Leicht gewölbter Schädel. Gerader Fang. Spitznase.

AUGEN
Oval, etwas schrägliegend, von dunkelbrauner Farbe.

OHREN
Spitz zulaufende Stehohren, ein umgestürztes V zeigend.

KÖRPERBAU
Länglich. Kurzer gerader Rücken. Die Oberlinie verläuft nach hinten leicht geneigt. Lange Brust, gute Brusttiefe. Kurze, abfallende Kruppe.

LÄUFE
Leicht rückständig. Abgerundete, gut geschlossene Pfoten. Starke Krallen mit schiefergrauer Färbung. Afterkrallen sind unerwünscht.

RUTE
Angeboren kurz.

HAARKLEID
Am Kopf und der Vorderseite der Läufe eng anliegend und glatt. Am Rest des Körpers länger (5-7 cm), dick, gewellt und glänzend.

FARBE
Schwarz, weiß oder schwarz-weiß bzw. weiß-schwarz gestromt, mit mittelgroßen Flecken am ganzen Körper ("Kachelmuster"). Die Farbe der Pfoten muss immer mit der dominanten Farbe des Haarkleids übereinstimmen.

WIDERRISTHÖHE
35 bis 47 cm

GEWICHT
8 bis 13 kg

Charakter, besondere Talente, Erziehung
Äußerst rustikaler, ausdauernder und lebenhafter Hund; kraftvoll und stets wachsam. Unerschrocken, bellfreudig. Leichtführig, liebevoll, ist seinem Herrn und nur ihm treu ergeben, erfordert indes eine strenge Erziehung. Der Hund braucht Führung und muss eine Aufgabe, eine Arbeit haben. Seine natürliche Schärfe macht ihn zu einem geschätzten Hütehund (Großvieh) und Wachhund für das Haus. Er besitzt einen ausgesprochen guten Geruchsinn und kann zur Wildschweinjagd eingesetzt werden.

Hinweise
Für das Leben in der Wohnung ungeeignet. Dieser Hund braucht Auslauf und Bewegung. Täglich bürsten.

Verwendung
Hütehund (Treibhund). Jagdhund (Hochwild). Wachhund, Begleithund.

Puli

Dieser Hund erinnert an den Tibetanischen Terrier; aller Wahrscheinlichkeit nach stammt er vom persischen Schäferhund oder von alten Schäferhunderassen aus Asien ab. Er kam im 11. Jahrhundert im Zuge der Einwanderung der Magyarenstämme nach Ungarn. Lange Zeit war der Puli ein Herdentreibhund. Mit dem Rückgang der Schafzucht wurde er vermehrt als Wachhund am Hof eingesetzt. Später fand er sogar als Diensthund bei der Polizei Verwendung. 1930 kam er in die Vereinigten Staaten, wo er sechs Jahre später vom Kennel Club als Rasse anerkannt wurde. Die Festschreibung des Standards erfolgte 1955.

Quadratisches Gebäude. Cob-Typ. Schiefergraue Färbung. Im Gangwerk kurz und tänzelnd.

1

Hüte- und Treibhunde

Ursprungsland
Ungarn

Ursprünglicher Name
Puli

Anderer Name
Ungarischer Wasserhund

1

Kopf
Klein, fein. Der Schädel erscheint rund. Betonter Stop, kurzer Fang. Großer Nasenspiegel. Augenbrauenbogen deutlich betont.

Augen
Rund, von dunkelbrauner Färbung. Teilweise vom Haar verdeckt. Die Lidränder sind schwarz.

Ohren
Sie haben die Form eines breiten, unten abgerundeten "V". Hängend getragen.

Körperbau
Quadratisch. Mächtige Halspartie. Gute Brusttiefe. Mittellanger Rücken. Kurze Lenden. Die Kruppe mäßig abfallend.

Läufe
Die kräftigen Vorderläufe stehen gerade. Die Hinterläufe in mittelweiter Stellung; trockene Sprunggelenke. Die Vorderpfoten sind kürzer, abgerundet, gut geschlossen. Schiefergraue Krallenfärbung.

Rute
Die mittellange Rute ist über die Kruppe flach eingerollt; kaum erkennbar, da die lange Behaarung übergangslos an das Fell der Kruppe anschließt.

Haarkleid
Markante Büschel; langes, welliges Haar, das zur Verfilzung neigt. Flockige Unterwolle. Das Haarkleid besitzt die so genannte Zotten- oder Schnürenform. An der Kruppe, den Lenden und Keulen ist das Haar länger (8-18 cm); die kürzeste Behaarung befindet sich am Kopf und den Pfoten.

Farbe
Einfarbig schwarz, mit geringen rötlichen Nuancen. Mehrere Grau- und Weiß-Varietäten sind geläufig.

Widerristhöhe
Rüde: 40 bis 44 cm
Hündin: 37 bis 41 cm

Gewicht
Rüde: 13 bis 15 kg
Hündin: 10 bis 13 kg

Charakter, besondere Talente, Erziehung
Der Puli ist ein rustikaler, lebhafter und agiler Hund, der besonders sprungbegabt ist. Er ist fröhlich, liebevoll und zu starker Treue fähig. Er ist unabhängig und besitzergreifend zugleich und braucht einen starken Herrn. Sehr kinderliebend. Fremden gegenüber äußerst misstrauisch; bellfreudig (eindringliche Kehle). Zeigt ein hohes Maß an Wachsamkeit und gibt zuverlässig Alarm. Die Erziehung muss mit viel Milde geschehen und frühzeitig beginnen.

Hinweise
Er kann sich an das Leben in der Wohnung gewöhnen, braucht aber regelmäßig Auslauf. Das in dicken Zöpfen herabhänge Haarkleid braucht weder gebürstet noch gekämmt zu werden. Während des Fellwuchses (zwischen 8 und 12 Monaten) muss man die Haare in regelmäßigen Abständen mit den Fingern bis auf die Haut des Hundes auseinanderziehen (zotten). Waschen, wenn er schmutzig wird. Die Zöpfe im Lefzen- und Afterbereich erfordern große Aufmerksamkeit: Darauf achten, dass die Haare nicht verkleben.

Verwendung
Erstklassiger Hütehund (Schafe, Rinder, Pferde). Jagdhund für Entenjagd (Apportierhund). Wachhund. Begleithund.

Pumi

Diese Rasse entstand im Laufe des 17. und 18. Jahrhunderts aus der Kreuzung zwischen dem Puli und Schäferhunderassen mit Stehohren, die aus Frankreich oder Deutschland importiert wurden. Die Herausbildung der Rasse nahm lange Zeit in Anspruch. Die eindeutige Unterscheidung vom Puli und somit die Anerkennung als eigenständige Rasse erfolgte gegen 1920.

Quadratisches Gebäude. Abgehackter Gang. Tänzelnder Galopp.

1

1

Hüte- und Treibhunde

Ursprungsland
Ungarn

Ursprünglicher Name
Pumi

Kopf
Langgestreckt, mit langem Nasenrücken. Gewölbte Stirn. Kaum ausgeprägter Stop. Gerader Fang. Die Nase langgezogen und spitz.

Augen
Etwas schrägliegend, von dunkelbrauner Farbe.

Ohren
Hoch angesetzte Stehohren, ein "V" zeigend, die Spitzen umgeknickt. Mittelgroß und gut proportioniert.

Körperbau
Mittlere Maße, kraftvoll. Ausgeprägter Widerrist. Kurzer Rücken. Eher flach verlaufende Rippen. Breit, tiefe und lange Brust. Die Oberlinie fällt nach hinten ab. Die Kruppe ist kurz und mäßig abfallend.

Läufe
Runde Pfoten, gut geschlossen. Afterkrallen sind unerwünscht. Harte, schieferfarbene Krallen.

Rute
Hoch angesetzt. Wird horizontal oder mäßig erhoben getragen.

Haarkleid
Mittlere Länge, gekräuselt, kleine Schnüre bildend. Das Haarkleid darf niemals filzen. An der Läufen kurz. Unterwolle erkennbar.

Farbe
Einheitliche Färbung erwünscht. Alle Nuancen von Grau (Silbergrau, Schiefergrau). Schwarz, rostbraun, weiß. Keine Streifen.

Widerristhöhe
35 bis 44 cm

Gewicht
8 bis 13 kg

Charakter, besondere Talente, Erziehung
Ruheloses Temperament, unerschrocken und wagemutig. Ein lebenhafter Hund. Fremden gegenüber misstrauisch, schlägt beim geringsten verdächtigen Geräusch an. Zeigt sich seinem Herrn gegenüber sehr liebevoll. Gut ausgeprägter Geruchsinn.

Hinweise
Regelmäßig bürsten. Braucht Platz und Auslaufgelegenheit.

Verwendung
Schäferhund. Jagdhund, eignet sich zur Bekämpfung von Ungeziefer (Rattenfänger). Wachhund. Begleithund.

Schapendoes

Ende des letzten und Anfang dieses Jahrhunderts kam der Schapendoes in den Niederlanden überall dort vor, wo es Heide und große Schafherden gab, vor allem in der nördlichen Provinz Drenthe. Er ist u.a. mit dem Bearded Collie, dem Puli, dem Owczarek Nizinny, dem Bobtail, dem Briard und dem Bergamasker verwandt. Der Kynologe P.M.C. Toepoel ist der Begründer dieser Rasse. Nach der starken Bestandsdezimierung im Zweiten Weltkrieg gelang es ihm, eine neue Zuchtpopulation aufzubauen. Der Zuchtverein des Niederländischen Schapendoes wurde im Jahre 1947 gegründet, der Standard erstmals 1954 festgeschrieben (1971 endgültig anerkannt). Die Aufnahme in die FCI-Nomenklatur erfolgte 1989.

Leichter Körperbau. Im Gang leicht und elastisch. Aus-gesprochen guter Springer.

1

HÜTE- UND TREIBHUNDE

URSPRUNGSLAND
Niederlande

URSPRÜNGLICHER NAME
Schapendoes

ANDERER NAME
Niederländischer Schafspudel

1

KOPF
Durch die üppige Behaarung erscheint der Kopf größer als er ist. Der Schädel ist beinahe flach. Ausgeprägter Stop. Recht kurzer Fang. Kinn- und Schnauzbart reichlich.

AUGEN
Rund, recht groß. Von brauner Farbe.

OHREN
Recht hoch angesetzt, von mittlerer Größe, hängend.

KÖRPERBAU
Etwas länger als hoch. An der Lenden ein wenig hochgezogen. Mächtiger Hals. Gut heruntergezogene Brust. Gewölbte Rippen.

LÄUFE
Leichtknochig. Ovale, breite Pfoten. Dicht zusammenstehende Zehen. An den Hinterläufen sind Afterkrallen gestattet.

RUTE
Lang. In der Ruhe hängt sie tief. In der Erregung wird sie manchmal stark aufgerichtet getragen. Gut befedert.

HAARKLEID
Lang, dünn, trocken, leicht gewellt; das Haarkleid neigt dazu, in Büscheln und borstigen Strähnen abzustehen, vor allem im Bereich des Hinterteils. Gekräuseltes Haar ist nicht zulässig.

FARBE
Alle Farben sind gestattet. Bevorzugt wird ein ins Schwarze gehende Blaugrau.

WIDERRISTHÖHE
Rüde: 43 bis 50 cm
Hündin: 40 bis 47 cm

GEWICHT
10 bis 18 kg

Charakter, besondere Talente, Erziehung
Robust, lebhaft, ausdauernd, wachsam, mutig; niemals nervös oder aggressiv. Ein liebevoller, fröhlicher Hund, verspielt und treu, zugleich jedoch eigensinnig und unabhängig. Ein Herr ohne gutes Durchsetzungsvermögen ist schnell überfordert.

Hinweise
Kann in der Stadt gehalten werden, unter der Voraussetzung, dass er täglich Bewegung hat. Ein bis zwei mal pro Woche gründlich bürsten.

Verwendung
Hütehund. Begleithund.

Schipperke

Der Schipperke weist ähnliche Züge wie der Spitz und der Belgische Schäferhund auf. Er soll von den Leuwenaars abstammen, einer alten Schäferhunderasse aus der Gegend von Leuwen. Eine andere Hypothese besagt, dass seine Ahnen unter den nordischen Spitzarten zu suchen sind. Es handelt sich wahrscheinlich um eine sehr alte Rasse - so ist überliefert, dass Wilhelm von Oranien dank der Wachsamkeit eines Schipperker einem Attentat entging. Der rutenlos gezüchtete Hund war der beliebteste Wach- und Begleithund der Belgier. Sein flämischer Name bedeutet soviel wie "kleiner Kapitän" oder "Skipper", da er auf den Kanalfahrten in Flandern und Brabant auf den Flußschiffen als Wachhund eingesetzt wurde. In den Geschäften der Kaufleute arbeitete er als Rattenfänger. Ab 1690 organisierten die Schuster der Brüsseler Zunft Saint Crispin regelmäßige Zusammenkünfte mit ihren Hunden und wetteiferten in der Herstellung von kunstvollen Halsbändern. 1880 wurde er erstmals auf einer Hundeausstellung gezeigt; 1888 erfolgt die Anerkennung durch den Royal Schipperkes Club in Brüssel. Der offizielle Standard stammt aus dem Jahr 1904. Gegenwärtig erfreut sich die Rasse auch in England und Südafrika eines regen Zuchtinteresses.

Der kleinste Vertreter der Schäferhunderassen. Tänzelnde Bewegungen.

1

HÜTE- UND TREIBHUNDE

1

URSPRUNGSLAND
Belgien

URSPRÜNGLICHER NAME
Schipperke

ANDERER NAME
Schifferspitz

Kleine Rassen unter 10 Kg

KOPF
Erinnert an den eines Fuchses. Stirn ziemlich breit. Im Profil leicht gerundet, spitz zulaufender Fang, gering ausgeprägter Stop. Kleine Nase.

AUGEN
Dunkelbraun, eher oval als rund.

OHREN
Klein, dreieckig, hoch angesetzt. Hoch aufgerichtet getragen, von guter Beweglichkeit.

KÖRPERBAU
Kurz und stämmig. Breite, tiefe Brust. Der Rücken verläuft geradlinig und waagerecht. Breite Lendenpartie. Gut aufgezogener Bauch.

LÄUFE
Von feiner Knochensubstanz. Kleine, runde, geschlossene Pfoten. Gerade, kräftige und kurze Nägel.

RUTE
Nicht vorhanden.

HAARKLEID
Reichlich und dicht. Am Kopf, an den Vorderseiten der Läufe und am Körper kurz. Rund um den Hals länger, eine Hals- und Nackenkrause bildend, die bis über die Brust hinabreicht. Auch auf der Rückseite der Schenkel länger, eine Hose bildend.

FARBE
Schwarz (einfarbig).

WIDERRISTHÖHE
32 bis 36 cm

GEWICHT
3 bis 8 kg, abhängig von der Größe

Charakter, besondere Talente, Erziehung
Überschwänglicher, sehr aufgeweckter Hund; von fröhlichem Wesen. Unermüdlich.
Mit seiner kreischenden Kehle schlägt er bei jedem verdächtigen Geräusch an. Seinem Herrn treu ergeben, sanft zu Kindern, gegenüber Fremden misstrauisch. Lässt sich gut erziehen.

Hinweise
Idealer Wohnungshund, sofern man ihm regelmäßige Bewegung sichert. Zwei-bis dreimal wöchentlich bürsten und kämmen.

Verwendung
Rattenfänger, Erdhund. Wachhund. Begleithund.

Slowakischer Tschuvatsch

Dieser große Schäferhund aus den Karpaten ähnelt im Erscheinungsbild dem ungarischen Kuvasz; sie haben gemeinsame Vorfahren. Die Rassenmerkmale wurden 1960 festgesetzt, ausgehend von einheimischen Schäferhunderassen.

Mächtig und sehr beeindruckend.

1

HÜTE- UND TREIBHUNDE

URSPRUNGSLAND
Slowakische Republik

URSPRÜNGLICHER NAME
Slovensky Cuvac

1

KOPF
Breiter Schädel, Nasenrücken gerade. Recht breiter Fang.

AUGEN
Von ovaler Form und dunkler Farbe.

OHREN
Hoch angesetzt, als Hängeohren getragen, bis auf die Höhe des Fangs herabreichend. Das untere Ende rund zulaufend. Auf mittlerer Höhe mit dünner Behaarung besetzt.

KÖRPERBAU
Breite Brust. Stämmiger und gerader Rücken. Solide, gut bemuskelte Lendenpartie.

LÄUFE
Sehr gut bemuskelt.

RUTE
Tief angesetzt und mit dichtem Haar besetzt. In der Bewegung nicht herabhängend, sondern in kreisrundem Bogen über die Kruppe gezogen.

HAARKLEID
5-10 cm lang. Am Hals etwas harscher und dichter. Am Rücken und Hinterteil leicht gewellt. An Kopf und Ohren kürzeres Haarkleid. Gut erkennbare Halskrause. Dichte Unterwolle.

FARBE
Weiß. Ein wenig Gelb an den Ohren und am Hals gestattet.

WIDERRISTHÖHE
Rüde: 60 bis 70 cm
Hündin: 55 bis 65 cm

GEWICHT
Rüde: 35 bis 45 kg
Hündin: 30 bis 40 kg

Charakter, besondere Talente, Erziehung
Kraftvoller, mutiger Hund, ausgezeichneter Wächter. Von sanftmütigem Wesen, anhänglich und treu. Er besitzt eine solide Konstitution und erweist sich als sehr effizienter Herdenschutzhund, zur Abwehr von Wölfen und Bären.

Hinweise
Braucht Platz und Auslauf. Einmal pro Woche bürsten.

Verwendung
Hütehund. Wachhund. Begleithund.

CARDIGAN

PEMBROKE

Welsh Corgi
Cardigan und Pembroke

Massiv und kräftig. Starker Knochenbau. Befreiter Gang.

1

1

HÜTE- UND TREIBHUNDE

URSPRUNGSLAND
Großbritannien

URSPRÜNGLICHER NAME
Welsh Corgi

2 SCHLÄGE
Welsh Corgi Cardigan und Welsh Corgi Pemproke

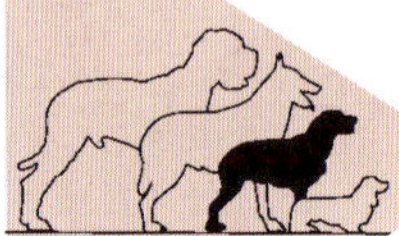

Mittelgroße Rassen
10 bis 25 Kg

Die zwei Schläge des Welsh Corgi gehen einer allgemeinen Annahme zufolge auf eine nah zusammenliegende Herkunft zurück. Es gibt allerdings auch Berichte, die eine unterschiedliche Abstammung erwähnen: Der Cardigan soll von den Kelten nach Wales gebracht worden sein, wo er mit nordischen Hunden und britischen Schäferhunderassen gekreuzt wurde. Hingegen wäre der Pembroke mit flämischen Webern im Mittelalter auf die Insel gekommen und sei ein Verwandter bestimmter nordischer Hunde. Im 19. Jahrhundert wurden die beiden Arten untereinander gekreuzt, so dass sie sich immer ähnlicher wurden. Seit 1934 gibt es zwei unterschiedliche Standards. Stärkere Verbreitung hat der Pembroke gefunden; König Georg VI. schenkte seiner Tochter Elisabeth II. ein Exemplar und macht ihn sozusagen zu einem "hoffähigen" Hund.

KOPF
Aussehen und Form des Kopfes erinnern an den Fuchs. Der Schädel ist breit und flach. Mäßiger Stop. Spitzer Fang.

AUGEN
Mittelgroß, rund. Eher dunkle Farbe, abgestimmt auf die Farbe des Haarkleids.

OHREN
Stehohren, recht lang, an den Spitzen rund auslaufend.

KÖRPERBAU
Der Cardigan ist massiger als der Pembroke, aber seine Brust ist nicht ganz so breit. Gerader Rücken. Leicht aufgezogener Bauch.

LÄUFE
Kurz. Beim Pembroke gerade stehend, beim Cardigan leicht nach außen gedreht. Runde, große, gut geschlossene Pfoten (Cardigan) bzw. ovale Pfoten (Pembroke).

RUTE
Cardigan: recht lang, reichlich behaart. In der Ruhe tief getragen. Pembroke: von Natur aus kurz.

HAARKLEID
Cardigan: Kurz oder mittellang, hart und gerade. Kurze, dichte Unterwolle. Pembroke: Von mittlerer Länge, gerade, üppig, weder zu weich noch zu hart. Dichte Unterwolle.

FARBE
Cardigan: Alle Farben, mit oder ohne weiße Scheckung, doch darf das Weiß nicht dominieren. Pembroke: Einfarbig: rot, Falb mit Rußstich, Falb Black and Tan, mit oder ohne weiße Scheckung auf den Läufen, an Brust, auf Hals und (ein wenig) am Kopf.

WIDERRISTHÖHE
Cardigan: ca. 30 cm
Pembroke: 25 bis 30 cm

GEWICHT
Cardigan: 12 bis 15 kg
Pembroke:
Rüde: 10 bis 12 kg
Hündin: 10 bis 11 kg

Charakter, besondere Talente, Erziehung
Ein robuster, ausdauernder, lebhafter und aktiver Hund, stets aufmerksam und fleißig bei der Arbeit. Treu, geht sanft mit Kindern um. Weder ängstlich noch aggressiv. Eine konsequente, aber nicht brutale Erziehung ist notwendig.

Hinweise
Er ist für das Leben in der Wohnung gut geeignet, unter der Voraussetzung, dass er regelmäßigen Auslauf bekommt. Den Cardigan täglich bürsten, den Pembroke einmal pro Woche.

Verwendung
Schäferhund. Nutzhund: Diensthund, Drogenspürhund, Rettungshund. Wachhund. Begleithund.

Australischer Treibhund

Man nimmt an, dass dieser Hund aus einer Kreuzung zwischen dem Smithfield, einem nahen, heute nicht mehr existierenden Verwandten des Bobtail, dem Dingo, dem Collie sowie dem Bull Terrier hervorgegangen ist. Gegen 1840 sollen auch ein Dalmatiner und ein Australian Shepherd eingekreuzt worden sein. Sein Beiname lautet "Heeler" ("Fersenbeißer"), was seiner geschickten Arbeitsweise als Herdentreibhund zuzuschreiben ist - er versteht sich darauf, dem Vieh in die Fersen zu beißen, ohne es zu verletzen. Die Rasse wurde 1890 anerkannt. In Europa und den USA ist sie erst seit den 70er Jahren bekannt.

Vermittelt den Eindruck großer Wendigkeit, Stärke und Ausdauer. Freier Gang, weich und fließend.

2

TREIBHUNDE

URSPRUNGSLAND
Australien

URSPRÜNGLICHER NAME
Australian Cattle Dog

ANDERER NAME
Heeler

1

KOPF
Kräftig. Breiter, leicht konvex geformter Schädel. Mäßiger Stop. Gut bemusktelte Backen. Breiter Fang. Der Nasenrücken ist mittellang und kräftig. Straffe Lefzen.

AUGEN
Oval und von mittlerer Größe. Dunkelbraun.

OHREN
Eher klein, am Ansatz breit. Gut bemuskelte Stehohren. Etwas spitz.

KÖRPERBAU
Etwas länger als hoch. Kompaktes, harmonisches Gebäude. Sehr starker Hals, ohne Wamme. Kräftiger Rücken, waagrechte Oberlinie. Die gut herabgezogene Brust ist bemuskelt. Gewölbte Rippen. Kräftige Schultern, schräg liegend, gut bemuskelt. Breite, starke und gut bemuskelte Lenden. Geneigte Kruppe. Tiefgezogene Flanken.

LÄUFE
Kräftig. Runde Pfoten. Zehen kurz und stark, aufgebogen; dicht zusammenstehend.

RUTE
In der Ruhe in einem sanften Bogen herabhängend getragen. Üppige Bürstenbehaarung.

HAARKLEID
Kurzes Stockhaar (2,5-4 cm), glatt. Gerade, hart und gut anliegend, wetterbeständig. An der Körperunterseite und der Hinterseite der Läufe längere Behaarung. Kurze dichte Unterwolle.

FARBE
Blau: Blau, marmoriert oder gesprenkelt, mit oder ohne schwarzen Flecken, am Kopf blau oder lohfarben.
Rot-Belton: Ebenfalls über den ganzen Körper verstreute rote Flecken.

WIDERRISTHÖHE
Rüde: 46 bis 51 cm
Hündin: 43 bis 48 cm

GEWICHT
15 bis 20 kg

Charakter, besondere Talente, Erziehung
Ein sehr dynamischer und stets aufmerksamer Hund; wachsam, mutig. Besitzt ein angeborenes Talent für die Arbeit an Herden (Hüte- und Treibhund). Äußerst widerstandsfähig und von außergewöhnlicher Wendigkeit. Nahezu stumm bei der Arbeit (sein Laut klingt wie der Ruf einer Eule). Angesichts der Weite des Landes und des heißen Klimas erweist er sich als unumgänglicher Helfer auf den australischen Farmen. Er ist auch ein treuer Gefährte, seinem Herrn und seiner Familie gegenüber sehr anhänglich. Eignet sich sehr gut für die Bewachung des Hauses, zumal er Fremden mit großem Argwohn begegnet.

Hinweise
Für die Stadt ungeeignet. Würde in der Wohnung Schäden anrichten, da er die fehlende Bewegungs- und Auslaufmöglichkeit als zu große Belastung empfinden würde. Braucht täglich ausgiebige Beschäftigung. Regelmäßig bürsten.

Verwendung
Schäferhund. Hütehund, Treibhund. Wachhund.

Flämischer Treibhund

Seine Ursprünge liegen in Flandern; vermutlich ist er aus einer Kreuzung von mehreren Rassen hervorgegangen, die vorgenommen wurde, um einen "idealen" Hofhund heranzuzüchten. Es heißt auch, der Flandern-Treibhund sei mit den spanischen Eroberern gekommen. Einer anderen Hypothese zufolge ist er das Ergebnis einer Kreuzung zwischen dem hoch gewachsenen Barbet, dem Mastiff und dem Berger Picard, oder auch ein Nachfahre des Beauceron und des Griffon. Der Bestand wurde im Ersten Weltkrieg arg dezimiert, mit einigen wenigen Tieren gelang es flämischen Züchtern, die Rasse wieder aufzubauen. 1965 erfolgte die Anerkennung durch die FCI

Molossoider Typ, mit dem Körperbau eines "Cob". Kurz gehaltene Linien. Rechteckige Gebäudemaße. Gewöhnliche Gangart: Schritt und Trab.

1

2

TREIBHUNDE

URSPRUNGSLAND
Belgien, Frankreich

URSPRÜNGLICHER NAME
Vlamse Koehond

ANDERE NAMEN
Flanderntreibhund, Flandrischer Treibhund, Bouvier des Flandres

Große Rassen
25 bis 45 Kg

KOPF
Wirkt massiv, fein ziseliert, im Verhältnis zum Körper gut proportioniert. Mäßig ausgebildeter Stop. Der Fang ist breit, mächtig, sich zur Nase hin leicht verjüngend. Flache und trockene Backen. Ausgeprägte Augenbrauenbögen.

AUGEN
Mittelgroß, leicht oval. Dunkle Augenfarbe.

OHREN
Stehohren, hoch angesetzt und dreieckig geschnitten. In natürlichem Zustand hängend (In Deutschland, Österreich und der Schweiz ist das Kupieren verboten).

KÖRPERBAU
Kurz, gedrungen. Kräftige und gut bemuskelte Halspartie. Kurzer breiter Rücken. Breite und gut herabgezogene Vorbrust. Gute Brusttiefe. Breit und gut bemuskelte Lendenpartie. Sehr kurze Flanke. Die Kruppe verläuft nahezu waagerecht.

LÄUFE
Stark, gut bemuskelt. Die kurzen Pfoten sind rund und solide. Dicht zusammenstehende Zehen. Starke Kralle von schwarzer Färbung.

RUTE
In der Bewegung fröhlich erhoben getragen. Manche Tiere werden schwanzlos geboren.

HAARKLEID
Mittellang (6 cm). Sehr harsch, trocken, matt und leicht borstig, jedoch weder wollig noch gelockt. Am Kopf kürzere Behaarung. Reichlicher Schnauz- und Kinnbart. Dichte, feine Unterwolle.

FARBE
Von schwarz bis falbfarben reichend, oft gestromt oder mit rußfarbener bis aschgrauer Wolkung. An der Vorbrust ist ein weißes Sternabzeichen gestattet. Helle, "ausgewaschene" Farbe ist unerwünscht.

WIDERRISTHÖHE
Rüde: 62 bis 68 cm
Hündin: 59 bis 65 cm

GEWICHT
Rüde: 35 bis 40 kg
Hündin: 27 bis 35 kg

Charakter, besondere Talente, Erziehung
Ein sehr rustikaler Hund, freimütig, dominant, energisch. Von ausgeglichenem und ruhigem Temperament, weise, und doch mutig. Starker Charakter, etwas grob, ein "Einmannhund". Sportlich, von überschäumender Energie, wachsam, leichtführig. Braucht eine sehr konsequente Erziehung. Ablehnend Fremden gegenüber. Seit seinen Ursprüngen war dieser Hund als Hofhund und Treibhund an Rinderherden tätig. Auch als Zughund und in hervorragend Räderkraftwerken kam er zum Einsatz. Die Polizei weiß seinen ausgeprägten Geruchsinn zu schätzen.

Hinweise
Mindestens zweimal in der Woche bürsten; drei-bis viermal jährlich zur Hundepflege bringen (Haarschnitt bzw. Haarentfernung). Nicht für die Haltung in der Wohnung geeignet. Er braucht Platz und Bewegung.

Verwendung
Schäferhund. Diensthund (Spurensuchhund, Meldehund). Wachhund. Begleithund.

Gruppe 2

Sektion 1

Affenpinscher
Dobermann
Pinscher
Österreichischer Kurzhaariger Pinscher
Schnauzer
Smoushond
Schwarzer Terrier

Sektion 2

Atlas-Schäferhund
Deutscher Boxer
Broholmer
Bulldog
Bullmastiff
Cane Corso
Anatolischer Hirtenhund
Zentralasiatischer Ovtcharka
Kaukasischer Ovtcharka
Karst-Schäferhund
Castro Laboreiro-Hund
Pyrenäen-Berghund
Serra da Estrela-Berghund
Deutsche Dogge
Dogo Argentino
Bordeaux-dogge
Mallorca-Dogge
Tibet-Dogge
Fila Brasileiro
Hovawart
Landseer
Leonberger
Mastiff
Spanischer Mastiff
Neapolitanischer Mastiff
Pyrenäen-Mastiff
Rafeiro von Alentejo
Rottweiler
St. Bernhardshund
Jugoslawischer Hirtenhund
Shar Pei
Neufundländer
Tosa

Sektion 3

Appenzeller Sennenhund
Berner Sennenhund
Entlebucher Sennenhund
Großer Schweizer Sennenhund

Links: Tibet-Dogge

Affenpinscher

Seinen Namen verdankt dieser Hund der Ähnlichkeit seines kleinen Kopfes mit dem mancher Affenarten. Man nimmt an, dass er vom belgischen Griffon abstammt bzw. dass er dessen Vorfahre ist. Auf jeden Fall handelt es sich um eine sehr alte Rasse. Den Beleg dafür liefern Gemälde aus der Zeit noch vor dem 17. Jahrhundert, auf denen Hunde mit sehr ähnlicher Erscheinung zu sehen sind. Ende der 30er Jahre erfreute er sich einer ständig wachsenden Beliebtheit und machte auch auf Hundeausstellungen auf sich aufmerksam.

Hund von kleinem, kompaktem Format.

1

PINSCHER

2

URSPRUNGSLAND
Deutschland

URSPRÜNGLICHER NAME
Affenpinscher

ANDERER NAME
Äffchen

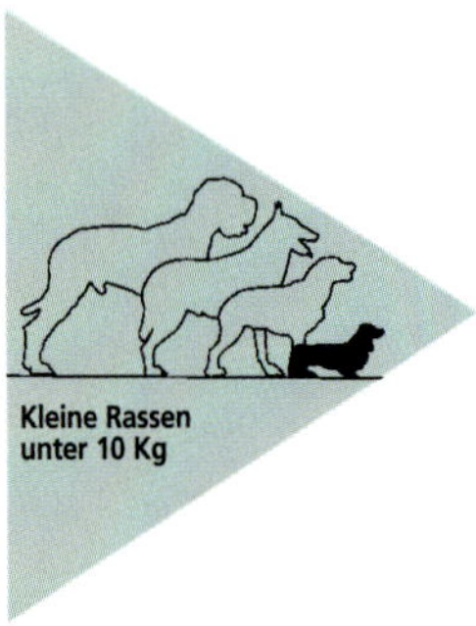

Charakter, besondere Talente, Erziehung
Der kleine, lebhafte und aufgeweckte Hund ist eine Mischung aus Überschwang und Besonnenheit. Er ist loyal und liebevoll, freimütig und etwas eigensinnig. Aufmerksamer Wächter; Ratten- und Mäusefänger.

Hinweise
Kann sich an das Leben in der Wohnung gewöhnen. Täglich bürsten und kämmen.

Verwendung
Wachhund. Mäuse- und Rattenfänger. Begleithund.

KOPF
Abgerundete Kopfform. Das Gesicht von affenartiger Erscheinung. Kurzer Fang. Mäßiger Vorbiss. Schwarze Lefzen.

AUGEN
Rund und von dunkler Farbe.

OHREN
Klein und hoch angesetzt. In natürlicher Länge, ein umge-stürztes "V" bildend oder stehend.

KÖRPERBAU
Quadratisches Gebäude. Kurzer Hals. Etwas flachbrüstig. Gut entwickelte Vorbrust. Der gerade kurze Rücken fällt nach hinten leicht ab. Der Bauch mäßig aufgezogen.

LÄUFE
Runde kurze Pfoten. Dicht zusammenstehende, aufgewölbte Zehen. Harte Ballen.

RUTE
Hoch angesetzt, erhoben getragen.

HAARKLEID
Am Körper rau und reichlich. Am Kopf steif, Strähnen bildend, die das Gesicht seitlich einhüllen. Buschige Lider, imposanter Bart.

FARBE
Bevorzugt wird schwarz. Braune oder graue Abzeichen bzw. Farbnuancen sind gestattet.

WIDERRISTHÖHE
25 bis 30 cm

GEWICHT
höchstens 4 kg

Dobermann

Die ganze Geschichte begann in der kleinen thüringischen Stadt Apolda. Dort lebte der Steuereintreiber F.L. Dobermann, der sich um das örtliche Tierheim kümmerte. Er wollte einen scharfen Hund mit ausgeprägtem Wachinstinkt heranzüchten. Somit wurde er zum Paten des Dobermanns. Um 1870 nahm er eine Reihe von Kreuzungen vor, wahrscheinlich zwischen "Fleischerhunden" (zum Teil die Vorfahren der Rottweiler), in Thüringen vorkommenden Black-and-Tan Schäferhunden, dem Pinscher, der deutschen Dogge, dem Beauceron und dem Rottweiler. Das Ergebnis ist ein wachsamer Nutzhund, Hofhund, Wachhund und Diensthund. Bei der Jagd wurde er zum Kampf gegen Raubtiere eingesetzt. Später erfolgten weitere Einkreuzungen, vor allem mit dem Black-and-Tan Terrier und wahrscheinlich dem Greyhound. 1910 wurde der Rassenstandard festgesetzt.

Mittlere Linien. Elegant, reine Linien. Solider Körperbau, muskulös, jedoch nicht plump. Gut pigmentierte Haut. Im Gang elastisch, weich und befreit.

1A

PINSCHER

URSPRUNGSLAND
Deutschland

URSPRÜNGLICHER NAME
Dobermann

2

Im Ersten Weltkrieg wurde er als Patrouillenhund und zur Bewachung von Militärstützpunkten eingesetzt, mitunter auch als Blindenhund für Kriegsversehrte.

KOPF
Lang und knochig. Starker Schädel, von der Form eines stumpfen Keils. Mäßig entwickelter Stop. Hoher Fang. Mächtiges, breites Gebiss. Die Lefzen glatt und straff.

AUGEN
Mittelgroß, oval, dunkle Augenfarbe.

OHREN
Als Kippohren getragen, wobei der vordere Rand an der Backe anliegt.

KÖRPERBAU
Quadratisches Gebäude. Trockener, gut bemuskelter Hals. Mächtige Vorbrust. Deutlich hervortretender Widerrist. Solider, kurzer Rücken. Gut entwickelte Brust mit mäßig gewölbten Rippen. Eine abgerundete Kruppe. Gut aufgezogene Bauchlinie.

LÄUFE
Solide. Kurze Pfoten mit dicht zusammenstehenden, gewölbten Zehen.

RUTE
Hoch angesetzt, kurz.

HAARKLEID
Kurz, hart, dicht, glatt und gut anliegend. Keine Unterwolle.

FARBE
Schwarz oder braun, mit deutlich abgegrenzten Lohabzeichen am Fang, an den Wangen, an Hals, an Brust, an Läufen und an Sitzbeinhöcker.

WIDERRISTHÖHE
Rüde: 68 bis 72 cm
Hündin: 63 bis 68 cm

GEWICHT
Rüde: 40 bis 45 kg
Hündin: 32 bis 35 kg

Charakter, besondere Talente, Erziehung
Lebhaft, kraftvoll, mutig, wachsam, von bestimmtem Ausdruck, sogar etwas angsteinflößend. Ein Hund von einer gewissen Härte, stolz und impulsiv. Er muss stabil, ruhig und umgänglich sein. Der Dobermann ist nicht für jedermann geeignet: Er braucht einen konsequenten, gerechten und ruhigen Herrn, der es versteht, sich mit Geduld und Milde durchzusetzen. Von unbedingter Treue, ist er seinem Herrn ohne Einschränkung ergeben. Zuverlässig mit Kindern. Besitzt einen angeborenen Beschützerinstinkt und ist Fremden gegenüber äußerst misstrauisch. Im Grunde ein friedvoller Hund, doch emotional nicht immer stabil; konfliktscheu.

Hinweise
Dieser Hund braucht Platz und Bewegung, um seine Energie freizusetzen. Verträgt es nicht, an der Kette gehalten zu werden. Regelmäßig bürsten.

Verwendung
Arbeitshund: Diensthund bei Polizei und Armee. Wach- und Schutzhund. Begleithund.

Pinscher

Über die Herkunft des Pinschers herrscht Unklarheit. Manche meinen, er stamme von einer sehr alten deutschen Rasse ab, die mit den Schnauzern verwandt war, welche selbst wiederum aus dem alten Black-and-Tan Terrier hervorgegangen ist. Der Pinscher wurde zur Züchtung vieler deutscher Rassen herangezogen, u.a. des Dobermanns. 1879 wurde der Pinscher als Rasse anerkannt, 1895 wurde ein Pinscher-Klub. Der Pinscher ist weniger verbreitet als der Zwergpinscher. Seit den 50er Jahren ist er auch in anderen Ländern, z.B. in Frankreich, verbreitet.

Gut proportioniert. Viereckiges Gebäude.

1A

2

Pinscher

Ursprungsland
Deutschland

Ursprünglicher Name
Pinscher

Anderer Name
Zwergpinscher

Kopf
Robuster, langgestreckter Kopf. Mäßiger Stop. Geradliniger Nasenrücken. Der Fang läuft in einer Form eines stumpfen Keils aus. Gut anliegende Lefzen.

Augen
Mittelgroß, oval, dunkle Augenfarbe.

Ohren
Bilden in der Form ein "V". Werfen eine Falte.

Körperbau
Kompakter Körperbau. Trockene Halspartie. Der Rücken ist kurz; mäßig breite Brust. Recht flache Rippen. Vorbrust gut entwickelt. Leicht aufgezogener Bauch.

Läufe
Sehr gut bemuskelt. Kurze runde Pfoten. Dicht zusammenstehende, gewölbte Zehen.

Rute
Hoch angesetzt, erhoben getragen.

Haarkleid
Kurz und dicht. Ganz eng anliegend.

Farbe
Einfarbig: Falb oder Brau (verschiedene Nuancen bis ins Hirschrote). Zweifarbig:Schwarz mit Loh-Abzeichen, rot oder hellere Farben. Abzeichen wie folgt verteilt: Über den Augen, am Hals, auf der Vorbrust, den Vordermittelfüßen, den Pfoten, auf der Innenseite der Hinterläufe sowie im Afterbereich. Beim Zwergpinscher finden sich an den Backen, den Lefzen und im Bereich des Unterkiefers Abzeichen.

Widerristhöhe
Pinscher:
43 bis 58 cm.
Zwergpinscher:
25 bis 30 cm.

Gewicht
Pinscher: 12 bis 16 kg
Zwergpinscher: 2 bis 4 kg

Charakter, besondere Talente, Erziehung
Lebhaft und wachsam; verspielt, ausgeglichen und mit einem gutartigen Charakter ausgestattet. Er hängt sehr an seiner Familie und ist Kindern ein angenehmer Gefährte, vorausgesetzt, er wird nicht zu unsanft behandelt. Der Zwergpinscher ist etwas ungestümer und besitzt einen noch ausgeprägteren Charakter. Er braucht eine konsequente Erziehung.

Hinweise
Sehr sauberer Hund; kann in der Stadt gehalten werden, sofern man ihm ein Mindestmaß an Bewegung sichert. Regelmäßig bürsten.

Verwendung
Wachhund (nicht der Zwergpinscher), guter Rattenfänger. Begleithund.

Österreichischer Kurzhaariger Pinscher

Seine Abstammung ist unbekannt. Es handelt sich um einen nahen Verwandten des Pinschers, mit dem Unterschied, dass das Zuchtziel nicht darin bestand, einen Begleithund, sondern einen guten Hofhund hervorzubringen. Außerhalb Österreichs ist er kaum verbreitet.

"Cob"-ähnlicher Körperbau. Eleganter Hund.

1A

PINSCHER

URSPRUNGSLAND
Österreich

URSPRÜNGLICHER NAME
Österreichischer Kurzhaariger Pinscher

2

ANDERE NAMEN
Österreichischer Pinscher, Österreichischer Kurzhaar-Pinscher

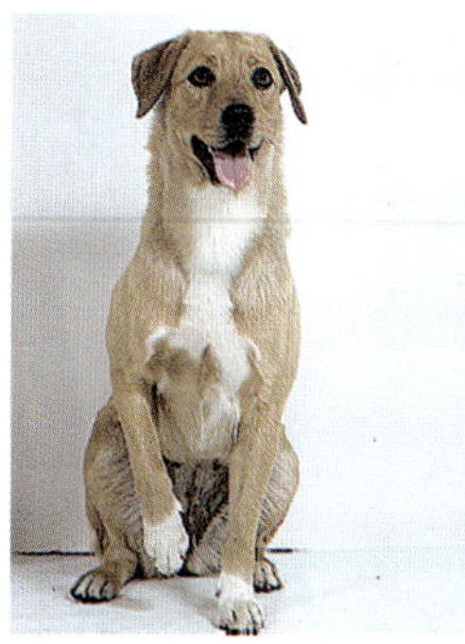

KOPF
Birnenförmig. Breiter Schädel. Ausgeprägter Stop. Kräftiger kurzer Fang. Großer Nasenspiegel. Straffe und glatte Lefzen.

AUGEN
Groß, mit dunkler Augenfarbe.

OHREN
"V"-förmig, oder Rosenohren (selten), Kipp- oder Stehohren.

KÖRPERBAU
Gedrungen. Mächtiger Hals. Gut betonter Widerrist. Lange tiefe Brust, tonnenförmiger Brustkorb. Rücken und Lenden sind kurz und breit. Breite Vorbrust. Langes, breites Becken.

LÄUFE
Kompakte Pfoten mit gut aufgebogenen Zehen.

RUTE
Hoch angesetzt, meist bis über dem Rücken eingerollt getragen.

HAARKLEID
Kurz oder glatthaarig, mit Unterwolle.

FARBE
Die häufigsten Farbschläge: Gelb, falb, gelb-braun, rostrot, schwarz, schwarz und braun, auch gestromt, fast immer mit großen weißen Abzeichen (Blesse, Hals, Vorbrust, Läufe).

WIDERRISTHÖHE
35 bis 50 cm

GEWICHT
12 bis 18 kg

Charakter, besondere Talente, Erziehung
Kraftvoll, verwegen, temperamentvoll. Zu sportlichen Leistungen fähig. Sehr guter Wächter. Fröhlich und nett, von eher nach giebigem Wesen, daher sehr leicht in der Erziehung.
Manchmal dringt sein Terrier-Instinkt durch und er legt sich vor Hasen- und Fuchsbauten auf die Lauer.

Hinweise
Er braucht Platz und Bewegung. Einmal wöchentlich bürsten reicht aus.

Verwendung
Wachhund. Begleithund.

Schnauzer

Quadratisches Gebäude. Robust und elegant. Energischer Gang.

Riesenschnauzer

2

1B

Schnauzer

Ursprungsland
Deutschland

Ursprünglicher Name
Schnauzer

Andere Namen
Riesenschnauzer,
Mittelschnauzer,
Zwergschnauzer

Bis 45 kg

Kopf
Robust, langgestreckt. Deutlich abgesetzter Stop. Geradliniger Nasenrücken. Struppiger behaarter Fang, in der Form in einem stumpfen Keil mündend. Schwarze Lefzen.

Augen
Oval. Dunkle Augenfarbe.

Ohren
Heute natürlich, in der Form ein "V" zeichnend. Werfen eine Falte.

Körperbau
Quadratisches Gebäudemaße. Gut gebogene Halspartie. Kurzer Rücken, zur Kruppe hin leicht abfallend. Mäßig breite Vorbrust. Recht flache Rippen. Mäßig aufgezogener Bauch.

Läufe
Gut bemuskelt. Die kurzen Pfoten sind rund geschnitten. Dicht zusammenstehende, aufgebogene Zehen. Die Krallen sind dunkel gefärbt.

Seinen Namen verdankt dieser Hund der auffälligen, struppigen Schnauzenbehaarung. Bis ins 19. Jahrhundert wurden die Schnauzer als "Rauhaar-Pinscher" geführt. Man unterscheidet heute drei Schläge; von den Ursprüngen des Mittelschnauzers ist wenig bekannt. Vielleicht ist er aus heute nicht mehr existierenden Rassen hervorgegangen, wie dem Biberhund (einem rauhaarigen Rattenfänger) oder aus Schäferhunderassen. Er wird hauptsächlich für die Jagd auf Schädlinge eingesetzt. Der Riesenschnauzer ist vermutlich aus einer Kreuzung zwischen dem Mittelschnauzer, der Deutschen Dogge und dem Flämischen Treibhund hervorgegangen. Die wahrscheinliche Geburtsstätte liegt in Württemberg. Albrecht Dürer malte ihn auf einem seiner Werke. Er war ein beliebter Begleiter der Kutscherpferde und wurde auch für die Nagetierjagd in Ställen eingesetzt. Das verhalf ihm zu dem Beinamen "Stallgriffon". Der Zwergschnauzer entstand 1880 im Zuge einer Zuchtauswahl kleinwüchsiger Exemplare. In Europa ist der Riesenschnauzer am weitesten verbreitet, während man in den angelsächsischen Ländern vornehmlich den Zwergschnauzer antrifft.

ZWERGSCHNAUZER

MITTELSCHNAUZER

RUTE
Hoch angesetzt; wird erhoben, aber niemals über dem Rücken getragen.

HAARKLEID
Hart, drahtig-rau, flach anliegend. Dichte Unterwolle. Am Fang fester Bart, buschige Lider, etwas die Augen verdeckend.

FARBE
Rein schwarz oder "Salz und Pfeffer". Dunkle Maske. Weiße Flecken sind unerwünscht.
Zwergschnauzer: schwarz, Salz und Pfeffer, schwarz und silber, weiß.

WIDERRISTHÖHE
Riesenschnauzer: 60 bis 70 cm
Mittelschnauzer: 45 bis 50 cm
Zwergschnauzer: 30 bis 35 cm

GEWICHT
Riesenschnauzer: 30 bis 40 kg
Mittelschnauzer: ca. 15 kg
Zwergschnauzer: 4 bis 7 kg

Charakter, besondere Talente, Erziehung
Lebhaft, schwungvoll, ungestüm, dabei dennoch ausgeglichen. Ein widerstandsfähiger Hund, stolz und dominant. Der Riesenschnauzer ist etwas besonnener, während der Zwergschnauzer etwas exzentrisch veranlagt ist.Treu ergeben und liebevoll, rücksichtsvoll im Umgang mit Kindern, ein angenehmer Familienhund für alle Situationen. Unbestechlich, Fremden gegenüber misstrauisch. Riesen- und Mittelschnauzer sind auch vorzügliche Wächter. Brauchen eine starke Hand und viel Aufmerksamkeit.

Hinweise
Diese Hunde dürfen nicht eingeschlossen in einer Wohnung gehalten werden. Sportbegabte Hunde, brauchen viel Auslaufgelegenheit und Bewegung - nur so bleiben sie in ausgeglichen und in guter Form. Täglich bürsten, viermal im Jahr zur Hundetoilette.

Verwendung
Abhängig von der Größe: Wachhund, Schutzhund, Armeehund. Begleithund.

Smoushond

Smoushondje bedeutet soviel wie "Judenhund". Früher in den Niederlanden weit verbreitet, galt dieser Hund immer als ausgesprochen guter Pferdehund, der dem Reiter oder der Kutsche zuverlässig folgte und sich auch als Rattenfänger in den Ställen bewährte.

Quadratisch gebaut.

1C

2

SMOUSHOND

URSPRUNGSLAND
Holland

URSPRÜNGLICHE NAMEN
Hollandse Smoushond
Hollandse Smoushondje

ANDERER NAME
Holländischer Smoushund

Kleine Rassen unter 10 Kg

Charakter, besondere Talente, Erziehung
Liebevoll, lustig, ausgeglichen; angenehmer Familienhund.

Hinweise
Einmal pro Woche bürsten .

Verwendung
Begleithund.

KOPF
Breit und kurz. Gewölbter Schädel. Deutlicher Stop. Kräftiger Fang. Recht kurzes Gebiss. Dünne Lefzen.

AUGEN
Groß, rund dunkle Augenfarbe. Dunkle Augenbrauen.

OHREN
Kleine dünne Ohren. Hoch angesetzt, nach vorne abkippend, an den Wangen anliegend.

KÖRPERBAU
Kraftvoll. Kurzer Hals. Gerader, breiter Rücken. Abgerundeter Rippenkorb. Leicht gebogene Lendenpartie. Gut bemuskelte Kruppe. Kaum aufgezogener Unterleib.

LÄUFE
Starkknochig. Kleine, runde Pfoten. Schwarze Krallen.

RUTE
Dennoch eher kurz, freudig getragen.

HAARKLEID
Körper: ca. 4-7 cm lang. Rau, gerade, eher borstig, weder gelockt noch gewellt. Ausreichende Unterwolle. Läufe: von mittlerer Länge. Rute: buschig, jedoch nicht befedert. Kopf: Über dem Schädel kurz, an den Wangen lang. Kinn-, Schnauzbart und Augenlider lang.

FARBE
Einförmiges Gelb in allen Farbschlägen, bevorzugt wird Strohgelb. Ohren, Bart und Lider sind dunkler gefärbt als der Rest des Körpers.

WIDERRISTHÖHE
Rüde: 37 bis 42 cm
Hündin: 35 bis 40,5 cm

GEWICHT
9 bis 10 kg

Schwarzer Terrier

Die Rasse entstand Anfang des 20. Jahrhunderts in Russland; am Ursprung der Züchtung stand der Airedale Terrier, der mit dem Riesenschnauzer und dem Rottweiler gekreuzt wurde. Er wurde zur Bewachung von Militärgebäuden eingesetzt. Es handelt sich um die größte aller Terrier-Rassen, sie ist allerdings außerhalb des Stammgebietes kaum vertreten. Wurde 1984 von der FCI anerkannt.

Massiver Knochenbau, sehr muskulös. Gelöste, harmonische Bewegungen.

1

PINSCHER UND SCHNAUZER

URSPRUNGSLAND
Russland

URSPRÜNGLICHER NAME
Tchiorny Terrier

ANDERE NAMEN
Schwarzer Russland-Terrier, Schwarzer Russe

2

KOPF
Lang. Flache Stirn. Ausgeprägter Stop. Massiver Fang. Die Lefzen sind dick und fleischig.

AUGEN
Klein, oval, schrägliegend. Die Farbe soll möglichst dunkel sein. Harte, buschige Lider.

OHREN
Hoch angesetzt, klein, ein Dreieck bildend. Hängeohren.

KÖRPERBAU
Massiv. Langer, trockener Hals. Die Schulter ist breit und tief. Der gerade, breite Rücken ist gut bemuskelt. Kurze Lendenpartie, dafür breit und gut bemuskelt. Kruppe bemuskelt, unmerklich zur Rute abfallend. Aufgezogener Bauch.

LÄUFE
Gut bemuskelte Läufe. Dicke, abgerundete Pfoten.

RUTE
Hoch angesetzt, dick gewachsen.

HAARKLEID
Rau, hart, dicht; von 4-10 cm Länge. Schnauzbart, Kinnbart und Mähne. Dichte, gut entwickelte Unterwolle.

FARBE
Schwarz oder schwarz mit grauem Durchsatz.

WIDERRISTHÖHE
Rüde: 66 bis 72 cm
Hündin: 64 bis 70 cm

GEWICHT
ca. 40 kg

Charakter, besondere Talente, Erziehung
Robust, robust und widerstandsfähig. Besitzt einen starken Charakter und ist ausgeglichen. Seinem Herrn sehr ergeben. Gegenüber Fremden misstrauisch, bissbereit, sehr heftige Verteidigungsreaktionen. Vorzüglicher Wächter. Er erfordert eine strenge Erziehung.

Hinweise
Er kann in der Stadt gehalten werden, wenn er schon in frühem Alter daran gewöhnt wird und täglich ausgiebigen Auslauf erhält. Regelmäßig bürsten und regelmäßige Hundetoilette.

Verwendung
Wachhund.

Atlas-Schäferhund

Im Atlasgebirge gibt es keine Schäferhunde. Diese marokkanische Rasse stammt ursprünglich wahrscheinlich aus der Sahara. Die Hunde leben in den Bergen, verteidigen Mensch und Hof vor wilden Tieren, arbeiten aber nicht als Hütehunde. Das erklärt, warum die Bezeichnung im 1963 festgesetzten Standard "Atlas-Schäferhund" 1969 wieder aufgehoben wurde. 1992 kamen einige Exemplare nach Europa (Frankreich).

2

2B

MOLOSSER, BERGHUNDE

URSPRUNGSLAND
Marokko

URSPRÜNGLICHER NAME
Aïdi

ANDERER NAME
Atlas Berghund

Gut gebaut.
Muskulös.

Große Rassen
25 bis 45 Kg

Charakter, besondere Talente, Erziehung
Äußerst rustikaler Hund, von außergewöhnlicher Kraft und Wendigkeit. Er ist wachsam und stets handlungsbereit. Dieser mutige Hund verteidigt den Herrn und seine Menschen gegen Raubtiere und Fremde und spürt Schlangen auf. Bei der Erziehung des sanften, aber temperamentvollen Hundes sind eine starke Hand sowie ein gute Dosis Respekt erforderlich.

Hinweise
Kann in der Wohnung gehalten werden, sofern er täglich ausreichend Auslaufmöglichkeit hat. Wöchentlich bürsten.

Verwendung
Wachhund. Begleithund.

KOPF
Bärenkopf, trocken, in gutem Verhältnis zum Körper proportioniert. Flacher, breiter Schädel. Mäßiger Stop. Keilförmiger Fang. Schwarzer oder brauner Nasenspiegel, harmonisch auf die Farbe des Haarkleidsabgestimmt. Kräftiges Gebiss. Straffe, schwarze oder braune Lefzen.

AUGEN
Von mittlerer Größe, eher dunkler Farbschlag. Leicht schräge, gut pigmentierte Lider.

OHREN
Mittellang, mit leicht gerundeten Spitzen. Sie werden halb hängend getragen.

KÖRPERBAU
Mächtig. Gut bemuskelter Hals, ohne Wamme. Breite, sehr tiefe Brust. Der breite Rücken ist gut bemuskelt. Rippen leicht gewölbt. Kräftige, gebogene Lenden. Aufgezogener Bauch.

LÄUFE
Solide, mäßig bemuskelt. Die Pfoten etwas rundlich. Die starken Krallen sind von der selben Farbe wie das Haarkleid.

RUTE
Lange, bis zum Sprunggelenk reichend. In der Ruhe in sanft herabhängendem Bogen getragen. Sehr buschig und üppiges Haar (befedert).

HAARKLEID
Sehr dick, halblang (6 cm), außer am Kopf und an den Ohren, wo das Haarkleid anliegt und dünner ist. Besonders bei den Rüden eine Mähne.

FARBE
Sehr variabel: sandfarben, falbfarben, weiß, rot, gestromt, weiß-schwarz, weiß-falbfarben, mehr oder weniger berußt, trikolor, usw.

WIDERRISTHÖHE
52 bis 62 cm

GEWICHT
ca. 30 kg

Deutscher Boxer

Wie bei allen Doggenarten finden sich auch unter den Vorfahren des Boxers Molosserhunde aus dem Orient, also Kampf- und Verteidigungshunde gegen wilde Tiere. Präzise gesagt entspringt die heutige Boxerrasse einer Kreuzung zwischen dem heute nicht mehr existierenden Deutschen Bullenbeißer (Jagdhund) und der englischen Bulldogge (1890). Auf einer Hundeausstellung taucht er zum ersten Mal 1896 in München auf. Im Ersten Weltkrieg wurde er in der Deutschen Armee eingesetzt. Heute ist er als Begleit- wie auch als Wachhund sehr beliebt.

Gedrungenes Erscheinungsbild. Gut entwickelte Muskulatur. Trockene, faltenfreie Haut. Lebhafter Gang, anmutig und kraftvoll.

2A

Molosser, Doggenartige Hunde

Ursprungsland
Deutschland

Ursprünglicher Name
Deutscher Boxer

Anderer Name
Boxer

2

Kopf
Gut proportionierter Kopf, fein geschnitten, quadratisch. Gewölbter, würfeliger Schädel. Markant abgesetzter Stop. Der Fang sollte möglichst breit und kräftig sein. Der Boxer beißt etwas vor, der Unterkiefer ist leicht nach oben gebogen.

Augen
Weder zu klein, noch hervorquellend. Dunkelbraune Augenfarbe. Dunkle Lidränder.

Ohren
Hoch angesetzt, von mäßiger Breite.

Körperbau
Quadratisches Gebäude. Runder, mächtiger Hals. Breite und tiefe Vorbrust. Deutlicher Widerrist. Gute Brusttiefe. Die Rippen abgerundet. Der Rücken ist gerade und gut bemuskelt. Kurze Lendenpartie, bemuskelt. Kruppe mäßig geneigt.

Läufe
Robust und gerade. Mächtige Knochenstruktur. Kleine, runde Pfoten.

Rute
Hoch angesetzt.

Haarkleid
Glatthaarig, hart, glänzend und gut anliegend.

Farbe
Falb oder gestromt. Die Falb-Nuancen reichen von hellgelb bis dunklem Hirschrot; bevorzugt wird loh-rot. Schwarze Maske. Die gestromte Varietät weist dunkle oder schwarze Streifen auf falbfarbener Grundfarbe auf. Weiße Abzeichen sind gestattet.

Widerristhöhe
Rüde: 57 bis 64 cm
Hündin: 53 bis 60 cm

Gewicht
25 bis 30 kg

Charakter, besondere Talente, Erziehung
Dynamisch und ungestüm, dominant, von freimütigem Charakter. Er muss ruhig, ausgeglichen und umgänglich sein. Sehr anhänglich, dem Herrn und der ganzen Familie treu ergeben. Wachsam und gegenüber Fremden misstrauisch. Stellt unfehlbaren Mut unter Beweis. Mit der Erziehung ist sehr früh zu beginnen.

Hinweise
Dieser Hund gewöhnt sich an die Haltung in der Wohnung, braucht allerdings viel Bewegung. Sein kurzes Haar erfordert keine besondere Pflege.

Verwendung
Wachhund, Schutz. Gebrauchshund (Polizeidiensthund, Blindenhund). Begleithund.

Broholmer

Hier handelt es sich um einen Schäferhund mit prägnant "molosserhafter" Erscheinung. Diese dänische Rasse ist sehr alt, aber in der restlichen Welt weitgehend unbekannt.

Großer, mächtiger Hund. Quadratisch gebaut, nach Art des Mastiff.

2

2A

Molosser, Doggenartige Hunde

Ursprungsland
Dänemark

Ursprünglicher Name
Broholmer

Riesenrassen
45 bis 90 Kg

Charakter, besondere Talente, Erziehung
Ausgeglichener und friedliebender Hund von gutmütigem Wesen.
Er wird für seine Wachsamkeit, seinen Mut und seine Leichtführigkeit geschätzt. Um seiner potentiellen Aggressivität gegenüber Fremden Herr zu werden, muss schon früh mit einer konsequenten Erziehung begonnen werden.

Hinweise
Braucht Platz und Bewegung. Einmal pro Woche bürsten.

Verwendung
Schäferhund. Wachhund. Begleithund.

Kopf
Stark und breit. Wird etwas geneigt getragen. Der Fang wirkt relativ kurz. Herabhängende Lefzen.

Augen
Rund. Schwarz oder dunkles Bernstein.

Ohren
Klein und relativ hoch angesetzt.

Körperbau
Quadratisches Gebäude. Schwerer Hals. Breite Vorbrust. Langer Rücken. Kruppe fällt leicht ab.

Läufe
Mächtig. Kräftige Pfoten, dick und solide.

Rute
Von mittlerer Länge, dick. Wird herabhängend getragen, in der Aktion säbelförmig hochgezogen.

Haarkleid
Kurz, dicht, widerstandsfähig.

Farbe
Falb (hellgelb, braun-gelb) mit schwarzer Maske. Weiße Abzeichen an Vorbrust, Pfoten und Rutenspitze sind gestattet.

Widerristhöhe
Rüde: Mind. 75 cm
Hündin: Mind. 70 cm

Gewicht
50 bis 60 kg

Bulldogge

Die Rasse stammt wahrscheinlichen vom antiken Asiatischen Mastiff ab, einem Kriegshund, der im 5. Jahrhundert von den phönizischen Seefahrern nach England gebracht wurde. Der Name spricht für sich: Er wurde hauptsächlich als "Bullenbeißer" eingesetzt. Die grausamen Hundekämpfe, bei denen er auch verwendet wurde, waren ab 1835 verboten. Der erste Rassestandard stammt aus dem Jahre 1875. Seitdem ist die Zuchtauswahl vor allem darauf ausgerichtet, einen Begleithund zu erzielen.

Stämmiger Hund. Breit, mächtig, kompakt. Schwerer Gang.

2A

MOLOSSER, DOGGENARTIGE HUNDE

Mittelgroße Rassen
10 bis 25 Kg

URSPRUNGSLAND
Großbritannien

URSPRÜNGLICHER NAME
Bulldog

ANDERE NAMEN
Bulldogge,
Englische Bulldogge

2

KOPF
Massiv. Kurzes Gesicht, breiter Schädel. Haut lose und furchig. Stark ausgeprägter Stop. Kurzer, breiter Fang, aufgezogen. Breite Nasenlöcher. Dicke herabhängende Lefzen. Breiter Kiefer, in der Gesamtform quadratisch. Beißt vor.

AUGEN
Weit auseinanderliegend. Von mittlerer Größe, rund. Die Augenfarbe muss sehr dunkel sein.

OHREN
Gut von einander abgesetzt, hoch am Schädel angesetzt. Klein und dünn. Rosenohren (die Innenseite der Ohrmuschel und das Außenohr nach außen gestellt).

KÖRPERBAU
Kurz, gut verschmolzene Körperteile. Sehr dicker Hals mit Wamme. Breite, schrägsitzende Schultern. Geräumige, breite Brust. Kurzer, starker Rücken. Abgerundete Rippen. Erhöhte Lenden. Die Hinterhand steht hoch und ist kräftig. Eingezogener Bauch.

LÄUFE
Kräftig und gut bemuskelt. Gut auseinanderstehende Vorderläufe. Runde und kompakte Pfoten. Die Vorderpfoten sind etwas nach außen gedreht.

RUTE
Tief angesetzt, rund geformt, von mäßiger Länge. Wird tief getragen; es darf keine nach oben weisende Krümmung vorhanden sein.

HAARKLEID
Dünn, kurz, glatt, dicht.

FARBE
Einfarbig, einfarbig mit schwarzer Maske oder schwarzem Fang. Einfarbige: Rot, falb. Gestromt, weiß oder gescheckt (weiß mit jeder der genannten Farben). Lederfarben, Schwarz und Loh sind unerwünscht.

WIDERRISTHÖHE
30 bis 40 cm

GEWICHT
Rüde: 24 bis 25 kg
Hündin: 22 bis 23 kg

Charakter, besondere Talente, Erziehung
Lebhaft, verwegen, von ausgeglichenem Charakter. Vertrauenswürdig. Hinter seinem furchterregenden Aussehen verbirgt sich eine liebevolle, ruhige Natur, guter Charakter. Wenig bellfreudig. Sehr liebevoll im Umgang mit Kindern Seinem Herrn gegenüber sehr anhänglich. Braucht bei der Erziehung eine strenge Hand.

Hinweise
Gewöhnt sich an das Leben in der Stadt, sofern er regelmäßig Auslauf bekommt. Verträgt keine starke Hitze. Täglich bürsten. Darauf achten, dass in den Gesichtsfalten keine Hautreizungen entstehen.

Verwendung
Wachhund. Diensthund, Militärhund. Begleithund.

Mächtig. Harmonisch. Kräftig, aber nicht plump.

Bullmastiff

Eine gelungene Mischung aus Bulldog (schnell, aktiv) und Mastiff (groß, schwer). Der Bullmastiff wurde als Beschützer für die großen englischen Anwesen gezüchtet (19. Jahrhundert). Die Anerkennung der Rasse erfolgte 1924.

2

2A

Molosser, Doggenartige Hunde

Ursprungsland
Großbritannien

Riesenrassen
45 bis 90 Kg

Kopf
Breit. Kräftiger Schädel, quadratisch; die Haut wirft sich in Falten, wenn der Hund aufmerksam ist. Prägnanter Stop. Gut entwickelte Wangen. Kurzer, breiter Fang. Die Lefzen dürfen nicht herabhänge.

Augen
Von mittlerer Größe. Dunkle Farbe oder haselnussbraun.

Ohren
V-förmig, klein, hoch angesetzt, im Ansatz gut auseinanderliegend. In der Färbung dunkler als der Körper.

Körperbau
Mächtig. Sehr gut bemuskelter Hals. Breite Brust. Gut bemuskelte Schultern. Der Rücken ist kurz und gerade. Breite Lenden.

Läufe
Stark und gut bemuskelt und mit guter Knochenstruktur. Kleine "Katzenpfoten" mit abgerundeten, gut aufgeknöchelten Zehen; dunkle Krallen.

Rute
Hoch angesetzt. Rutenansatz kräftig, sich zur Spitze hin verjüngend. Sie wird gerade oder gebogen getragen, bis zum Sprunggelenk reichend.

Haarkleid
Kurz, hart, liegt glatt am Körper an.

Farbe
Jegliche Schattierung von gestromt, rehbraun oder rot. Die Farbe muss makellos und klar sein. Ein kleines weißes Abzeichen an der Brust ist erlaubt. Schwarzer Fang; dunkle Augenumrandungen unterstreichen den Ausdruck.

Widerristhöhe
Rüde: 63 bis 68 cm
Hündin: 61 bis 66 cm

Gewicht
Rüde: 50 bis 59 kg
Hündin: 41 bis 50 kg

Charakter, besondere Talente, Erziehung

Ein solider, aktiver, wendiger und ausdauernder Hund, sehr ausgeglichen. Sehr eifrig und wachsam, mutig; ein hervorragender Wächter. Treu, sanftmütig, gut geeigneter Begleithund für Kinder. Besitzt einen gut entwickelten Geruchsinn und ein dominantes Temperament. Es muss früh in mit einer konsequenten Erziehung begonnen werden, die auch die ausreichende Milde einfließen muss.

Hinweise

Eignet sich zum Leben in der Wohnung. Braucht Platz und Bewegung.
Regelmäßig bürsten und die Hautfalten säubern.

Verwendung

Wachhund, Schutzhund. Diensthund (Polizei) und Armeehund. Begleithund.

Cane Corso

Der Corso ist ein direkter Abkömmling des alten römischen Molossers. Früher war er in ganz Italien verbreitet, heute findet man ihn nur noch in Apulien bzw. in den umliegenden süditalienischen Provinzen. Sein Name leitet sich vom lateinischen "Cohors" ab ("Hofraum, Gehege"), und weist ihn als tüchtigen Schutzhund für Bauernhöfe, Anwesen und Weiden aus. Ab dem 16. Jahrhundert wurde er als Jagd- und Wachhund eingesetzt.

Solide. Mächtige Muskulatur. Elegant und wendig. Recht dicke Haut. Bevorzugter Gang ist der Trab.

Riesenrassen
45 bis 90 Kg

2

MOLOSSER, BERGHUNDE

URSPRUNGSLAND
Italien

URSPRÜNGLICHER NAME
Cane Corso Italiano

ANDERER NAME
Italienischer Corso

2

KOPF
Breit, mit der typischen Form der Molosser. Gut ausgeprägter Stop. Starker Fang, quadratisch, kürzer als der Schädel. Gerader Nasenrücken. Sehr breites, festes Gebiss.

AUGEN
Mittelgroß, nahezu oval geformt. Die Farbe sollte möglichst dunkel sein, je nach Farbe des Haarkleids.

OHREN
Dreieckige Hängeohren mit breitem Ansatz.

KÖRPERBAU
Etwas länger als hoch. Robuster Hals. Der Widerrist ist gegenüber der Kruppe erhöht. Gerader, gut bemuskelter Rücken. Gut ausgebildete Brust. Kurze Lendenpartie, solide. Die lange, breite Kruppe liegt leicht schräg.

LÄUFE
Mächtig. Die Vorderpfoten sind rund und kompakter als die Hinterpfoten.

RUTE
Eher hoch angesetzt. Der Rutenansatz ist sehr dick.

HAARKLEID
Kurz, sehr dicht. Dünne Unterwolle.

FARBE
Schwarz, bleigrau, schiefergrau, hellgrau, hellfalb, hirschrot, dunkelfalb; gestromt (Streifen auf Grundfarbe aus Falb oder verschiedenen Graunuancen). Falbfarbene und gestromte Tiere besitzen am Fang eine schwarze oder graue Maske. Ein kleines weißes Abzeichen auf der Vorbrust, der Pfotenspitze und dem Nasenrücken ist erlaubt.

WIDERRISTHÖHE
Rüde: 64 bis 68 cm
Hündin: 60 bis 64 cm

GEWICHT
Rüde: 45 bis 50 kg
Hündin: 40 bis 45 kg

Charakter, besondere Talente, Erziehung
Rustikaler, kraftvoller und energischer Hund von bestechender Verwegenheit. Er ist stolz und ausgeglichen, leichtführig und liebevoll zu seinem Herrn. Erweist sich Kindern gegenüber als nachsichtig und verspielt. Misstrauisch gegenüber Fremden. Eignet sich gut für die Dressur.

Hinweise
Er braucht Platz und Auslaufmöglichkeit. Einmal pro Woche bürsten.

Verwendung
Wachhund und Schutzhund.
Schäferhund.
Jagdhund.
Begleithund.

Anatolischer Hirtenhund

Er stammt von der antiken Molosserart ab, die ihren Ursprung in der großen Weiten und den Bergen des asiatischen Teils der heutigen Türkei hat. Der Anatolische Hirtenhund wurde als Hütehund und Herdenschutzhund an Schafherden eingesetzt, um Räuber (Wölfe) abzuwehren. Auch zur Jagd oder im Krieg wurde er verwendet.

Mächtig. Ansehnliche Größe. Relativ langgezogen. Fließender, weicher Gang, raumgreifend.

2

2B

MOLOSSER, BERGHUNDE

URSPRUNGSLAND
Türkei, Anatolien

URSPRÜNGLICHER NAME
Coban Köpegi

ANDERE NAMEN
Anatolian Shepherd Dog, Karabash, Kangal

Riesenrassen
45 bis 90 Kg

Charakter, besondere Talente, Erziehung
Bedingt durch seine harte Vergangenheit und das Leben im Freien, egal bei welchem Wetter, besitzt er auch heute noch eine ausgeprägte Robustheit und Genügsamkeit. Von ruhig-mutigem Wesen und mit starkem Charakter ausgestattet. Oft eigensinnig, braucht daher einen durchsetzungsfähigen Herrn.
Treu, sanftmütig seinem Herrn sowie Kindern gegenüber, jedoch misstrauisch gegenüber Fremden; ausgezeichneter Wächter.

Hinweise
Eignet sich ausschließlich für das Leben auf dem Land, denn er kann auf tägliche körperliche Betätigung nicht verzichten. Regelmäßig bürsten.

Verwendung
Herdenhund. Wachhund. Begleithund.

KOPF
Stark und breit. Der Schädel ist etwas gewölbt. Mäßiger Stop. Der Fang etwas kürzer als der Schädel. Die Lefzen sind schwarz umrandet.

AUGEN
Klein. Je nach Farbe des Haarkleids Bernstein bis braun.

OHREN
Von mittlerer Größer, dreieckig geformt, am Rand abgerundet. Hängeohren.

KÖRPERBAU
Mächtig. Dicker Hals, gut bemuskelt. Tiefe Vorbrust. Die Brust ist gut herabgezogen. Gewölbte Rippen. Gut eingezogener Bauch.

LÄUFE
Solide und gut bemuskelt. Ovale, solide Pfoten. Die Zehen sind gut aufgebogen.

RUTE
Die lange Rute wird tief getragen. Leicht geringelt.

HAARKLEID
Kurz oder mittellang. Dicht. Am Hals, den Schultern und Schenkel länger. Dichte Unterwolle.

FARBE
Alle Farben sind erlaubt. Bevorzugt wird ein sandfarbenes und falbes Haarkleid, mit schwarzer Maske und schwarzen Ohren.

WIDERRISTHÖHE
Rüde: 74 bis 81 cm
Hündin: 71 bis 79 cm

GEWICHT
Rüde: 50 bis 65 kg
Hündin: 40 bis 55 kg

Zentralasiatischer Owtscharka

Diese Rasse stammt wahrscheinlich von den asiatischen Molosserarten ab. Sie ist in allen zentralasiatischen Republiken sowie in einigen angrenzenden Regionen anzutreffen. Der Hund wurde als Hütehund eingesetzt, zur Verteidigung der Herden gegen Wölfe oder Viehdiebe.

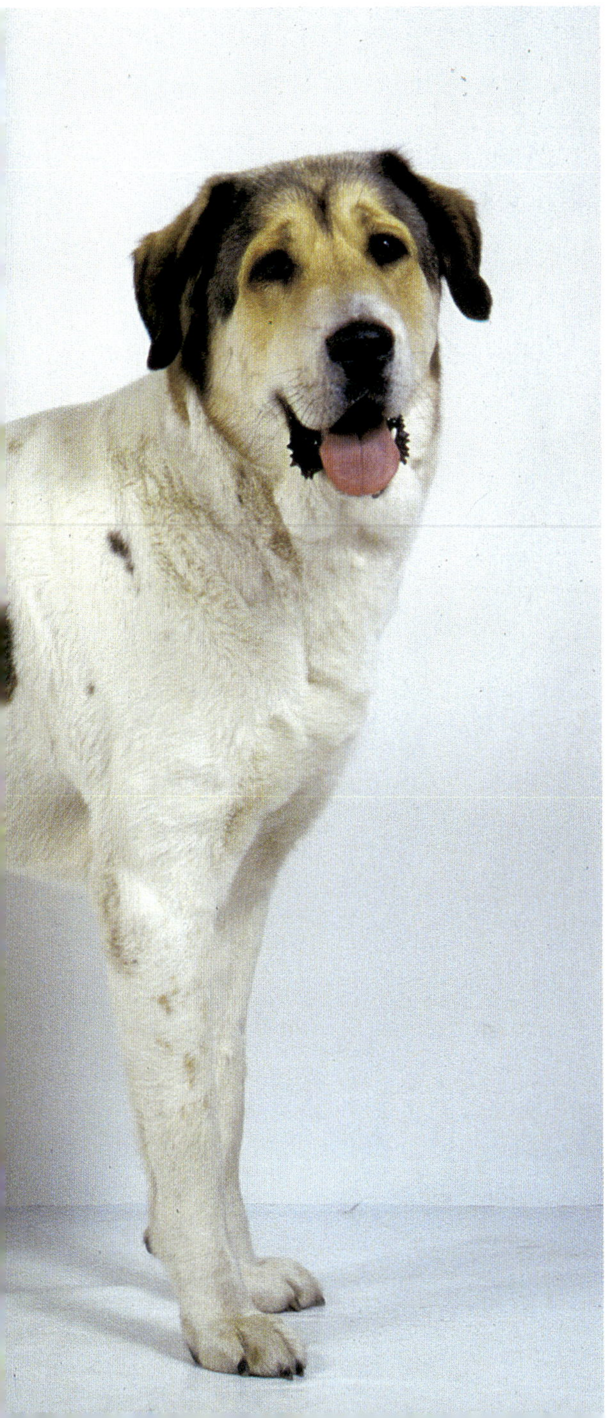

KOPF
Massiv und breit. Flache Stirn. Kaum ausgeprägter Stop. Kräftige Nase mit schwarzer oder brauner Färbung.

AUGEN
Gut auseinanderliegend, rundlich; von dunkler Färbung.

OHREN
Tief angesetzt, klein, dreieckig; Hängeohren.

KÖRPERBAU
Mächtig. Kurzer Hals. Breite Brust, gute Brusttiefe. Starker, gerader und breiter Rücken. Abgerundete Rippen. Die Lendenpartie ist kurz, breit und mäßig gewölbt. Mäßig aufgezogener Bauch. Breite, gut bemuskelte Kruppe, nahezu horizontal.

LÄUFE
Starke Pfoten von ovaler Form; kompakt.

RUTE
Hoch angesetzt. Wird sichelförmig getragen. Herabhängend.

HAARKLEID
Hart, glatt und grob. Es gibt unterscheidet eine Langhaar-Art (7-8 cm) bzw. eine Kurzhaar-Art (3-5 cm, glattes Haarkleid). Gut entwickelte Unterwolle.

FARBE
Weiß, grau, schwarz, strohgelb, rostrot, Tiger, gescheckt oder gefleckt.

WIDERRISTHÖHE
Rüde: mind. 65 cm
Hündin: mind. 60 cm

GEWICHT
40 bis 50 kg

Stämmige Konstitution, starkknochig. Kräftige Muskulatur. Dicke Haut. Charakteristisches Gangart: Beschwingter Schritt mit kurzer Schrittweite, Galopp.

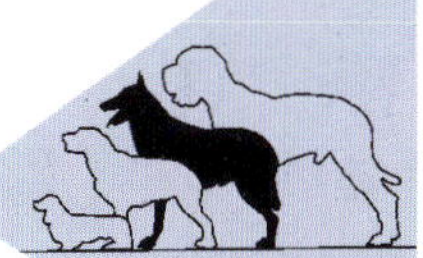

Große Rassen
25 bis 45 Kg

2B

MOLOSSER, BERGHUNDE

URSPRUNGSLAND
Asien, Russland

URSPRÜNGLICHER NAME
Sredneasiastskaïa Ovtcharka

ANDERER NAME
Mittelasiatischer Owtscharka

2

Charakter, besondere Talente, Erziehung

Robuster, nicht sehr anspruchsvoller Hund; sehr anpassungsfähig, was das Klima anbetrifft. Ein ausgeglichener, ruhiger Hund, gleichzeitig unerschrocken und Fremden gegenüber sehr misstrauisch. Ist zu sehr heftigen Verteidigungsreaktionen fähig. Eine strenge Erziehung ist erforderlich.

Hinweise

Kein für das Stadtleben geeigneter Hund; braucht viel Bewegung und Platz. Einmal pro Woche bürsten.

Verwendung

Hütehund. Wachhund.

Kaukasischer Ovtcharka

Dieser große Herdenschutzhund stammt aus dem Kaukasus und gehört wahrscheinlich zu den direkten Nachfahren der Tibet-Dogge, die im Zuge der Einwanderung asiatischer Volksstämme nach Russland mitgebracht wurde. Heute findet man diese Rasse in fast allen Republiken der ehemaligen UdSSR. Der Steppenhund ist wohl etwas leichter und hochläufiger als sein Rasseverwandter, der Berg-Kaukase.

Großgewachsener Hund von robuster bis grobschlächtiger Konstitution. Massiger Knochenbau. Kräftige Muskulatur. Gang: Kurzer Schritt und schwerer Galopp.

2

2B

MOLOSSER, BERGHUNDE

URSPRUNGSLAND
Russland

URSPRÜNGLICHER NAME
Kavkazskaïa Ovtcharka

ANDERE NAMEN
Kaukasischer Ovtcharka, Kaukasischer Schäferhund, Kaukase

Riesenrassen
45 bis 90 Kg

Charakter, besondere Talente, Erziehung
Sehr rustikal und ausdauernd. Wenig anspruchsvoll. Kann sich an die verschiedensten klimatischen Verhältnisse anpassen. Dieser Hund ist ausgeglichen, ruhig, aktiv; Fremden gegenüber zeigt er sich sehr misstrauisch, manchmal sogar bissig. Er erfordert bei der Erziehung eine sehr strenge Hand.

Hinweise
Braucht Platz und Auslaufgelegenheit. Einmal pro Woche bürsten.

Verwendung
Schäferhund. Wachhund, Schutzhund. Begleithund.

KOPF
Massiv und breit. Mäßig ausgeprägter Stop. Relativ kurzer Fang. Starker Nasenspiegel von schwarzer oder brauner Färbung.

AUGEN
Klein, oval. Dunkle Augenfarbe.

OHREN
Hoch angesetzte Hängeohren.

KÖRPERBAU
Etwas länger als hoch. Mächtiger kurzer Hals, die Brust ist breit und tief, mäßig abgerundet. Der breite Rücken ist gut bemuskelt. Kurze Lendenpartie. Leicht aufgezogener Bauch. Breite, gut bemuskelte, fast waagerecht liegende Kruppe.

LÄUFE
Solide. Große ovale Pfoten, kompakt, gut geschlossen.

RUTE
Hoch angesetzt; wird sichel-, haken- oder ringförmig herabhängend getragen.

HAARKLEID
Glattes, derbes Haarkleid. Länger am Kopf und auf den Vorderseiten der Läufe. Die Unterwolle ist gut entwickelt und von hellerer Färbung. Drei Felltypen werden unterschieden:
- Langes Haarkleid mit stattlicher Halskrause, starker Befederung, Hosen und Fahne.
- Kurzes Haarkleid: Die Halskrause fehlt völlig, ebenso die Befederung der Hinterläufe.
Mittellanges Haarkleid: Relativ lang, wobei Halskrause, die Befederung der Hinterläufe und der Rute schwächer ausgeprägt ist.

FARBE
Gestromt oder gescheckt mit grauem Muster, bei folgenden Farbnuancen: Helle, grau gefleckt in verschiedenen Varianten, meist hell und ins rötliche, weiße, braun-rote gehende Farben.

WIDERRISTHÖHE
Rüde: Mind. 65 cm
Hündin: Mind. 62 cm

GEWICHT
45 bis 65 kg

Karst-Schäferhund

Dieser Hund stammt aus dem slowenischen Karstgebirge. Er ist ein unermüdlicher Herdenschutzhund. Die Rasse wird erstmalig im Jahre 1689 erwähnt, die Aufnahme in die FCI. erfolgte 1939 unter der Bezeichnung "Illyrischer Schäferhund", zu dem auch der spätere Sarplaninac zählt. Seit 1968 werden der Karst-Schäferhund und der Sarplaninac als eigenständige Rassen geführt.

Mittelgroßer Hund. Harmonisch. Robust. Dicke, dunkel pigmentierte Haut. Bevorzugte Gangart: Trab.

2

MOLOSSER, BERGHUNDE

URSPRUNGSLAND
Slowenien

URSPRÜNGLICHER NAME
Kraski Ovcar

2

KOPF
Der breite Kopf ist voller Adel. Mäßig konvex geschnittener Schädel. Kaum ausgeprägter Stop. Der Nasenrücken verläuft gerade und ist breit.

AUGEN
Mandelförmig, etwas schrägliegend; kastanienbraun oder dunkelbraun.

OHREN
V-förmig, eng am Kopf anliegend.

KÖRPERBAU
Kräftig, ganz leicht gestreckt. Gut entwickelte Muskulatur. Der breite Hals ist gut bemuskelt. Lange Brust, gute Brusttiefe. Breiter, gerader Rücken. Die breite Kruppe ist mäßig schräg.

LÄUFE
Vorderläufe: Pfoten von ovaler Form, kompakt. Aufgewölbte Zehen.
Hinterläufe: Abgerundete Pfotenform, kompakt. Aufgewölbte Zehen.

RUTE
Hoch angesetzt, von mittlerer Länge. Wird in einem säbelförmigen Bogen getragen. Buschig behaart.

HAARKLEID
Am Kopf sowie auf den Vorderseiten der Läufe kurz. Am Rest des Körpers lang, reichlich und flach anliegend. Gut erkennbare Halskrause; Rutenbefederung. Fahnen an den Hinterläufen.

FARBE
Eisengrau, vorzugsweise von dunkler Farbe, besonders am Widerrist, dem Unterleib und den Pfoten. Dunkle Gesichtsmaske.

WIDERRISTHÖHE
Rüde: 57 bis 63 cm
Hündin: 54 bis 60 cm

GEWICHT
Rüde: 30 bis 42 kg
Hündin: 25 bis 37 kg

Charakter, besondere Talente, Erziehung
Ein sehr tapferer, mutiger Hund, dabei ohne Schärfe. Gutmütiger Charakter, sehr angenehmer Begleithund, seinem Herrn treu ergeben. Gleichzeitig ist er unbestechlich und Fremden gegenüber misstrauisch. Erweist sich als umsichtiger Verteidiger seines Herrn und talentierter Wächter. Er braucht eine konsequente, aber nicht zu harte Erziehung.

Hinweise
Dieser Hund braucht viel Platz und Bewegung. Regelmäßig bürsten.

Verwendung
Schäferhund. Wachhund. Begleithund.

Castro-Laboreiro-Hund

Dieser Hund gehört höchstwahrscheinlich mit zu den ältesten Rassen auf der iberischen Halbinsel. Der Name verweist auf seinen Ursprung aus dem Dorf Castro Loboreiro. Es handelt sich um eine typisch portugiesische Rasse, die im Norden des Landes, zwischen dem Rio Minho und dem Rio Lima und den Gebirgszügen Penêda und Suajo, sehr verbreitet ist. Der Mastiff-artige Hund wurde als Herdenschutzhund eingesetzt. Heute wird er auch als Wachhund sowie Polizeidiensthund verwendet.

Lupoider Mastiff. Rustikal, doch in der Haltung voller Adel. Sehr entspannte Bewegungen. Bedrohliches Bellen.

2

2B

MOLOSSER, BERGHUNDE

URSPRUNGSLAND
Portugal

URSPRÜNGLICHER NAME
Cao de Castro Loboreiro

Große Rassen
25 bis 45 Kg

Charakter, besondere Talente, Erziehung

Ein robuster, loyaler, leichtführiger und liebevoller Hund, ruhig und ausgeglichen im Wesen. Sehr mutig, Fremden gegenüber sehr misstrauisch. Von größter Wachsamkeit, eignet sich daher vorzüglich als Wachhund. Erfordert eine konsequente Erziehung.

Hinweise

Braucht Platz und Auslauf. Regelmäßig bürsten.

Verwendung

Schäferhund. Wachhund, Polizeidiensthund. Begleithund.

KOPF
Mittelgroß, trocken, faltenlos. Mäßig betonter Stop. Langer Nasenrücken, stark, geradlinig. Kräftiges Gebiss.

AUGEN
Mittelgroß, schrägliegend. Hellbraun bei Tieren mit hellem Haarkleid, dunkelbraun, wenn das Haarkleid dunkel. ist.

OHREN
Von mittlerer Größe, mäßig dick, nahezu dreieckig geschnitten. Die Ränder abgerundet. Werden hängend getragen.

KÖRPERBAU
Quadratisch. Kurzer Hals, keine Wamme bildend. Breite, tiefe Brust. Die Lenden sind stark, breit, kurz und gut bemuskelt. Kruppe mäßig schräg.

LÄUFE
Gut bemuskelte, starkknochige Läufe. Die Pfoten nahezu rund mit dicken Zehen. Schwarze oder dunkelgraue Krallen.

RUTE
Dick, buschig behaart. Wird säbelförmig getragen, bis zum Sprunggelenk reichend.

HAARKLEID
Dicht, kurz (5 cm), hart, glatt, gut anliegend, üppig. Keine Unterwolle.

FARBE
Am häufigsten ist Wolfsgrau. Alle Nuancen von Grau, mit oder ohne schwarze Maske, oder gestromt.

WIDERRISTHÖHE
Rüde: 55 bis 60 cm
Hündin: 52 bis 57 cm

GEWICHT
Rüde: 30 bis 40 kg
Hündin: 20 bis 30 kg

Pyrenäen-Berghund

Es wird angenommen, dass zu den entfernten Vorfahren dieses Hundes, wie bei vielen Molossern, Tibet-Doggen gehören. Diese wurden von asiatischen Völkern bei ihren Wanderungen nach Europa mitgebracht. Der Hund ist seit dem 17. Jahrhundert bekannt und wurde als Schutzhund für den Hirten sowie zur Verteidigung der Herden gegen Wölfe und Bären eingesetzt. Daneben bewachte er Häuser und Schlösser. Unter Ludwig XIV. kam er sogar zu Hofehren. Die beiden 1907 gegründeten Züchterklubs "Club d'Argelès" bzw. "Club de Cauterets" gaben den ersten Standard heraus, der in den 60er Jahren anerkannt wurde. Diese französische Rasse ist auch in anderen Ländern, insbesondere in den USA und Japan verbreitet.

Majestätischer Hund. Gut gebaut. Eleganz.

2B

MOLOSSER, BERGHUNDE

URSPRUNGSLAND
Frankreich

URSPRÜNGLICHER NAME
Chien de montagne des Pyrénées

ANDERER NAME
Pyrenäenberghund

2

KOPF
Im Verhältnis zur Körpergröße gut proportioniert. Der Schädel ist leicht gewölbt. Mäßig betonter Stop. Der Fang ist breit, am Ende schmaler werdend. Die kaum hängenden Lefzen sind schwarz.

AUGEN
Eher klein, bernsteinfarben. Schwarz geränderte Lider, leicht schräggestellt.

OHREN
Klein, dreieckig, mit abgerundeter Spitze; flach gegen den Kopf fallend.

KÖRPERBAU
Imposanter Körperbau. Der starke Hals ist recht kurz. Der Rücken ist von guter Länge, breit und fest. Die Brust ist breit und tief. Leicht gerundete Rippen, wenig hinabreichende Flanke. Kruppe mäßig schräg.

LÄUFE
Solide und gut befedert. An den Hinterläufen doppelte Afterkrallen. Die Pfoten sind leicht länglich, kompakt, mit etwas gewölbten Zehen.

RUTE
Ziemlich lang, buschig, eine Fahne bildend. Wird in der Ruhestellung tief getragen; beim erregten Hund hebt sie sich und wird stark gekrümmt über dem Rücken getragen.

HAARKLEID
Lang, flach, weich, reichlich. Länger an der Rute und am Hals, wo es leicht gewellt sein darf. Dichte, füllige Unterwolle.

FARBE
Weiß, mit oder ohne grauen (bzw. dachsgrauen), blassgelben oder orangefarbenen Flecken an Kopf, Ohren und Rutenansatz. Dachsfarbene Flecken werden am meisten geschätzt. Einzelne Flecken am Körper sind gestattet.

WIDERRISTHÖHE
Rüde: 70 bis 80 cm
Hündin: 65 bis 72 cm

GEWICHT
Rüde: ca. 60 kg
Hündin: ca. 45 kg

Charakter, besondere Talente, Erziehung
Im Charakter unabhängig, stolz, dominant, eher schwierig. Mit der strengen Erziehung muss schon sehr früh begonnen werden, um sich als Herr durchsetzen zu können. Der gelassene Hund ist liebevoll und besitzt guten Beschützerinstinkt. Sehr sanft zu Kindern. Ein exzellenter Gefährte. Fremden gegenüber sehr zurückhaltend, ein geborener Wachhund, äußerst respekt-, wenn nicht gar furchteinflößend.

Hinweise
Ist für die Haltung in der Stadt nicht geeignet. Braucht Bewegung und viel Platz, leidet ansonsten an Verhaltensstörungen. Der Pyrenäenberghund verträgt es nicht, eingeschlossen zu bleiben. Dreimal pro Woche bürsten, mehrmals im Jahr baden.

Verwendung
Hütehund. Wachhund. Begleithund.

Molosser mit konvexer Linienführung. Mastiff-Typ. Gut proportioniert, rustikal.

Serra da Estrela-Berghund

Der Cao da Serra da Estrela ist ein in Portugal weit verbreiteter Hund, über dessen Ursprünge keine genauen Aussagen gemacht werden können. Es ist allem Anschein die älteste Hunderasse auf der iberischen Halbinsel. Dieser Hund ist aus asiatischen Molossern hervorgegangen und mit dem spanischen Mastiff verwandt, sein Stammgebiet liegt im Gebirgszug Serra da Estrela. Ursprünglich wurde er als Herdenschutzhund, zum Schutz der Herden vor Wölfen, aber auch als Zughund eingesetzt. Die Festschreibung des Standards erfolgte 1934. Diese Rasse ist außerhalb Portugals kaum verbreitet.

2

2B

MOLOSSER, BERGHUNDE

URSPRUNGSLAND
Portugal

URSPRÜNGLICHER NAME
Cao da Serra da Estrela

ANDERE NAMEN
Estrela

Große Rassen
25 bis 45 Kg

KOPF
Kräftig und groß. Der Schädel im Profil konvex. Mäßiger Stop. Gut entwickeltes Gebiss. Länglicher Nasenrücken.

AUGEN
Von mittlerer Größe, oval. Farbe: dunkles Bernstein wird bevorzugt. Schwarze Lidränder.

OHREN
Klein, dünn, dreieckig, gegen die Spitzen hin abgerundet. Werden als Hängeohren getragen.

KÖRPERBAU
Kompakt. Kurzer dicker Hals. Die abgerundete Brust ist breit und tief. Kurzer Rücken. Breite, kurze Lenden. Kruppe mäßig abfallend.

LÄUFE
Gut bemuskelt und mit gut entwickelter Knochenstruktur. Kräftige Gelenke. Die Pfoten dürfen weder zu rund noch zu lang sein. Zehen dick und enganliegend. Krallen dunkel gefärbt, vorzugsweise schwarz.

RUTE
Lang, herabhängend getragen reicht bis zum Sprunggelenk. Gut behaart (Langhaar-Variante mit Befederung).

HAARKLEID
Kräftig, leicht grob, ähnlich dem Ziegenhaar. Glatt oder leicht gewellt. Es gibt eine Langhaar- und eine Kurzhaar-Art (heute fast ausgestorben). Feine Unterwolle, die vor allem bei der Langhaar-Variante gut entwickelt ist.

FARBE
Die einzig zulässigen Farben sind: falbfarben, wolfgrau und gelb, einfarbig oder mit weißen Abzeichen.

WIDERRISTHÖHE
Rüde: 65 bis 72 cm
Hündin: 62 bis 68 cm

GEWICHT
Rüde: 40 bis 50 kg
Hündin: 30 bis 40 kg

Charakter, besondere Talente, Erziehung
Lebhaft in seinen Bewegungen und imposantes Auftreten. Sehr rustikal, voller Energie, mutig. Ein treuer Beschützer der Herden, die er aufopfernd verteidigt. Schutz-, aber auch Zughund. Dank seines guten Geruchsinns ist er ein vorzüglicher Jagdhund. Fremden gegenüber misstrauisch, mitunter bedrohlich; exzellenter Wächter. Der Hund ist leichtführig, ruhig und ein idealer Gefährte für die ganze Familie. Er erfordert eine früh einsetzende, strenge Erziehung; konsequent, aber ohne Härte.

Hinweise
Kein Stadthund. Braucht Platz und viel Bewegung, um seine Energie abzubauen. Das lange Haar muss regelmäßig gebürstet werden.

Verwendung
Schäferhund. Wachhund, Polizeidiensthund, Armeehund. Begleithund.

Deutsche Dogge

Es wird allgemein angenommen, dass dieser große Molosser vom Tibet-Molosser abstammt, der sowohl von den Phöniziern als auch von den Alanern, einem Nomadenvolk aus Persien, nach Europa gebracht wurde. Die Molosser wurden im Mittelalter folgendermaßen unterteilt:
- "Sau- und Hatzrüden": Mächtige, wendige und langgestreckte Hunde, die für die Jagd in der Meute eingesetzt wurden (Wildschwein, Bär, Wolf).
- "Metzgerhunde": Von eher plumperer Gesamterscheinung und gedrungener; sie wurden als Wachhunde eingesetzt. 1878 wurden alle Varietäten unter der Bezeichnung "Deutsche Dogge" zusammengefasst. Der Rassenstandard wird seit dem Jahre 1888 vom Deutschen Doggen Club 1888 e. V. betreut und wurde im Laufe der Jahre wiederholt verändert.

Groß und mächtig. Harmonischer, robuster Körperbau. Kraft, gepaart mit Eleganz und Adel, majestätische Haltung. Ein stolzer "Apollo" der Hundewelt. Gut pigmentierte Haut. Harmonische, weiche Bewegungen.

2A

MOLOSSER, DOGGENARTIGE HUNDE

URSPRUNGSLAND
Deutschland

URSPRÜNGLICHER NAME
Deutsche Dogge

2

KOPF
Fein geschnitten, langgestreckt, schmal, ausdrucksvoll, stets sehr hoch getragen. Deutlich betonter Stop. Gut entwickelte Augenbrauenbogen. Möglichst breiter Nasenrücken. Der Fang hoch und rechteckig. Der Nasenspiegel ist schwarz bzw. beim Harlekin heller.

AUGEN
Mittelgroß, rund, möglichst dunkel. Bei blauen Doggen sind etwas hellere Augen zulässig. Bei schwarz-weiß gefleckten Doggen werden helle oder Augen von unterschiedlicher Farbe toleriert.

OHREN
Von Natur aus hängend, hoch angesetzt, von mittlerer Größe, vordere Ränder an den Backen anliegend.

KÖRPERBAU
Quadratisches Gebäude. Der lange Hals ist trocken, gut bemuskelt und von geschwungenem Profil. Deutlich entwickelte Vorbrust. Gut gewölbte Rippen. Der kurze Rücken muss fast ganz waagrecht verlaufen. Die Lendenpartie ist breit und mäßig aufgewölbt. Die Kruppe ist breit und fällt leicht ab. Gut aufgezogener Bauch.

LÄUFE
Kräftig und starkknochig. Runde Pfoten ("Katzenpfoten"). Gut aufgeknöchelte und dicht zusammenstehende Zehen.

RUTE
Mittellang, bis zum Sprunggelenk reichend. Hoch und breit angesetzt, sich zum Ende hin gleichmäßig verjüngend. In der Erregung oder im Lauf etwas säbelartig getragen.

HAARKLEID
Sehr kurz, dicht, glatt und eng anliegend. Glänzend.

FARBE
Gestromt: Grundfarbe Hellgoldgelb bis zum satten Goldgelb, mit schwarzen, möglichst klar gezeichneten, in Richtung der Rippen verlaufenden Streifen; schwarze Maske erwünscht. Gelb: Hellgoldgelb bis zum satten Goldgelb, schwarze Maske erwünscht. Schwarz: Lackschwarz, weiße Abzeichen sind zugelassen. Blau: Rein stahlblau, weiße Abzeichen an Brust und Pfoten sind zugelassen. Weiß-Schwarz gefleckt ("Tiger-Dogge"): Grundfarbe rein weiß, mit über den ganzen Körper gut verteilten, ungleichförmigen, zerrissenen, lackschwarzen Flecken.

WIDERRISTHÖHE
Rüde: Mind. 80 cm
Hündin: Mind. 72 cm

GEWICHT
50 bis 70 kg

Charakter, besondere Talente, Erziehung
Bei der Deutschen Dogge dürfte es sich um den friedfertigsten aller Molosser handeln. Der Hund ist nett, sanftmütig, sensibel und liebevoll, besonders zu Kindern. Ausgeglichen und ruhig. Kaum bellfreudig. Wird nur aggressiv, wenn die Umstände es erfordern. Ein wachsamer Hund, der aufmerksam das Eigentum beschützt. Fremden gegenüber verhält er sich zurückhaltend und misstrauisch. Der unbestechliche Hund wirkt äußerst respekteinflößend. Die Erziehung sollte früh beginnen, mit Konsequenz und Geduld.

Hinweise
Er ist unter Umständen dazu in der Lage, in der Wohnung zu leben, sofern er täglichen Auslauf erhält. Der sportbegeisterte Hund braucht viel Bewegung. Allerdings darf er nicht allzu viel Sport ausüben, solange das Wachstum nicht abgeschlossen ist - es können sonst Gelenks- und Bänderbeschwerden auftreten. Auf die relative kurze Lebenserwartung von durchschnittlich nur acht Jahren ist hinzuweisen. Das Haarkleid ist regelmäßig zu bürsten.

Verwendung
Wachhund. Begleithund.

Dogo Argentino

Molosser-Typ. Imposant und solide, dabei voll Eleganz.

Diese Rasse wurde in Argentinien von den Brüdern Martinez zu Beginn des 20. Jahrhunderts geschaffen, Ausgangspunkt der Züchtung war ein wilder Kampfhund, der so genannte "Cordoba-Kampfhund".
Die beiden Züchter nahmen Kreuzungen mit Mastiffs, Bulldoggen, Vorsteherhunden, dem Irish Wolfhound und anderen vor, um einen vielseitigen Hund zu erzielen, der als Jagd-, Kampf- und Wachhund gleichermaßen geeignet wäre. Der erste Standard stammt aus dem Jahre 1928, er wurde 1965 von der argentinischen Hundezüchtervereinigung anerkannt. 1973 legte die FCI einen Standard fest und nahm 1975 den Dogo Argentino als einzige anerkannte argentinische Rasse auf. In Europa ist die Rasse recht bekannt, insbesondere in Deutschland, Österreich und Holland.

2

2A

MOLOSSER, DOGGENARTIGE HUNDE

URSPRUNGSLAND
Argentinien

URSPRÜNGLICHER NAME
Dogo Argentino

ANDERE NAMEN
Argentinische Dogge

Riesenrassen
45 bis 90 Kg

Charakter, besondere Talente, Erziehung
Ein sehr robuster Hund, aktiv, energievoll, wendig und mutig. Ein ruhiger, gelassener Hund, liebevoll und leichtführig, schätzt Gesellschaft und braucht den Kontakt zu seinem Herrn. Schlägt kaum an. Gegenüber Artgenossen ausgeprägtes Dominanzgebahren und aggressiv. Als Bewacher des Eigentums durchaus furchteinflößend. Er braucht in der Erziehung eine strenge Hand, aufgrund seiner Sensibilität darf er allerdings nicht brutal erzogen werden.

Hinweise
Verträgt die Haltung in der Wohnung, sofern er zwei- bis dreimal täglich Auslauf bekommt und viel Bewegungsmöglichkeiten hat. Er muss soviel Zeit wie möglich im Freien verbringen können. Ein- bis zweimal pro Woche bürsten; zwei- bis dreimal im Jahr baden. Die Augenpartien regelmäßig säubern, um Verfärbungen zu vermeiden.

Verwendung
Jagdhund (Hochwild: Wildschwein, Puma u.ä.). Gebrauchshund: Polizeidiensthund, Armeehund, Zollhund, Katastrophensuchhund, Blindenhund. Wachhund. Begleithund.

KOPF
Stark und gut gemeißelt, quadratisch. Molossoide Erscheinung. Der massive Schädel ist konvex. Die Stirnfalten sind deutlich erkennbar. Mäßig konkav verlaufender Fang. Kräftige Kiefer.

AUGEN
Dunkel oder haselnussbraun.

OHREN
Hoch angesetzt, aufrecht oder halb aufrecht getragen. Dreieckig.

KÖRPERBAU
Mächtig, aber keinesfalls plump. Gebogener starker Hals. Breite Vorbrust. Die geräumige Brust ist gut herabgezogen. Solider Rücken.

LÄUFE
Vorderläufe lang und gerade. Gut bemuskelte Hinterläufe. Eher oval geformte Pfoten, aufgewölbte Zehen.

RUTE
Lang und dick, natürlich herabfallend.

HAARKLEID
Kurz, anliegend, dick.

FARBE
Weiß. Der geringste Farbfleck ist ein zuchtausschließender Fehler.

WIDERRISTHÖHE
Rüde: 62 bis 68 cm
Hündin: 60 bis 65 cm

GEWICHT
40 bis 50 kg

Bordeaux-Dogge

Hier handelt es sich nicht nur um eine der ältesten Hunderassen Frankreichs, sondern auch um die einzige französische Dogge. Ihre Herkunft geht wahrscheinlich auf römische Molosser und spanische Doggen zurück. Im Südwesten Frankreichs (Aquitanien) war der Hund bereits im Mittelalter als Kampf- und Jagdhund bekannt. Im 18. Jahrhundert erwähnte ihn Buffon unter der Bezeichnung "Aquitanische Dogge".Nach Einkreuzungen von Mastiffs, wurde der Rassenstandard im Jahre 1926 offiziell Festgelegt.

Die Bordeaux-Dogge wurde lange Zeit als "Metzgerhund" bezeichnet, da sie als Wachhund an Gebäuden dieses Berufsstandes eingesetzt wurde. Bezugnehmend auf seine asiatische Herkunft trägt er auch den Beinamen "Türkenhund".

2A

2

Riesenrassen
45 bis 90 Kg

MOLOSSER, DOGGENARTIGE HUNDE

URSPRUNGSLAND
Frankreich

URSPRÜNGLICHER NAME
Dogue de Bordeaux

ANDERER NAME
Aquitanische Dogge

KOPF
Mächtig, kantig, breit, ziemlich kurz, von vorn und von oben besehen trapezförmig. Der Schädel ist im Verhältnis zur Körpergröße gut proportioniert, die obere Schädelregion ist von einer Seite zur anderen leicht konvex. Stark ausgeprägter Stop. Die Stirn ist breiter als höher und beherrscht das Gesicht. Tiefe symmetrische Hautfalten. Der mächtige dicke Fang ist recht kurz und leicht konkav geformt. Breiter Nasenspiegel. Mächtiger Kiefer. Der Hund zeigt Vorbiss (0,5-2 cm). Dicke Lefzen.

AUGEN
Oval, leicht auseinanderliegend. Bei Hunden mit schwarzer Maske ist die Augenfarbe haselnuss- bis dunkelbraun; bei Hunden ohne oder mit rotbrauner Maske ist eine weniger dunkle Augenfarbe zulässig.

OHREN
Klein. In der Farbe etwas dunkler als das übrige Haarkleid. Der vordere Ohrrand liegt an der Wange an.

KÖRPERBAU
Mächtig. Sehr starker Hals, fast zylinderförmig, mit Wamme. Mächtige Vorbrust. Die mächtige breite Brust zeigt gute Brusttiefe. Gut gewölbte Rippen. Breiter und gut bemuskelter Rücken. Kruppe mäßig schräg. Aufgezogener Bauch.

LÄUFE
Gut bemuskelt und starkknochig. Runde starke Pfoten. Dicht zusammenstehende Zehen. Gut pigmentierte Krallen.

RUTE
Sehr dick. Wird tief getragen, höchstens bis zum Sprunggelenk reichend.

HAARKLEID
Dünn, kurz, glatt, weich.

FARBE
Mahagoni oder falbfarben, mit roter oder schwarzer Maske. Auf gute Pigmentierung achten. Weiße Flecken sind bei geringer Ausdehnung auf der Brust und an den Enden der Läufe statthaft.

WIDERRISTHÖHE
Rüde: 60 bis 68 cm
Hündin: 58 bis 66 cm

GEWICHT
Rüde: Mind. 50 kg
Hündin: Mind. 45 kg

Charakter, besondere Talente, Erziehung
Dieser Kampfhund ist ein talentierter, aufmerksamer Wächter, der seine Arbeit mutig, aber nicht aggressiv verrichtet. Artgenossen gegenüber verhält er sich asozial. Sanftmütig, ruhig, sensibel, seinem Herrn gegenüber sehr anhänglich, sehr kinderliebend. Wenig bellfreudig. Kann Einsamkeit und Untätigkeit nicht ertragen. Um ihn zu kontrollieren, muss man ihn perfekt erziehen.

Hinweise
Kein Wohnungshund. Er braucht Bewegung und Platz. Kein besonderer Pflegebedarf.

Verwendung
Wach- und Schutzhund. Begleithund.

Mallorca-Dogge

Diese Hunderasse stammt von der spanischen Baleareninsel Mallorca. Er wurde als "Bulldog" geschaffen, wie sein englischer Verwandter, das heißt, als Kampfhund gegen Stiere und für Hundekämpfe. Nachdem der artige Kämpfe abgeschafft worden waren ging auch der Bestand dieser Rasse zurück. Seine Rettung verdankt der Hund spanischen Züchtern, er hat nur geringe Verbreitung erlangt hat.

Mastiff-Typ. Mittelgroß. Starke Bemuskelung.

2

2A

MOLOSSER, DOGGEN-ARTIGE HUNDE

URSPRUNGSLAND
Balearen, Spanien

URSPRÜNGLICHER NAME
Perro de Pesa Mallorquín, Perro dogo Mallorquín

Große Rassen
25 bis 45 Kg

Charakter, besondere Talente, Erziehung
Sehr mutiger und unabhängiger Hund, mit kämpferischem Temperament. Erfordert eine sehr strikte Erziehung

Hinweise
Braucht viel Auslauf und Platz. Regelmäßig bürsten.

Verwendung
Wach- und Schutzhund. Begleithund.

KOPF
Massiv. Breiter, quadratischer Schädel. Breite, flache Stirn. Sehr gut abgesetzter Stop. Breiter Fang. Sehr kräftige und hervortretende Kieferknochen.

AUGEN
Groß, hervorstehend, etwas schrägliegend. Ovalrund geformt. Sehr dunkle Augenfarbe.

OHREN
Kurz, dünn, hoch angesetzt. Nach hinten geworfen, den äußeren Gehörgang freigebend ("Rosenohren").

KÖRPERBAU
Massiv. Langer starker Hals. Der eher kurze Rücken ist sehr breit. Tiefe, zylinderförmige Brust. Kurze Lenden und Flanken.
Die Kruppe ist gegenüber dem Widerrist etwas hochgestellt. Gut aufgezogener Bauch.

LÄUFE
Die Vorderläufe sind kürzer als die Hinterläufe. Afterkrallen an den Hinterläufen. Runde, mittelgroße Pfoten, gut geschlossen.

RUTE
Kräftiger Rutenansatz, spitz zulaufend. Bis zum Sprunggelenk reichend.

HAARKLEID
Kurz, hart, flach, glatt.

FARBE
Gestromtes Falb, dunkle Tigerfärbung mit weißen Abzeichen.

WIDERRISTHÖHE
56 bis 58 cm

GEWICHT
ca. 40 kg

Tibet-Dogge

Bei diesem Molosser handelt sich um den direkten Nachfahren des großen Tibet-Hundes. Er stammt aus den zentralasiatischen Hochebenen Mittelasiens, und kam über Mittel- und Kleinasien, nachOsteuropa- und schließlich nach Westeuropa. Der Tibeter ist selbst Ahne vieler heutiger Molosser-Arten. Man findet ihn in den Steppen und am Fuße des Himalaja, wo er seit jeher als Hütehund und berüchtigter Wächter in den Dörfern eingesetzt wird. Früher war er anscheinend wesentlich größer als heute, Marco Polo schrieb gar: "Er ist so groß wie ein Esel." Im 19. Jahrhundert war der Zuchtbestand bedroht, aber britische Züchter bewahrten die Rasse vor dem Aussterben. Erst in den 70er Jahren gelangten einige exemplare des Do-Khyi nach Europa.

Beeindruckend und mächtig. Schwer, gut gebaut. Schöner Ausdruck in den Augen. Gangarten: leichte, elastische Bewegungen, langsamer gemessener Schritt.

2B

MOLOSSER, BERGHUNDE

URSPRUNGSLAND
Tibet; Schutzherrschaft: Großbritannien.

URSPRÜNGLICHER NAME
Do-Khyi

ANDERE NAMEN
Tibet-Mastiff, Tibetanischer Mastiff

2

KOPF
Schwerer starker Kopf. Massiver Schädel. Ausgeprägter Stop. Quadratischer Fang. Starkes Gebiss. Breiter Nasenspiegel. Gut entwickelte Lefzen.

AUGEN
Mittelgroß, oval, etwas schrägliegend und gut von einander abgesetzt. Alle Nuancen von braun.

OHREN
Von mittlerer Größe, dreieckig. Als Hängeohren getragen.

KÖRPERBAU
Stark, etwas länger als hoch. Kräftiger, geschwungener Hals, mit nur mäßiger Wamme. Dichte Halskrause. Tiefe Vorbrust. Die mäßig breite Brust ist gut heruntergezogen. Gerader Rücken. Fast unmerkliche Kruppe.

LÄUFE
Starkknochig. Runde, starke, kompakte Pfoten.

RUTE
Von mittlerer Länge, nicht über das Sprunggelenk reichend. Reichlich behaart. Seitlich über dem Rücken geringelt getragen.

HAARKLEID
Eher lang, dicht, glatt, hart. Niemals seidig, weder gewellt noch lockig. Dichtes, dickes Unterhaar, in der kalten Jahreszeit von eher wolliger Beschaffenheit.

FARBE
Intensives Schwarz, Black-and-Tan, Braun, verschiedene Gold-, Grautöne, auch grau mit goldfarbenen Abzeichen. Kleine Weißabzeichen auf den Pfoten sind zulässig. Oberhalb der Augen, im unteren Bereich der Läufe und an der Rutenspitze können loh- und goldfarbene Abzeichen zu erkennen sein.

WIDERRISTHÖHE
Rüde: ca. 66 cm
Hündin: ca. 61 cm

GEWICHT
55 bis 80 kg

Charakter, besondere Talente, Erziehung
Rustikaler, widerstandsfähiger, ruhiger und etwas eigensinniger Hund. Sehr liebevoll, dabei aber alles Andere als überschwänglich. Gegenüber Fremden sehr zurückhaltend, mitunter aggressiv. Vor allem Nachts bewährt er sich als aufmerksamer Wächter, ein geborener Wachhund. Sein Bellen erinnert regelrecht an ein Brüllen und ist äußerst beeindruckend. Die Erziehung muss früh beginnen, wobei sowohl Strenge als auch Geduld erforderlich sind. Eine Besonderheit des Hundes ist, dass er erst mit drei bis vier Jahren zur Reife gelangt. Die Hündin kommt nur einmal im Jahr in die Hitze.

Hinweise
Kein Hund für die Wohnung. Er braucht Platz und Bewegung. Wöchentlich bürsten.

Verwendung
Schäferhund. Wachhund. Begleithund.

Fila Brasileiro

Als die spanischen und portugiesischen Conquistadores im 17. Jahrhundert nach Brasilien kamen, brachten sie auch ihre Hunde mit: Doggen, Mastiffs, Sankt-Hubertus-Hunde u.v.a. Letztere kreuzte man mit einheimischen brasilianischen Rassen, das Ergebnis ist der Fila Brasileiro. Ursprünglich wurde er als Spürhund bei der Verfolgung entflohener Sklaven eingesetzt, später arbeitete als Herdenführhund und Wachhund. Die Anerkennung der Rasse erfolgte im Jahre 1950.

Molosser-Typ. Kompaktes, schön rechteckiges, harmonisches Gebäude. Gute Proportionen. Sehr wendig. Entspannter Trab. Mächtiger Galopp. Passgang.

2A

Molosser, Doggenartige Hunde

2

Ursprungsland
Brasilien

Ursprünglicher Name
Fila Brasileiro

Riesenrassen
45 bis 90 Kg

Charakter, besondere Talente, Erziehung
Ein mutiger, ungestümer, willensstarker und wachsamer Hund, kann dabei sehr ruhig und sicher sein. Gehorcht seinem Herrn; Kindern gegenüber sehr nachsichtig. Verhält sich misstrauisch gegenüber Fremden. Der Hund braucht eine konsequente Erziehung.

Hinweise
Kann sich nur schlecht an die Haltung in der Stadt gewöhnen, braucht jede Menge Platz und Bewegungsmöglichkeit.

Verwendung
Treibhund. Wachhund, Jagdhund (Hochwild). Begleithund.

Kopf
Groß, wuchtig, quadratisch. Schwerer Schädel. Mäßiger Stop. Kräftiger, breiter, hoher Fang. Breiter Nasenspiegel.

Augen
Mittelgroß bis groß, mandelförmig. Zulässige Augenfarbe: von braun bis gelb. Manchmal herabgezogene Augenbrauen.

Ohren
Hängend, groß, dick, V-förmig.

Körperbau
Kräftig, länger als hoch. Sehr starker Hals mit Wamme. Der Widerrist im Vergleich zur Kruppe etwas tiefer liegend. Breite, gut heruntergezogene Brust. Dicke, lose anliegende Haut. Die breite lange Kruppe verläuft schräg.

Läufe
Starkknochig. Starke Pfoten. Gut aufgeknöchelte Zehen. Schwarze Krallen.

Rute
Im Ansatz sehr breit, sich zur Spitze hin verjüngend. Betonte Biegung an der Spitze.

Haarkleid
Kurz, glatt, dicht und straff am Körper anliegend.

Farbe
Alle einfarbigen mit Ausnahme der disqualifizierenden Farben (weiß, mausgrau, sowie gefleckt und Merle-Faktor) erlaubt. Komplett gestromte Filas können sowohl hellere als auch sehr dunkle Stromung aufweisen. Eine schwarze Maske kann,muss aber nicht vorhanden sein. Bei allen erlaubten Farben dürfen weiße Abzeichen an den Pfoten, der Brust und an der Rutenspitze vorhanden sein, sofern sie nicht mehr als Viertel der Gesamtfärbung ausmachen.

Widerristhöhe
Rüde: 65 bis 75 cm
Hündin: 60 bis 70 cm

Gewicht
Rüde: Mind. 50 kg
Hündin: Mind. 40 kg

Hovawart

Der Name in seiniger heutigen Form läßt sich vom mittelhochdeutschen Wort "hovewart" ableiten: Wächter des Hofs - gemeint war damit der traditionelle Hofhund im 13. Jahrhundert. Der Hund ist in Deutschland also schon seit langer Zeit bekannt. Zu den entfernten Ahnen gehören wahrscheinlich asiatische Doggenarten. Die Rasse wurde im Laufe der Jahrhunderte vernachlässigt, erst in den 20er Jahren setzte man sich für die Rettung des Hundes ein und nahm Kreuzungen vor, (wahrscheinlich) mit Deutschen Schäferhunden, Leonbergern, Neufundländern, usw. 1936 wurde die Rasse offiziell anerkannt; 1964 erklärte die FCI den Hovawart auch zum Gebrauchshund. In Deutschland und den skandinavischen Ländern ist der Hovawart heute sehr weit verbreitet.

Mittelgroß. Nicht plump. Länger als höher gebaut.

2B

Molosser, Berghunde

Ursprungsland
Deutschland

Ursprünglicher Name
Hovawart

2

Kopf
Stark. Breite, gewölbte Stirn. Abgesetzter Stop. Kräftiger, langer Fang. Die Lefzen sind schwarz.

Augen
Oval, dunkel- bis mittelbraun.

Ohren
Dreieckige Hängeohren, am Schädel anliegend.

Körperbau
Muskulös und in die Länge gezogen. Kraftvoller Hals ohne Kehlwamme. Breite, tiefe Brust. Der gerade Rücken muss fest sein. Mäßig abfallende Kruppe.

Läufe
Robust und gut bemuskelt. Gut geschlossene und kompakte Pfoten, von abgerundeter Form.

Rute
Lang und reichlich behaart. wBis unter das Sprunggelenk herabreichend. Wird in der Ruhe hängend getragen.

Haarkleid
Lang und leicht gewellt, fest. Am Kopf und auf der Hinterseite der Läufe kürzere Behaarung. Weder gescheitelt noch gelockt. Mäßige Unterwolle.

Farbe
Falb (blond), an den Läufen und am Unterleib heller werdend. Schwarz. Black-and-Tan mit Falb-Abzeichen (Lider, Vorbrust, Läufe, unterhalb des Rutenansatzes). Dies ist die am weitesten verbreitete Variante. Bei allen Varianten ist ein kleines weißes Brustabzeichen und ein wenig Weiß, besonders an der Rutenspitze, zulässig.

Widerristhöhe
Rüde: 63 bis 70 cm
Hündin: 58 bis 65 cm

Gewicht
25 bis 40 kg

Charakter, besondere Talente, Erziehung
Ein sehr widerstandsfähiger, kraftvoller, energischer Hund, ein guter Läufer und Springer, geht auch gerne schwimmen. Besitzt eine gute Nase und ist ein aufmerksamer Wächter, ohne jedoch grundlos aggressiv zu werden. Vielseitig einsetzbar. Ruhig und ausgeglichen, liebevoll zu seinen Menschen, kinderliebend. Leicht zu erziehen - mit einer guten Mischung aus Milde und Strenge vorgehen. Besitzt eine kraftvolle Kehle, tief und lautstark. Erlangt erst mit zwei Jahren die volle Reife.

Hinweise
Das Leben in der Stadt stellt keine zu große Belastung für ihn dar, sofern er Platz und Auslaufmöglichkeiten zur Verfügung hat. Das Haarkleid einmal pro Woche bürsten.

Verwendung
Hütehund. Gebrauchshund: Rettungshund (Lawinensuchhund), Drogenspürhund, Blindenhund. Wachhund. Begleithund.

Landseer

Dieser Hund stammt vom Neufundländer ab und verdankt seinen Namen dem Maler E. Landseer, der ihn 1837 auf einem seiner Werke darstellte. Er wurde zu Unrecht als seine schwarz-weiße Hunderasse mit dem Zusatz britisch-amerikanischer "Newfoundland-Dog". geführt. Im 20. Jahrhundert wäre der Zuchtbestand dieser eigenständigen Rassen jedoch beinahe ausgestorben. Deutsche Züchter erhielten die Rasse durch Einkreuzung von Berghunderassen (z.B. Pyrenäen-Berghund), wodurch der Landseer gerettet werden konnte. 1960 erfolgt die Anerkennung durch die FCI als vom Neufundländer unabhängige Rasse.

Großer robuster Hund. Harmonische Formen. Hochläufiger und mächtiger als der schwarze Neufundländer.

2

2B

Molosser, Berghunde

Ursprungsland
Deutschland

Ursprünglicher Name
Landseer

Andere Namen
Landseer, Kontinentaleuropäischer Typ

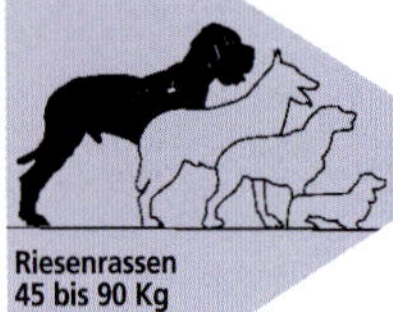

Charakter, besondere Talente, Erziehung
Aufgeweckter Hund. Liebt das Wasser. Mutig, liebevoll, sanftmütig.

Hinweise
Dieser Hund erträgt es nicht, eingeschlossen zu bleiben. Er braucht Platz und reichlich Auslauf. Täglich bürsten.

Verwendung
Jagdhund (Wasserwild). Rettungshund. Wachhund. Begleithund.

Kopf
Breiter wuchtiger Kopf. Faltenfreie Kopfhaut, mit kurzer feiner Behaarung. Deutlicher Stop, jedoch etwas weniger ausgeprägt als beim Bernhardiner. Trockene Lefzen.

Augen
Mittelgroß, mandelförmig. Braun bis dunkelbraun.

Ohren
Mittelgroße, dreieckige Hängeohren, in Augenhöhe angesetzt. Feine, kurze Behaarung.

Körperbau
Mächtiger Körper. Gut bemuskelter Hals. Tiefe, breite Brust. Gut gewölbte Rippen. Gerader, sehr breiter und robuster Rücken. Breite, abgerundete Kruppe.

Läufe
Gut bemuskelt und starkknochig. Runde Pfoten.

Rute
Stark, buschig, herabhängend getragen, bis zum Sprunggelenk reichend.

Haarkleid
Lang, glatt und möglichst dicht. Im Vergleich zum schwarzen Neufundländer mäßig dichte Unterwolle.

Farbe
Hellweiß mit schwarzen, unregelmäßigen Platten an Rumpf und Kruppe. Hals, Brust, Bauch und Läufe müssen weiß sein. Schwarzer Kopf. Der Fang ist weiß.

Widerristhöhe
Rüde: 72 bis 80 cm
Hündin: 67 bis 72 cm

Gewicht
50 bis 70 kg

Leonberger

Der Name dieses Hundes ist von der kleinen württembergischen Stadt Leonberg abgeleitet, wo die Rasse schon in ferner Vergangenheit vorgekommen sein soll. Eine andere Hypothese besagt, der Ursprung liege in Löwenberg in der Schweiz. Oft heißt es, der Leonberger sei aus der Tibet-Dogge hervorgegangen. Andere meinen, dass ein Bewohner Leonbergs, ein gewisser E. Essig, eine Kreuzung zwischen Neufundländer, St.-Bernhardshund und Pyrenäen-Berghund vorgenommen habe. Wahrscheinlich ist er der letzte Nachfahre des großen Alpenhundes, ein Hund der sich vom Bernhardiner in seiner heutigen Ausprägung unterschied. Der erste Standard geht auf 1895 zurück. Die FCI gab 1973 ihren Standard heraus. Seit den 50er und 60er Jahren ist die Rasse auch außerhalb Deutschlands verbreitet.

Gut proportioniert. Mächtig und muskulös. Elegant; nicht sehr hochläufig.

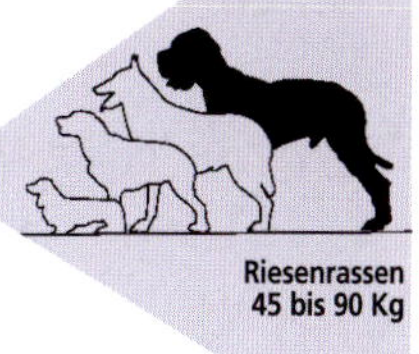

2B

MOLOSSER, BERGHUNDE

URSPRUNGSLAND
Deutschland

URSPRÜNGLICHER NAME
Leonberger

2

KOPF
Eher schmal, mehr tief als breit. Mäßig gewölbter Schädel. Mäßiger Stop. Leicht aufgezogener Nasenrücken ("Ramsnase"). Der Fang niemals spitz verlaufend. Schwarze, straffe Lefzen.

AUGEN
Mittelgroß; hell- bis dunkelbraun.

OHREN
Hoch angesetzte Hängeohren, flach und eng am Kopf anliegend.

KÖRPERBAU
Etwas länger als hoch. Robuste Halspartie. Gute Brusttiefe. Fester Rücken. Robuste Lenden.

LÄUFE
Kräftig und starkknochig. Recht runde Pfoten, gut zusammenliegende Zehen. Schwarze Ballen.

RUTE
Sehr reich behaart, buschig. Stets halbgesenkt getragen, nie zu hoch oder gar auf dem Rücken gerollt.

HAARKLEID
Mittelweich bis derb, reichlich lang, gut anliegend; schöne Unterwolle. An Hals und Brust hat der Leonberger eine hübsche Halskrause.

FARBE
Löwenfarbig, goldgelb bis rotbraun mit schwarzer Maske. Ein kleiner weißer Bruststern wird toleriert werden. Ein "sandfarbenes" Haarkleid mit Wolkungen ist ebenfalls zulässig. Die Halskrause an der Kehle, die Befederung der Vorderläufe, die Hosen an den Hinterläufen sowie die Unterseite der Rute können etwas heller sein.

WIDERRISTHÖHE
Rüde: 72 bis 80 cm
Hündin: 65 bis 75 cm

GEWICHT
60 bis 80 kg

Charakter, besondere Talente, Erziehung
Witterungsbeständig, sehr lebhaft und ein vorzüglicher Schwimmer. Ruhig, selbstsicher, schlägt nur bei Gefahr an. Treu und leichtführig, seinem Herrn ergeben, sanftmütig gegenüber Kindern. Fremden gegenüber zeigt er sich sehr respekteinflößend, aber nur selten bissig. Die Erziehung muss früh einsetzen; mit einer sanften Methode lässt sich der Hund sehr leicht erziehen. Gelangt erst im Alter von drei Jahren zu körperlicher Reife.

Hinweise
Braucht Auslauf und Platz. Er verträgt weder Kettenhaltung noch Einsamkeit. Einmal pro Woche bürsten, während der beiden jährlichen Fellwechselperioden häufiger.

Verwendung
Wachhund, Rettungshund (Gebirge, Wasser). Begleithund.

Mastiff

Großer, wuchtiger Hund. Harmonisch, gut gebaut. Mischung aus Adel und Mut.

Hier handelt es sich um eine Doggenart britischer Herkunft. Rassenahne ist die Dogge der Assyrer, selbst aus der Tibet-Dogge hervorgegangen, die von den phönizischen Seefahrern und später auch den Römern nach Europa gebracht worden war. Ursprünglich ein Kriegshund; später kam er als Herdenhund oder als Schutzhund des englischen Adels zum Einsatz sowie als Jagdhund (Hochwild). Den Namen Mastiff erhielt dieser Hund bereits Ende des 14. Jahrhunderts, der erste Standard wurde 1883 veröffentlicht. Nach dem Zweiten Weltkrieg war der Zuchtbestand sehr dezimiert; mit Hilfe von aus den USA importierten Tieren konnte die Reinzucht gerettet werden.

2

2A

Molosser, Doggenartige Hunde

Ursprungsland
Großbritannien

Ursprünglicher Name
Mastiff, Old English Mastiff

Anderer Name
Englische Dogge

Riesenrassen
45 bis 90 Kg

Charakter, besondere Talente, Erziehung
Friedfertiger, sanftmütiger Hund; seinem Herrn gegenüber und mit Kindern sehr liebevoll. Unbestechlich, mutig, ein vorzüglicher Wächter. Er braucht eine konsequente Erziehung, da er sich Fremden gegenüber recht gefährlich zeigen kann.

Hinweise
Dieser Hund braucht viel Platz und Auslaufmöglichkeiten. Regelmäßig bürsten.

Verwendung
Wachhund. Begleithund.

Kopf
Gut vierkantig geschnitten. Breiter Schädel. Die Stirn ist eben, mit Falten versehen, wenn die Aufmerksamkeit des Hundes erregt wird. Deutlich ausgeprägter Stop. Der Fang ist kurz, stumpf und quadratisch geschnitten. Mäßig hängende Lefzen.

Augen
Klein, weit auseinandergesetzt; Augenfarbe haselnussbraun, je dunkler, desto besser.

Ohren
Klein, dünn, hoch angesetzt. Flach und dicht an den Wangen anliegend.

Körperbau
Wuchtig. Breites und hohes Gebäude. Der Hals ist gut bemuskelt und leicht geschwungen. Breite, gut heruntergezogene Brust. Gewölbte Rippen. Rücken und Lenden breit und gut bemuskelt. Flanken äußerst tief.

Läufe
Weit auseinanderstehend, starkknochig. Große runde Pfoten. Gut aufgeknöchelte Zehen. Schwarze Ballen.

Rute
Hoch angesetzt, bis zu den Sprunggelenken reichend. Breit am Ansatz und zum Ende hin in einer Spitze auslaufend. In Ruhestellung gerade herabhängend.

Haarkleid
Kurz, anliegend, nicht zu fein an Schultern, Hals und Rücken.

Farbe
Apricot-braun, silber-braun, rehbraun oder dunkelbraun gestromt; auf jeden Fall sollten Fang, Ohren und Nase schwarz und die Augen schwarz umrandet sein.

Widerristhöhe
Rüde: 75 bis 82 cm
Hündin: Mind. 66 cm

Gewicht
70 bis 90 kg

Spanischer Mastiff

Dieser Hund ist in der Estremadura, im Südwesten Spaniens, beheimatet. Er soll vom Mastiff und dem römischen Molosser abstammen, und wurde früher in Hundekämpfen verwendet, aber auch als Kriegs- und Jagdhund (Schwarzwild, Hochwild). Heute kommt er als Hütehund zum Einsatz, mitunter auch noch - wie in der Vergangenheit - an Wanderherden.

Groß gewachsener Hund, mit "übergroßen" Dimensionen. Mittlere Linienführung. Gut proportioniert. Mächtig und muskulös. Kompakter Knochenbau. Dicke, rosafarbene, gut dunkel pigmentierte Haut. Bevorzugte Gangart: Schritt.

2B

MOLOSSER, DOGGENARTIGE HUNDE

URSPRUNGSLAND
Spanien

URSPRÜNGLICHER NAME
Mastín Español, Mastín de España

ANDERE NAMEN
Spanische Dogge, Mastín de Estremadura (Mastiff der Estremadura), Mastín de la Mancha (Mastiff der Mancha)

2

KOPF
Gut proportionierter Kopf, solide, wuchtig. Der Schädel im Profil gesehen wenig aufgewölbt. Mäßiger Stop. Geradliniger Fang. Großer Nasenspiegel.

AUGEN
Klein, mandelförmig. Vorzugsweise dunkel (haselnussfarben). Schwarze Augenbrauen.

OHREN
Von mittlerer Größe, dreieckig, als Hängeohren getragen. An den Wangen anliegend.

KÖRPERBAU
Wuchtig, längliche Erscheinung (etwas länger als hoch). Hals in der Form eines Kegelstumpfes, solide. Stark entwickelte doppelte Kehlwamme. Ausgeprägter Widerrist. Starker, gut bemuskelter Rücken. Breite, tiefe Brust. Gut gebogene Rippen. Lange, breite Lenden. Breite Kruppe, geneigt.

LÄUFE
Kompakte, gerade und gut parallele Vorderläufe, trocken. Dicht zusammenstehende Zehen.

RUTE
Am Ansatz sehr dick, spitz zulaufend; länger behaart als andere Körperteile. In der Ruhelage niedrig getragen, die Sprunggelenke knapp erreichend.

HAARKLEID
Dicht, grob, halblang, glatt. An den Läufen kürzer.

FARBE
Unterschiedlich, wobei Einfarbigkeit - gelb, löwenfarbig, rot, schwarz, wolfsgrau und hirschrot – bevorzugt wird.

WIDERRISTHÖHE
Rüde: Mind. 77 cm
Hündin: Mind. 72 cm

GEWICHT
50 bis 65 kg

Charakter, besondere Talente, Erziehung
Rustikal, lebendig und selbstsicher. Voll Adel und Ruhe. Der liebevolle Hund ist seinem Herrn treu ergeben und kinderliebend. Bestimmtes Auftreten gegenüber Raubtieren sowie selbstbewusst gegenüber Fremden. Besitzt eine heisere, schwere, tief und klangvolle Kehle.

Hinweise
Der Hund benötigt viel Platz und Auslaufmöglichkeiten. Regelmäßig bürsten.

Verwendung
Schäferhund (Herdenschutzhund). Jagdhund (Wildschwein). Wach- und Verteidigungshund. Begleithund.

Neapolitanischer Mastiff

Schwerer, wuchtiger Hund. Majestätisch. Üppige, dicke, lose Haut. Gangwerk: Im Schritt gemächlich, wie ein Bär. Galopp selten.

Es handelt sich um einen Nachfahren der Tibet-Dogge, über den Umweg der großen römischen Molosser-Hunde, die der Agronom Columella bereits im 1. Jahrhundert n.Chr. beschrieb. Im Zuge der Ausdehnung des Römischen Reiches fand er in ganz Europa Verbreitung und wurde in den Legionen zu Kriegsdiensten herangezogen. Auch für Zirkusspiele wurde er verwendet. Er selbst ist Rassenahne zahlreicher Mastiff-Arten in den anderen europäischen Ländern. Er konnte über all die Jahrhunderte fortbestehen, insbesondere auch dank einer Einkreuzung von spanischen Doggen. 1947 begann wieder eine kontrollierte Zuchtauswahl.

2

2A

MOLOSSER, DOGGEN-ARTIGE HUNDE

URSPRUNGSLAND
Italien

URSPRÜNGLICHER NAME
Mastino Napoletano

Riesenrassen
45 bis 90 Kg

KOPF
Kurz und massig, beeindruckend. Breiter, flacher Schädel. Die reichlich vorhandene Haut bildet Runzeln und Falten. Stark ausgeprägter Stop. Der Fang ist breit und hoch. Kräftiger Kiefer. Großer Nasenspiegel. Fleischige, dicke, reichliche Lefzen.

AUGEN
Recht weit auseinanderstehend, rund. Im Vergleich zur Fellfarbe ist die Farbe der Iris dunkler.

OHREN
Klein, von dreieckiger Form, flach an den Wangen anliegend, über dem Jochbeinbogen angesetzt.

KÖRPERBAU
Massig, länger als hoch. Der Hals hat die Form eines Kegelstumpfes, mit doppelter Wamme. Breiter, mäßig hervortretender Widerrist. Der Brustkasten ist geräumig mit langen, gut gewölbten Rippen. Breite, robuste und geneigte Kruppe.

LÄUFE
Robuste Knochenstruktur. Runde, großflächige Pfoten. Gut aufgeknöchelte und zusammenstehende Zehen.

RUTE
Am Ansatz breit und dick; kräftig und verjüngt sich zur Spitze hin. In der Länge reicht sie bis zum Sprunggelenk. In der Ruhestellung wird sie herabhängend getragen.

HAARKLEID
Kurz, rau und hart, dicht; höchstens 1,5 cm lang.

FARBE
Die bevorzugten Farben sind: Grau, bleigrau und schwarz, aber auch braun, falbfarben und intensiv falbfarben (hirschrot), manchmal mit kleinen weißen Flecken an Brust und Zehenspitzen. Alle Farben dürfen gestromt sein.

WIDERRISTHÖHE
Rüde: 65 bis 75 cm
Hündin: 60 bis 68 cm

GEWICHT
Rüde: 60 bis 70 kg
Hündin: 50 bis 60 kg

Charakter, besondere Talente, Erziehung
Ruhig, loyal, , seinem Herrn sehr ergeben, Sanftmütig zu Kindern. Mutig, gegenüber Artgenossen dominant. Fremden gegenüber misstrauisch, aber niemals grundlos aggressiv oder bissig. Respekteinflößende Erscheinung. Furchterregend, wenn er provoziert wird. Mit der Erziehungsarbeit muss frühzeitig begonnen werden, er braucht eine starke Hand. Der Mastino Napoletano sollte konsequent, aber keinesfalls auf Angriffslust, erzogen werden, da er sonst sehr gefährlich sein kann.

Hinweise
Er braucht viel Platz und Bewegung. Er sollte nicht auf hartem Untergrund schlafen, da sich sonst an den Ellbogen und Sprunggelenken hässliche Abschürfungen bilden. Regelmäßig bürsten. Gut auf die Hautfurchen und Falten im Augenbrauenbereich achten.

Verwendung
Wachhund. Polizeidiensthund. Begleithund.

Pyrenäen-Mastiff

Dieser Hund ist auf der Südseite des Pyrenäengebirges beheimatet und nicht mit seinem nahen Verwandten, dem Pyrenäen-Berghund zu verwechseln, einer französischen Rasse. Es heißt, er sei aus einer Kreuzung zwischen dem Spanischen Mastiff und dem Pyrenäen-Berghund hervorgegangen. Über viele Jahrhunderte wurde dieser Hund für die Arbeit an der Wanderherde eingesetzt. Die Anerkennung der Rasse erfolgte gegen Ende des 19. Jahrhunderts.

Großer Hund mit überdurchschnittlichem Format und mittleren Proportionen. Ausgesprochen kräftig und muskulös. Festes Knochengerüst. Dicke rosafarbene Haut mit dunkleren Pigmentierungen.

2B

MOLOSSER, BERGHUNDE

2

Riesenrassen
45 bis 90 Kg

URSPRUNGSLAND
Spanien

URSPRÜNGLICHER NAME
Perro Mastín de los Pirineos

ANDERER NAME
Pyrenäischer Mastiff

KOPF
Groß und kräftig. Der lange Schädel wirkt im Profil leicht konvex. Mäßiger Stop. Der geradlinige Nasenrücken verjüngt sich zum großen Nasenspiegel hin langsam.

AUGEN
Klein, mandelförmig, haselnussfarben; dunkel gefärbte Augen werden vorgezogen. Schwarze Pigmentierung an den Augenlidern. Leichte Schlaffheit des Unterlids, wodurch ein kleiner Streifen Augenbindehaut zu sehen ist.

OHREN
Von mittlerer Größe, dreieckig, flach hängend; liegen dicht an den Wangen an.

KÖRPERBAU
Leicht gestreckt. Sehr stark und robust. Hals in Form eines Kegelstumpfes, Doppelwamme. Breite und tiefe Brust. Gut ausgeprägter Widerrist. Gut gewölbte Rippen. Mächtiger und gut bemuskelter Rücken. Die breite Kruppe ist solide und gegenüber dem Widerrist mäßig hochgestellt.

LÄUFE
Gut bemuskelt. Runde "Katzenpfoten". Gut zusammenstehende und aufgeknöchelte Zehen.

RUTE
Am Ansatz dick, kräftig und biegsam. Das Haar ist sehr lang und weich und bildet eine schöne Fahne. In Ruhestellung hängt sie tief und reicht mindestens bis zum Sprunggelenk; im letzten Drittel immer leicht gebogen.

HAARKLEID
Dicht, dick und von mäßiger Länge (6-9 cm). Darf nicht von wollener Struktur sein. Auf den Schultern, am Hals, der Bauchunterseite und auf der Hinterseite der Läufe länger.

FARBE
Grundfarbe weiß, immer mit einer gut ausgebildeten Maske. Manchmal gibt es über den Körper unregelmäßig verteilte, scharf umrissene Flecken der gleichen Farbe wie die Maske. Ohren immer gefleckt. Dreifarbige oder rein weiße Exemplare sind unerwünscht. Die Spitze der Rute und die unteren Teile der Extremitäten sind immer weiß. Die Maske soll gut abgegrenzt sein. Der Ansatz der Haare soll so hell wie möglich sein. Die am meisten geschätzten Farben sind: rein weiß (schneeweiß) mit mittelgrauen, intensiv goldgelben, braunen, schwarzen, silberfarbenen, hellbeigen, sandfarbigen oder marmorierten Flecken.

WIDERRISTHÖHE
Rüde: Mind. 77 cm
Hündin: Mind. 72 cm

GEWICHT
55 bis 70 kg

Charakter, besondere Talente, Erziehung
Liebevoll, ruhig und voller Adel. Auch sehr mutig, Fremden gegenüber vehement und unnachgiebig. Sein Bellen ist schwer und tief. Verhält sich gegenüber Artgenossen nicht feindselig. Die strenge Erziehung muss früh beginnen.

Hinweise
Dieser Hund ist für das Leben in der Stadt nicht geeignet. Es ist für ihn eine große Belastung, eingeengt zu sein. Ein- bis zweimal pro Woche bürsten.

Verwendung
Hütehund. Wach- und Schutzhund. Begleithund.

Rafeiro von Alentejo

Dieser Hund stammt aus dem Alentejo, einer Region in Südportugal, in der Kontinentalklima vorherrscht. Es handelt sich um einen talentierten Schäferhund, der heute als Wachhund genutzt wird. Er ist der größte portugiesische Wachhund.

Großer und kräftiger Hund. Die Haut ist dick und etwas lose. Seine Profillinien sind etwas konvex und sein ganzes Gebäude ist eher lang als breit.

2

2B

MOLOSSER, BERGHUNDE

URSPRUNGSLAND
Portugal

URSPRÜNGLICHER NAME
Rafeiro do Alentejo

Große Rassen
25 bis 45 Kg

Charakter, besondere Talente, Erziehung
Rustikal, mächtig und arbeitsfreudig. Mutig, eifrig. Ein treuer und liebevoller Hund, loyal zu seinem Herrn. Fremden und Raubzeug gegenüber reagiert er aggressiv. Man muss ihm eine konsequente Erziehung angedeihen lassen.

Hinweise
Kein Stadthund. Er braucht Platz und Bewegungsmöglichkeiten. Ein Mal pro Woche bürsten.

Verwendung
Schäferhund. Wach- und Schutzhund. Begleithund.

KOPF
Der Kopf gleicht dem eines Bären. Breiter und gewölbter Schädel. Kaum ausgeprägter Stop. Gewölbter Nasenrücken. Starkes Gebiss. Ovaler Nasenspiegel. Dünne Lefzen.

AUGEN
Von dunkler Farbe, horizontal, von elliptischer Form, klein. Augenlider dunkel pigmentiert.

OHREN
Klein, gefaltet. Dreieckige Hängeohren.

KÖRPERBAU
Kräftig, lang. Starker, kurzer Hals. Breite, tiefe Brust. Gerader Rücken. Breite Lenden. Breite Kruppe, mäßig abfallend.

LÄUFE
Kräftig. Kräftige Pfoten. Lange, gut zusammenstehende Zehen.

RUTE
Dick, lang, gebogen. In der Ruhe hängt sie und reicht weiter als das Sprunggelenk; in der Erregung kann sie gerollt getragen werden.

HAARKLEID
Kurz oder vorzugsweise mittellang; dick, glatt, dicht.

FARBE
Schwarz, wolfsgrau, falbfarben oder gelb; diese Farben mit weißen Flecken oder Weiß mit Flecken dieser Farben, entweder gescheckt, gestreift oder gestromt.

WIDERRISTHÖHE
Rüde: 66 bis 74 cm
Hündin: 64 bis 70 cm

GEWICHT
Rüde: 40 bis 50 kg
Hündin: 35 bis 45 kg

Rottweiler

Dieser typische deutsche Hund soll vom Bayrischen Treibhund abstammen, einer anderen Hypothese zufolge wurde er im Zuge der Einwanderung der Römer nach Deutschland gebracht. Schon im Mittelalter hütete dieser mächtige und unerschrockene Hund im württembergischen Rottweil Viehherden und verteidigte die Viehhändler bei Überfällen. Später wurde er von der großen Metzgerzunft adoptiert, was ihm dem Namen "Metzgerhund" eintrug. Der Rottweiler-Rasseverein wurde 1907 gegründet. 1910 wurde der Rottweiler offiziell als Polizeidiensthund zugelassen. Im Ersten Weltkrieg kam er in der Deutschen Armee zum Einsatz. Die endgültige Anerkennung der Rasse erfolgte 1966. Ab den 70er Jahren verbreitete sich sein Ruf in der ganzen Welt.

Stämmiger Hund von harmonischen Proportionen. Große Kraft und Wendigkeit. Bevorzugte Gangart : Schritt.

2A

Riesenrassen
45 bis 90 Kg

MOLOSSER, DOGGENARTIGE HUNDE

URSPRUNGSLAND
Deutschland

URSPRÜNGLICHER NAME
Rottweiler

ANDERE NAMEN
Rottweiler Metzgerhund, Deutscher Treibhund

2

RUTE
In Ländern, in denen der Gesetzgeber ein Rutenkupierverbot erlassen hat, kann die Rute naturbelassen bleiben.

HAARKLEID
Mittellang, muss sich hart anfühlen. Glatt, gut anliegend. Unterwolle.

FARBE
Schwarz mit gut abgegrenzten Abzeichen (Brand); von satter, rotbrauner Färbung an Backen, Fang, Halsunterseite, Brust und Läufen sowie über den Augen und unter der Rutenwurzel.

WIDERRISTHÖHE
Rüde: 61 bis 68 cm
Hündin: 56 bis 63 cm

GEWICHT
Rüde: ca. 50 kg
Hündin: ca. 42 kg

KOPF
Kräftig. Breiter, leicht konvex geformter Schädel. Gut abgesetzter Stop. Nasenrücken gerade. Gut entwickelter Nasenspiegel. Mächtiges Gebiss. Die schwarzen Lefzen müssen straff anliegen.

AUGEN
Mittelgroß, mandelförmig, von tiefbrauner Farbe.

OHREN
Mittelgroß, hängend, dreieckig, weit auseinanderstehend, hoch angesetzt. Nach vorne gestellt und flach angelegt.

KÖRPERBAU
Stämmig. Mächtiger, trockener Hals, keine Kehlwamme. Gut entwickelte Vorbrust. Gerader mächtiger Rücken. Geräumige Brust. Gut gewölbte Rippen. Kurze Lenden. Die breite Kruppe ist leicht abgerundet.

LÄUFE
Gut bemuskelt. Runde Pfoten. Dicht zusammenstehende und gut aufgewölbte Zehen. Schwarze Krallen.

Charakter, besondere Talente, Erziehung
Robust, ausdauernd, ausgeglichen und friedfertig; dabei ein starkes Temperament, von dominantem Wesen (speziell Rüden). In seinem Erscheinungsbild muss er den Eindruck von Kraft und Ruhe vermitteln. Er schlägt niemals grundlos an. Seinem Herrn treu ergeben, sehr kinderliebend. Ein wirkungsvoller, unerschrockener Wächter, respekteinflößend, Fremden gegenüber zu Aggressivität fähig. Er braucht eine früh einsetzende, äußerst konsequente Erziehung, jedoch ohne Brutalität; nur so ist absolute Folgsamkeit gewährleistet. Der Rottweiler ist das charakterliche Ebenbild seines Herrn. Bei Misshandlung kann er gefährlich reagieren.

Hinweise
Er braucht auf jeden Fall viel Platz und Bewegungsmöglichkeiten. Eingesperrt zu bleiben oder Kettenhaltung ist für den Rottweiler eine unerträgliche Belastung. Verträgt keine Hitze. Täglich bürsten.

Verwendung
Wachhund. Polizeidiensthund, Armeehund. Begleithund.

St. Bernhardshund

Schwerer und mächtiger Schweizer. Harmonisch gebaut.

Seine Abstammung geht bis auf antike Molosser-Arten zurück, die mit den Römern über die Alpen kamen. Der Rassensprung liegt im Schweiz des 17. Jahrhunderts, in einem im Mittelalter gegründeten Hospiz auf der Passhöhe des Grossen St. Bernhards, wo er von Mönchen gezüchtet wurde. Hier entstand sein Ruf als Bergrettungshund. Wie die Chronik berichtet, soll ein berühmter Hund namens Barry, geboren 1800, in zehn Jahren 40 Menschen gerettet haben. Nach einer Einkreuzung des Neufundländers entstand heute am weitesten verbreitete die Langhaar-Variante. Er trug auch den Namen "Berghund", "Alpen-Mastiff" und "Barry-Hund", 1880 wurde dann jedoch der heute geläufige als der offizielle Name festgelegt. 1884 wurde der "Schweizerische St. Bernhardsclub" in Basel gegründet. Der Rassestandard wurde 1887 in Bern festgeschrieben.

2

2B

MOLOSSER, BERGHUNDE

URSPRUNGSLAND
Schweiz

URSPRÜNGLICHER NAME
St. Bernhardshund, Bernhardiner

Riesenrassen
45 bis 90 Kg

Charakter, besondere Talente, Erziehung
Ruhig, besonnen, sanftmütig, freundlich, umgänglich, aufopfernd bis zur Selbsthingabe. Liebt Kinder. Gegenüber Fremden reagiert er misstrauisch -wenn die Umstände es erfordern, aggressiv. Muss mit strenger Hand erzogen werden.

Hinweise
Dieser Hund benötigt viel Platz und täglich ausgiebigen Auslauf. Jeden Tag gründlich bürsten. Der Bernhardiner verträgt Hitze nicht gut.

Verwendung
Wachhund. Bergrettungshund. Begleithund.

KOPF
Kräftig und imposant; breiter, leicht gewölbter Schädel. Ausgeprägter Stop. Gerader Nasenrücken. Kurzer Fang. Breiter Nasenspiegel.

AUGEN
Mittelgroß, dunkelbraun bis nussbraun. Lidränder vollständig pigmentiert.

OHREN
Mittelgroß, hoch und breit angesetzt. Von dreieckiger Form, hängend getragen.

KÖRPERBAU
Imposant. Mächtiger Hals. Deutlich ausgeprägter Widerrist. Gut gewölbte Rippen. Der Rücken muss breit sein. Gut entwickeltes Hinterteil.

LÄUFE
Mächtige und gut bemuskelte Keulen. Breite, gerade, geschlossen, mit gut zusammenstehenden und aufgeknöchelten Zehen. Afterkrallen an den Hinterläufen werden toleriert.

RUTE
Lang. Schwer herabhängend, bis zum Sprunggelenk reichend.

HAARKLEID
Zwei Varietäten:
- Kurzhaar; Deckhaar dicht, glatt anliegend und derb. Unterwolle reichlich.
- Langhaar; gerades Deckhaar mit reichlich Unterwolle. Vorderläufe mit Befederung. Gesicht und Ohren kurz behaart. Rute buschig.

FARBE
Grundfarbe weiß mit kleineren oder größeren rotbraunen Platten. Gestromtes Rotbraun ist zulässig. Dunkle Verbrämung am Kopf erwünscht. Weiße Abzeichen: Brust, Pfoten, Rutenspitze, Nasenband, Blesse und Genickfleck.

WIDERRISTHÖHE
Rüde:Mind. 70 cm
Hündin: Mind. 65 cm

GEWICHT
55 bis 100 kg

Jugoslawischer Hirtenhund

Dieser Hund stammt aus dem Sarplanina-Gebirge im Südwesten der ehemaligen Republik Jugoslawien. Die Rasse soll bereits vor ca. 2000 Jahren entstanden sein, als die Hirten in den Bergen ihn hielten, um Schafrinder vor Raubzeug zu schützen (Wölfe, Bären). Er wurde von asiatischen Wandervölkern nach Europa gebracht; man nimmt an, dass er von der Tibet-Dogge abstammt. Die FCI nahm ihn 1939 unter der Bezeichnung "Illyrischer Schäferhund" auf, 1957 wurde der Name in "Jugoslawischer Hirtenhund der Scharplanina" umgeändert. Das Verbreitungsgebiet dieser Rasse beschränkt sich im Wesentlichen auf die ehemaligen jugoslawischen Balkanrepubliken, wobei sie sich aber in anderen Ländern zunehmender Beliebtheit erfreut, insbesondere in Frankreich.

Kräftig gebaut, gut proportioniert, dabei von imposanter Erscheinung. Bevorzugte Gangart: Schritt bis Trab, hohe Aktion der Läufe.

2

MOLOSSER, BERGHUNDE

Riesenrassen
45 bis 90 Kg

URSPRUNGSLAND
Ehemaliges Jugoslawien

URSPRÜNGLICHER NAME
Illirski Ovcar

ANDERE NAMEN
Sarplaninac, Scharplanina, Jugoslawischer Schäferhund aus dem Sarplanina-Gebirge, Illyrischer Schäferhund

2

KOPF
Kopfproportionen im guten Verhältnis zur Körpergröße. Leicht konvex konstruierter Schädel. Gerade Nasenlinie. Mäßiger Stop. Breiter Fang.

AUGEN
Mandelförmig, dunkel- oder hell-kastanienbraun. Schwarz pigmentierte Lidpartien.

OHREN
Hängeohren von mittlerer Größe. V-förmig eng an den Wangen anliegend.

KÖRPERBAU
Etwas länger als hoch. Breite Hals- und Nackenpartie, ohne Kehlwamme. Tiefe Brust. Mäßig gebogener Rippenkorb. Breiter Rücken. Aufgezogener Bauch. Hohe Flanken. Die Oberlinie fällt zur Kruppe hin leicht ab. Schräg liegende Kruppe.

LÄUFE
Solide. Starke, ovale Pfoten. Aufgewölbte und gut zusammenstehende Zehen.

RUTE
Lang, sich zur Spitz hin verjüngend. Wird säbelartig getragen. Buschige Behaarung, eine schöne Befederung bildend.

HAARKLEID
Lang, dicht, recht grob am Hals (Krause) sowie am Körper und an der Rute (befedert). Am Kopf und auf der Vorderseite der Läufe kürzere Behaarung. Kurze, dünne, sehr buschige Unterwolle.

FARBE
Einfarbig. Alle Farbnuancen sind zugelassen, von weiß bis dunkelbraun. Am meisten geschätzt werden eisengrün und dunkelgrau. Scheckungen und weiße Abzeichen sind nicht gestattet. Bei allen gut pigmentierten Hunden ist die Grundfarbe an der Oberseite des Kopfes, des Halses und des Rumpfes am deutlichsten ausgeprägt. Hellerer Farbschlag auf der Unterseite des Körpers und im unteren Bereich der Läufe.

WIDERRISTHÖHE
Rüde: Durchschnittl. 62 cm
Hündin: Durchschnittl. 58 cm

GEWICHT
Rüde: 35 bis 45 kg
Hündin: 30 bis 40 kg

Charakter, besondere Talente, Erziehung
Ein treuer und sanftmütiger Gefährte, ruhig, sensibel und seinem Herrn sehr ergeben. Unbestechlich, argwöhnisch, wachsam, besitzt einen ausgeprägten Verteidigungsinstinkt und zeigt sich Fremden gegenüber manchmal aggressiv. Ein beispielhafter Wächter. Er ist von außergewöhnlichem Mut und gibt niemals nach. Auch gegenüber Artgenossen legt er starkes Dominanzverhalten an den Tag. Sein starker Charakter erfordert eine konsequente Erziehung.

Hinweise
Kann in der Wohnung gehalten werden, benötigt aber in jedem Fall reichlich Auslaufflächen, um seine Energie abzubauen. Verträgt es nicht, allein gelassen zu werden. Das Haarkleid einmal pro Woche bürsten, zur Zeit des Fellwechsels häufiger.

Verwendung
Herdenschutzhund. Begleithund.

Gedrungen. Kompakt und solide. Quadratisches Gebäude. Guter Stand. Faltige Haut.

Shar Pei

Hier handelt es sich um eine sehr alte chinesische Hunderasse, die bereits vor unserer Zeitrechnung in den an das Südchinesische Meer angrenzenden Provinzen gehalten wurde. Ursprünglich stammt der Shar Pei wohl aus, Dah Let in der Provinz Kwun Tung. Er wurde als Tempelwächter, Kampfhund, Saupacker, aber auch Herdenschutzhund eingesetzt. Ab 1947 waren Hunde in China verboten. Über Hongkong wurden einige Exemplare in die USA (1970) bzw. Europa (1980) gebracht. Der Shar Pei ist sicherlich der atypischste Vertreter der Hundewelt, er ist vor allem als Begleithund höchst beliebt. Es gibt übrigens auch einen Mini-Pei (15 kg, ca. 35 cm Widerristhöhe), der allerdings von der FCI nicht anerkannt ist.

2

2A

MOLOSSER, DOGGENARTIGE HUNDE

URSPRUNGSLAND
China

URSPRÜNGLICHER NAME
Shar Pei

ANDERE NAMEN
Chinesischer Faltenhund

Charakter, besondere Talente, Erziehung
Besitzt einen sehr dominanten Charakter, Artgenossen gegenüber oft aggressiv. Ausgeglichen, ruhig und liebevoll gegenüber seinem Herrn. Kinderliebend. Konsequente, aber gleichzeitig milde Erziehung.

Hinweise
Kann durchaus in der Wohnung gehalten werden, vorausgesetzt, er bekommt täglich Bewegung. Einmal pro Woche bürsten. Ein äußerst suberer Hund. Die Hautfalten bedürfen sorgfältiger Pflege.

Verwendung
Wachhund. Begleithund.

KOPF
Flacher, breiter Schädel. Mäßiger Stop. Reichlich Falten an der Stirn und Backen, die nach unten in eine Wamme übergehen. Breiter Fang. Großer Nasenspiegel. Schwarz-blaue Zunge. Schwarzes Zahnfleisch.

AUGEN
Mandelförmig, klein, tief eingesetzt. Dunkle Augenfarbe.

OHREN
Sehr klein, ziemlich dick, in der Form eines gleichschenkligen Dreiecks. Hoch am Schädel angesetzt, eng am Schädel anliegend.

KÖRPERBAU
Mächtig, muskulös. Starker, dicker Hals mit Wamme. Kurzer Rücken. Breite und tiefe Brust. Oberlinie zur Kruppe hin ansteigend.

LÄUFE
Starkknochig. Kompakte Pfoten.

RUTE
Mittellang, erhoben getragen, gerade oder über den Rücken eingerollt.

HAARKLEID
Ein besonderes Merkmal der Rasse: Kurz, harsch und borstig; fühlt sich besonders hart an ("Shar Pei" bedeutet "Sandhaut").

FARBE
Alle einfarbigen Farben; schwarz, lohfarben, braun, beige, cremefarben.

WIDERRISTHÖHE
40 bis 51 cm

GEWICHT
ca. 20 kg

Neufundländer

Es ist bis heute ungeklärt, wie die Ahnen des Neufundländers in die gleichnamige Region gekommen sind. Es wird vermutet, dass er von einem schwarzen skandinavischen Bärenhund abstammt, den die Norweger im 16. Jahrhundert mitgebracht haben; aber es heißt auch, dass er ein Nachfahre des Labradors ist, also von Molossern, die die Wikinger eingeführt hatten, abstammt, oder vom Leonberger, vom Bernhardiner oder vom Pyrenäenberghund, der in Begleitung baskischer Fischer kam. Im 19. Jahrhundert gelangten die Neufundländer durch englische und französische Seeleute nach Europa. Während die Engländer schnell Gefallen an den Riesen gefunden hatten und mit der Zucht begannen (Darstellungen bei Byron bzw. auch beim Tiermaler Landseer), hielt der Neufundländer Einzug in deutsche Fürstenhöfe. Bereits 1893 wurde der Vorläufer des Deutschen Neufundländer-Klubs e.V. gegründet.

Voller Adel, majestätische Erscheinung. Mächtig. Wuchtiger Knochenbau. Befreite Bewegungen, leicht wiegend.

2B

MOLOSSER, BERGUNDE

URSPRUNGSLAND
Neufundland, Kanada, Skandinavien, Großbritannien

URSPRÜNGLICHER NAME
New Foundland

2

KOPF
Breit und wuchtig. Mittelmäßig ausgeprägter Stop. Kurzer, eher quadratisch geschnittener Fang.

AUGEN
Klein, gut auseinanderliegend. Dunkelbraun; bei Tieren mit braunem Haarkleid etwas heller.

OHREN
Klein, dreieckig, gut anliegend.

KÖRPERBAU
Massiv. Kräftiger Hals. Gut heruntergezogene Brust. Breiter Rücken. Die kräftigen Lenden sind gut bemuskelt. Breite, schräg liegende Kruppe.

LÄUFE
Groß, mit Zwischenzehenhaut.

RUTE
Kräftig und breit an ihrem Ansatz; mäßig lang, reicht bis zum Sprunggelenk oder geringfügig darunter. Wird herabhängend getragen, mit einem kleinen Bogen an der Spitze.

HAARKLEID
Wasserundurchlässiges Stockhaar. Das Deckhaar ist lang und gerade, nicht gelockt. Eine leichte Wellung ist zulässig. Vorder- und Hinterläufe sind befedert. Weiche, dichte Unterwolle.

FARBE
Zulässige Farben: Schwarz (leichter Schimmer wie von Sonnenbrand); braun (schokoladefarben bis zu bronzefarben); Weiß-Schwarz (Landseer-Variante, britisch-amerikanischer Typ) zu bevorzugen sind ein schwarzer Kopf mit weißer Blesse, ein schwarzer Sattel mit Abzeichen und eine schwarze Kruppe mit schwarzer Oberseite der Rute. Alles Übrige muss weiß sein.

WIDERRISTHÖHE
Rüde: Durchschnittl. 71 cm
Hündin: Durchschnittl. 66 cm

GEWICHT
Rüde: ca. 68 kg
Hündin: ca. 54 kg

Charakter, besondere Talente, Erziehung
Ein sensibler und äußerst treuer Hund. Freimütig, leichtführig, ruhig, sanftmütig, sehr kinderliebend. Eignet sich nicht als Wachhund, ist allein durch seine Größe respekteinflößend. Der Hund besitzt einen stark ausgeprägten Rettungsinstinkt. Er scheut auch das Wasser nicht und kann stundenlang schwimmen, um Ertrinkende zu retten - ein echter "Bernhardiner der Meere". Man muss ihm eine konsequente Erziehung angedeihen lassen, aber auch viel Geduld aufbringen, denn seine geistige Reife erlangt der Hund erst im Alter von zwei Jahren.

Hinweise
Er kann sich an die Haltung in der Wohnung gewöhnen, darf allerdings nicht zu häufig allein gelassen werden. Er braucht viel Bewegung. Verträgt Hitze nur schlecht. Zweimal pro Woche bürsten.

Verwendung
Wasserrettungshund. Begleithund.

Tosa

Ein japanischer Kampfhund, der Ende des 19. Jahrhunderts bzw. Anfang des 20. Jahrhunderts geschaffen wurde. Grundlage waren Kreuzungen zwischen dem einheimischen Shikoku-Ken, Bull-Terriern, Bulldoggen, Deutschen Doggen, Mastiffs und Bernhardinern. Zuchtziel war die Erschaffung eines möglichst imposanten Hundes.

Großer Hund von robustem Aufbau. Imposante Haltung. Energische, kraftvolle Bewegungen.

2

2A

MOLOSSER, DOGGENARTIGE HUNDE

URSPRUNGSLAND
Japan

URSPRÜNGLICHER NAME
Tosa Inu

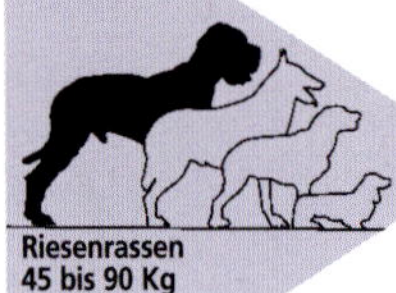

Charakter, besondere Talente, Erziehung
Hund von bemerkenswertem Temperament, geduldig, ruhig, unerschrocken und wagemutig. Seinem Herrn gegenüber sehr anhänglich, erweist sich gegenüber Fremden als sehr misstrauisch. Wenn die Umstände es erfordern, kann er sehr furchterregend sein. Er braucht unbedingt eine strenge Erziehung.

Hinweise
Er braucht Platz und Bewegungsmöglichkeiten. Einmal pro Woche bürsten.

Verwendung
Wachhund. Begleithund.

KOPF
Kräftig. Breiter Schädel. Deutlich ausgeprägter Stop. Gerader Nasenrücken. Quadratischer Fang. Solides Gebiss. Großer Nasenspiegel.

AUGEN
Eher klein, dunkel.

OHREN
Relativ klein, dünn und hoch am Schädel angesetzt. Eng anliegende Hängeohren.

KÖRPERBAU
Mächtig. Gut bemuskelter Hals mit Kehlwamme. Erhöhter Widerrist. Gerade Rückenlinie. Breite und tiefe Brust. Breite und gut bemuskelte Lendenpartie. Kruppe mäßig gebogen. Gut aufgezogener Bauch.

LÄUFE
Solide. Gut geschlossene Pfoten. Harte, dunkel gefärbte Krallen.

RUTE
Hoch angesetzt, am Ansatz stark, sich zur Spitze hin verjüngend. Wird herabhängend getragen, bis zum Sprunggelenk reichend.

HAARKLEID
Kurz, hart, dicht.

FARBE
Rot, falbfarben, apricot, schwarz, gestromt. Geringfügige weiße Abzeichen auf Brust und Läufen sind zulässig.

WIDERRISTHÖHE
Rüde: Mind. 60 cm
Hündin: Mind. 55 cm

GEWICHT
ca. 40 kg

Appenzeller Sennenhund

Dieser Hund stammt aus dem Ostschweizer Kanton Appenzell. Die erste Erwähnung der Rasse geht auf das Jahr 1853 zurück, wo er in einem Buch als "vielfarbiger Kurzhaar-Hund von mittlerer Größe und heller Stimme" beschrieben wird. Wahrscheinlich stammt der Appenzeller von Tibet-Molossern und nordischen Hunden ab. Seit 1898 wird er als eigenständige Rasse geführt. Der Standard wurde unter Wirkung eines der größten Förderer dieser Rasse, dem Förster Max Sieber, festgeschrieben. 1906 entstand der Club für Appenzeller Sennenhunde. Außerhalb seines Ursprungslandes ist der Hund kaum verbreitet.

Gedrungen, nicht besonders lang. Gut proportioniert. Wenig massiv. Harmonisch. Gangwerk: raumgreifend.

3

SCHWEIZER SENNENHUNDE

URSPRUNGSLAND
Schweiz

URSPRÜNGLICHER NAME
Appenzeller Sennenhund

2

GEWICHT
22 bis 25 kg

KOPF
Leicht keilförmiger Kopf. Mäßiger Stop. Gerader Nasenrücken. Schwarzer brauner Nasenspiegel. Trockene Lefzen.

AUGEN
Klein und mandelförmig. Dunkelbraun bis braun.

OHREN
Hoch angesetzt, dreieckig. Eng anliegende Hängeohren.

KÖRPERBAU
Robust und kompakt. Kraftvoller, trockener Hals. Fester, gerader Rücken. Breite, gut herabgezogene Brust. Kurze Kruppe. Bauch mäßig aufgezogen.

LÄUFE
Gut bemuskelt. Kurze, gut aufgewölbte Pfoten. Dicht zusammenstehende Zehen.

RUTE
Hoch angesetzt, stark, von mittlerer Länge. In der Bewegung eng über die Kruppe gerollt, seitlich oder in der Mitte getragen.

HAARKLEID
Kurz, fest und anliegend. Dichte Unterwolle.

FARBE
Grundfarbe schwarz oder havannabraun, mit symmetrischen rostbraunen und weißen Abzeichen. Kleine, rostbraune Abzeichen (Flecken) über den Augen, an den Wangen, auf der Brust und an den Läufen. Gut sichtbare weiße Blesse. Weiß vom Kinn über Kehle ohne Unterbrechung bis zur Brust, sowie an allen vier Pfoten und der Rutenspitze.

WIDERRISTHÖHE
Rüde: 50 bis 58 cm
Hündin: 48 bis 66 cm

Charakter, besondere Talente, Erziehung
Mutiger Hund mit ausgeprägtem Temperament. Robust, sehr lebendig und selbstsicher. Ein sehr vielseitiger Hund: sein liebevolles und sanftmütiges Wesen macht ihn zu einem geschätzten Gefährten seiner Menschen; Fremden gegenüber ist sehr misstrauisch, besitzt einen sehr starken Verteidigungsinstinkt - das macht ihn auch zu einem guten Wächter. Daneben fand er auch als Zughund und Rettungshund Verwendung.

Hinweise
Keinesfalls in der Stadt halten. Er braucht sehr viel Platz und Auslaufgelegenheit. Regelmäßig bürsten.

Verwendung
Treibhund (Rinderherden). Zughund (Milchwagen). Gebrauchshund (Lawinensuchhund, Katastrophenrettungshund), Spürhund. Wachhund. Begleithund.

Mächtig. Leichte Bewegungen. Harmonisch. Gut proportioniert.

Berner Sennenhund

Hier handelt es sich um eine sehr alte Rasse aus der Schweiz, ihr Ursprung liegt unweit der Stadt Bern, hauptsächlich in Dürrbach und Burgdorf. Sie ist aus den Molossern hervor gegangen, die in den römischen Legionen zunächst als Kampf- und später als Herdenschutzhunde eingesetzt wurden. Schon 1902 war ein Exemplar auf Hundeausstellungen zu sehen. 1907 wurde ein Rassenstandard veröffentlicht. 1949 erfolgte eine Einkreuzung mit einem Neufundländer. Heute ist er der bekannteste Vertreter der Schweizer Sennenhunde. Aus einer Kreuzung mit einem Labrador schuf man 1990 eine neue Rasse, die allerdings noch nicht ausgereift ist ("Bulab").

3

SCHWEIZER SENNENHUNDE

2

URSPRUNGSLAND
Schweiz

URSPRÜNGLICHER NAME
Berner Sennenhund

Charakter, besondere Talente, Erziehung
Widerstandsfähiger und sehr ausgeglichener Hund. Friedfertig, leichtführig, gutmütiges Wesen. Seiner Familie treu und liebevoll ergeben. Wachsam und mutig, misstrauisch gegenüber Fremden; ein friedlicher Wächter, aber respekteinflößend; nicht bellfreudig. Kann Einsamkeit nicht ertragen. Braucht eine strenge Erziehung, ohne Brutalität, und mit einem guten Maß an Geduld, da er erst mit 18-24 Monaten zur Reife gelangt.

Hinweise
Er verträgt es nicht, in einer engen Wohnung gehalten zu werden. Er braucht Platz und viel Bewegung. Einmal pro Woche bürsten.

Verwendung
Herdenhund (Großvieh). Wachhund, Polizeihund, Zughund für leichte Wagen. Begleithund.

KOPF
Kräftig, der Schädel leicht gewölbt. Gut ausgeprägter Stirnabsatz. Mächtiger, gerader Fang.

AUGEN
Mandelförmig, dunkelbraun.

OHREN
Hoch angesetzt, dreieckig. In der Ruhe herabfallend.

KÖRPERBAU
Stämmig. Breite, gut heruntergezogene Brust. Solider, gerader Rücken. Mäßig abgerundete Kruppe. Der Bauch darf nicht aufgezogen sein.

LÄUFE
Kräftig und starkknochig. Kurze, rundliche Pfoten. Dicht zusammenstehende Zehen.

RUTE
Buschig, in der Ruhe herabhängend getragen.

HAARKLEID
Lang, schlicht oder leicht gewellt.

FARBE
Dreifarbig. Tiefschwarze Grundfarbe mit sattem braunrotem Brand an den Backen, über den Augen, an allen vier Läufen und auf der Brust; weiße Kopfzeichnung (Blesse); weiße Kehl- und Brustzeichnung erwünscht; kleiner weiße Abzeichen an den Pfoten und der Rutenspitze.

WIDERRISTHÖHE
Rüde: 64 bis 70 cm
Hündin: 58 bis 66 cm

GEWICHT
40 bis 50 kg

Entlebucher Sennenhund

Dieser kleine Schweizer ist ein naher Verwandter des Appenzeller Sennenhundes. Sein Name verweist auf seinen Ursprungsort, die Gegend von Entlebuch, im Kanton Luzern. Er wurde als Hüte- und Treibhund gehalten und war früher weit verbreitet, dann aber war der Zuchtbestand sehr stark bedroht, bis man ab 1913 erneut mit der Reinzucht begann.

Gut proportioniert. Behände. Harmonisch. Freundlich im Ausdruck.

3

SCHWEIZER SENNENHUNDE

Mittelgroße Rassen 10 bis 25 Kg

URSPRUNGSLAND
Schweiz

URSPRÜNGLICHER NAME
Entlebucher Sennenhund

2

KOPF
Im richtigen Größenverhältnis zum Körper. Abgeflachte Stirn. Mäßiger Stop. Kräftiges Gebiss.

AUGEN
Ziemlich klein, braun. Lebhafter Ausdruck.

OHREN
Nicht zu groß, hoch angesetzt; Ohrlappen hängend, an der Spitze gut abgerundet; flach anliegend.

KÖRPERBAU
Etwas länger als hoch. Kurzer, gedrungener Hals. Gerader, starker Rücken. Tiefe, breite Brust.

LÄUFE
Kräftig. Runde und gut geschlossene Pfoten. Afterkrallen sind unerwünscht.

RUTE
Schwebend oder hängend getragene Rute angestrebt. Auch angeborene Stummelrute.

HAARKLEID
Deckhaar kurz, fest anliegend, hart und glänzend.

FARBE
Grundfarbe schwarz, mit gelben bis rostbraunen Abzeichen über den Augen, an den Backen und auf allen vier Läufen. Gut sichtbare, symmetrische weiße Blesse, weiße Abzeichen an am Hals, der Brust und den Läufen, wobei an letzteren das Gelb bis Rostbraun zwischen Schwarz und Weiß liegen muss.

WIDERRISTHÖHE
40 bis 50 cm

GEWICHT
15 bis 25 kg

Charakter, besondere Talente, Erziehung
Robust, wendig, und ausgeglichen, ein gutes Hütehund. Vorzüglicher Gefährte, leichtführig und von frohem Gemüt. Wird beim Transport von Milch und Käse als Zughund eingesetzt. Er besitzt ein von Natur aus gutmütiges Wesen und lässt sich leicht erziehen.

Hinweise
Dieser Hund benötigt viel Platz und Bewegung. Regelmäßig bürsten.

Verwendung
Herdentreibhund. Wachhund. Begleithund.

Großer Schweizer Sennenhund

Robust und von starkem Knochenbau. Stark entwickelte Muskulatur. Wendig, mit raum greifenden Bewegungen.

Die Vorfahren des Großen Schweizer Sennenhundes waren die früher in Mitteleuropa weit verbreiteten, häufig als Metzger- oder Fleischerhunde bezeichneten, kräftiger, dreifarbigen, zuweilen auch schwarzbraunen oder gelben Hunde, die vorzugsweise zum Schutz, als Viehtreiber oder als Zughunde verwendet und gezüchtet wurden. Im ausgehenden Mittelalter begleiteten sie die helvetischen Konföderierten in den Kampf. 1908 wurden erstmals zwei als "kurzhaarige Berner Sennenhunde" bezeichnete Hunde ausgestellt. Prof. Albert Heim erkannte in ihnen den alten, im Aussterben begriffenen großen Sennen- oder Metzgerhund. Die Rasse wurde von der SKG im Jahre 1909 als eigenständige Rasse anerkannt. Im Kanton Bern fanden sich dann weitere Exemplare. 1912 wurde der "Klub für Große Schweizer Sennenhunde" gegründet, der fortan die Pflege und Förderung dieser Rasse übernahm. 1939 wurde der Standard erstmals von der FCI offiziell anerkannt. Seine Verdienste im Zweiten Weltkrieg lenkte die allgemeinde Aufmerksamkeit auf diesen Hund, der sich von da an immer größerer Beliebtheit erfreute.

2

3

SCHWEIZER SENNENHUND

URSPRUNGSLAND
Schweiz

URSPRÜNGLICHER NAME
Großer Schweizer Sennenhund

Große Rassen
25 bis 45 Kg

Charakter, besondere Talente, Erziehung
Ein bemerkenswer. Ein besonders ausdauernder Hund, aufmerksam, wachsam, ruhig, leicht zu erziehen, ein sehr vielseitiger Hund. Taugt als Hütehund, Zughund, Schutzhund für Haus und Hof, Rettungshund (z.B. Lawinensuche). Er ist ein treuer und sanftmütiger Gefährte, der sehr gut mit Kindern umgehen kann.

Hinweise
Dieser Hund kann nicht in der Stadt gehalten werden. Er braucht weite Flächen und jede Menge Bewegung. Regelmäßig bürsten.

Verwendung
Treibhund. Zughund. Wachhund. Rettungshund. Begleithund.

KOPF
Kräftig, aber nicht schwer; flacher und breiter Oberkopf. Mäßig ausgeprägter Stop. Mächtiger Fang. Schwarze Lefzen.

AUGEN
Mandelförmig, mittelgroß, weder tief liegend noch hervorstehend, Haselnuss- bis kastanienbraun.

OHREN
Mittelgroß, dreieckig und ziemlich hoch angesetzt. Flach anliegend.

KÖRPERBAU
Kräftig, aber nicht zu massig. Mächtiger, stämmiger Hals, keine Kehlwamme bildend. Fester und gerader Rücken. Breite, gut heruntergezogene Brust. Lange, breite Kruppe. Bauch und Flanken mäßig aufgezogen.

LÄUFE
Solide. Starke Pfoten. Gut zusammenstehende und aufgeknöchelte Zehen. Robust.

RUTE
Ziemlich schwer, bis zum Sprunggelenk reichend; in Ruhe hängend.

HAARKLEID
Dichtes mittellanges Deckhaar mit dichter, möglichst dunkelgrau bis schwarz gefärbter Unterwolle.

FARBE
Grundfarbe schwarz mit braun-rotem Brand und weißen symmetrischen Abzeichen. Das Braun-Rot befindet sich zwischen dem Schwarz und den weißen Abzeichen an den Backen, über den Augen, an der Innenseite der Ohren, seitlich an der Brust, an allen vier Läufen und an der Unterseite der Rute. Die weißen Abzeichen befinden sich an Kopf (Blesse) und Schnauze, an Kehle und Brust, Pfoten und Rutenspitze.

WIDERRISTHÖHE
Rüde: 65 bis 72 cm
Hündin: 60 bis 68 cm

GEWICHT
Rüde: ca. 40 kg
Hündin: ca. 35 kg

Der Hund in der Kunst

Fresko von Andrea Mantegna (1431-1506), Italien
Camera degli Sposi (Hochzeitszimmer), Aufbruch zur Jagd
Ausschnitt: unterer Teil (nach Restaurierung)
Galerie E. Museo Di Palazzo Ducale, Mantova
Sammlung Alinari-Giraudon, Paris

Der Hund in Kunst und Geschichte

Theben: Byban und Moluk Gefäße, Möbelstücke und verschiedene Gegenstände in den Gräbern der Könge. Der Totengott Anubis beugt sich über die Mumie des Pharaos. Sammlung Selva, Paris.

Seit jeher fertigt der Mensch Abbildungen von Tieren in seiner Umgebung an. Felsmalerei, Archäologie, Skulptur und Malerei zeugen von der Bedeutung des Hundes im täglichen Leben, aber auch in der Fantasie des Menschen. Wachhund, Jagdhund oder Begleithund, der Hund ist stets auch Wächter der Unterwelt und der Toten. Er ist Symbol für Wachsamkeit, Treue und Gehorsam, aber er wird auch verdammt und mit dem Tod und den Mächten des Bösen in Verbindung gebracht. Darüber hinaus finden sich zahlreiche Darstellungen des Hundes auf Wappen, Münzen, und in neuerer Zeit auf Briefmarken.

Der Hund in der Archäologie

Unter den zahlreichen Abbildungen von Tieren, die die Archäologie zutage gebracht hat, finden sich in der Tat häufig Hunde. Ihre Symbolik zeigt die Bedeutung des Hundes zu früheren Zeiten. Je nach Ort und Zeit bewegt sich sein Status zwischen dem eines Sklaven und dem eines Gottes. Die älteste Abbildung eines Hundes befindet sich auf einem breiten Felswandfries in der Cueva Vieja in Spanien (ca. 10.000 Jahre v. Chr.). Hier scheint ein Hund einem Hirschen den Fluchtweg abzuschneiden - ganz offensichtlich eine Darstellung der Anfänge der Jagd!

Der Hund als Gott

Eines der bekanntesten Beispiele hierfür findet man in Ägypten: der Gott Anubis, halb Hund und halb Schakal, der ab der 19. Dynastie, ca. 4200 v. Chr. in Erscheinung trat. Da sich nachts Hunde in den Totenstädten aufhielten, wurde Anubis der Gott mit Hundekopf, der Gott der Toten. Er stand den Bestattungszeremonien vor und leitete die Rituale, die an den Körpern der Verstorbenen vollzogen wurden - allem voran das Einbalsamieren.

In der griechischen Mythologie ist der Hund eine von Hephaistos, dem Gott der Handwerker, geschaffene Kreatur. Demnach ist er göttlichen Ursprungs und hat eine privilegierte Stellung vor allen anderen Tieren inne.

Arbeitshund und Kriegshund

Seit jeher steht der Hund im Dienste des Menschen. Ursprünglich besaß der Hund im Mittleren Osten den Status eines Sklaven (um 2000 v. Chr. war das Schriftzeichen für den Hund in der Keilschrift sogar mit dem für Sklaven identisch), im weiteren Verlauf der Menschheitsgeschichte gewann der Hund zunehmend an Bedeutung.

Nahezu alle Darstellungen von Jagdszenen zeigen Hunde an der Seite des Menschen. Ein Beispiel ist die Großwildjagd mit Mastinos, die auf den Stadtmauern der auf das Neolithikum zurückdatierten Stadt Catal-Hüyük im Mittleren Osten dargestellt ist. In Ägypten halfen Hunde dem Menschen bis zur 8. Dynastie bei der Antilopen- und Gazellenjagd. Im Zuge der Vervielfältigung und Spezialisierung der Rassen entstanden 1500 v. Chr. die schnelleren Windhunde. Auch die Griechen und Römer der Antike verwendeten Hunde für die Jagd, und auf zahlreichen Darstellungen sind Hunde zu finden.

Darüber hinaus spielten Hunde eine wichtige Rolle als Wächter, so Zerberus, der in der griechischen Mythologie den Zutritt zur Hölle für die verstorbenen Seelen kontrollierte. Im Fernen Osten waren so genannte "Muffenhunde" als Wächter der Eunuchen (3470 v. Chr.) gebräuchlich. Im Rom der Antike (1. Jh. n. Chr.) wurden an Ketten gelegte Hunde als Wachhunde im Haus eingesetzt - ein Bild, das sich in dem berühmten Bodenmosaik "cave canem" ("Vorsicht vor dem Hund") in Pompeji wiederfindet.

Außerdem standen Hunde den Soldaten im Krieg zur Seite. Um 1000 v. Chr. waren Hunde aus Mesopotamien, allen voran Mastinos, im Fernen Osten für die Jagd auf Menschen, beispielsweise Sklaven auf der Flucht, sehr begehrt. In Indien erinnern die Skulpturen an einem Tor des buddhistischen Tempels Sanshi Tope an die in den Kriegen eingesetzten Fleischerhunde. Im römischen Heer der Antike wurden verschiedene Arten von Gefechtshunden eingesetzt: Verteidigungshunde schützten die Nachhut, während Angriffshunde an vorderster Front liefen und Verbindungshunde die verschiedenen Armeeposten verbanden. Die Meder und Perser ließen ihre Hunde die zu überbringende Nachricht schlucken und schlachteten sie bei der Ankunft.

Der Hund als Haustier

Das Los der Hunde zu jenen Zeiten mag recht bemitleidenswert erscheinen; es gibt auch Anzeichen dafür, dass sie bisweilen sehr geschätzt und respektiert wurden. Im Neuen Ägyptischen Reich beispielsweise hatte der Hund einen derart hohen Rang inne, dass das Misshandeln oder gar Töten von Hunden mit schweren Strafen geahndet wurde. Im Griechenland der Antike stellten Künstler den Hund häufig als Begleiter des Menschen dar. Die mesopotamischen Bildhauer von Assurbanipal haben diese besondere Bedeutung des Hundes in ihrem Werk „Der junge Satyr in Ruhestellung", das sich heute im Pariser Louvre befindet, dargestellt. Als erster Beweis für die Aufnahme des Hundes in die Familie gilt jedoch die Terrakotta-Skulptur eines Bettes, in dem sich ein Paar zärtlich umarmt. Zu seinen Füssen liegt ein schlafender Hund. Diese Skulptur, eine vollkommen moderne Darstellung der „Liebe" zum Hund, stammt aus Gallien und entstand bereits um 50 v. Chr.

Mosaik, Hund von Tunis, 3. Jahrhundert
Cogis, Paris

Der Hund in der Malerei

Seit Anbeginn der Menschheitsgeschichte wird der Hund in der Malerei häufig als der treueste Gefährte des Menschen dargestellt. Bereits in der Urgeschichte, um 4500 v. Chr., waren Hunde auf Wandmalereien abgebildet. Gewiss war der Hund weniger häufig vertreten als Wild, die Hauptquelle der Inspiration für die Maler, und er war als Jagdhund von nicht eindeutig erkennbarer Rasse abgebildet. Erst im alten Ägypten entstanden Gemälde mit Hunden, die sich den heutzutage bekannten Rassen zuordnen lassen.

In der römischen Antike: Der Hüter des Hauses

Im der römischen Antike entwickelte sich der Status des Hundes in der Gesellschaft weiter, er wurde als vollwertiges Haustier anerkannt - ein Hüter des Hauses und unentbehrlicher Jagdgefährte, ein ständiger Begleiter, seinem Herrn stets treu ergeben. Es handelte sich vor allem um gewaltige Fleischerhunde, die ebenso eindrucksvoll wie wild waren und so Eindringlinge vom Haus fernhielten.

Johann II., genannt "Johann der Gute", umgeben von Edelleuten. Sammlung Selva, Paris

Der Jagdhund des Mittelalters

Im frühen Mittelalter wurden fast keine Hunde mehr abgebildet, was möglicherweise darauf zurückzuführen ist, dass aufgrund all der streunenden, angriffslustigen und gefährlichen Hunde jener Zeit, die stets ausgehungert waren und daher Aas fraßen, die Maler sehr wenig Gelegenheit hatten, den Hund auf ihren Bildern darzustellen. Von den Moslems wird er als unrein und verachtungswürdig angesehen und symbolisiert die Kräfte des Bösen und den Tod.

Der Einsatz des Hundes bei der Jagd trug jedoch dazu bei, dass ein Großteil der Bevölkerung seine Einstellung zu ihm änderte, wobei der Mensch zu Beginn des Mittelalters sich lediglich die Aggressivität des Hundes zu Nutze machte. So finden sich wieder zahlreiche Darstellungen des Hundes in der Malerei, und zwar selten als Einzeltier, sondern zumeist im Rudel. In den Gemälden aus jener Zeit ist der König auf der Jagd in Begleitung seiner Hunde dargestellt, wobei diese oftmals sehr zahlreich waren: Eine Hundemeute bestand bisweilen aus bis zu tausend Tieren.

Die bildliche Darstellung näherte sich mehr und mehr der Realität an. Es war nicht immer genau erkennbar, welche Rasse Modell gestanden hatte, möglicherweise handelte es sich um Hunde, die aus Kreuzungen verschiedener Rassen hervorgegangen waren. Es gab verschiedene Kategorien von Hunden, die über bestimmte Eigenschaften verfügten. Laufhunde jagten ausschließlich Fellwild, indem sie es aufscheuchten und anschließend verfolgten. Die Rassen waren miteinander verwandt, unterschieden sich jedoch in ihren Farben: Es gab die "Bluthunde des Heiligen Hubertus", die "Weißen Hunde des Königs"(Vorläufer des Griffon Vendéen), die "Fauves de Bretagne" und die "Gris de Saint-Louis", wobei die Namen immer auf den Besitzer verwiesen. Vorstehhunde wurden zusammen mit Falken bei der Jagd auf Großwild dargestellt, sie wurden vor der Erfindung der Feuerwaffe eingesetzt und hatten die Aufgabe, die zu töten.

Die Vermenschlichung des Hundes während der Renaissance

Gegen Ende des Mittelalters fanden sich vermehrt Darstellungen des Hundes als Hausgenosse. In der Nähe von Damen, auf ihrem Schoß sitzend oder zu ihren Füßen, handelte es sich hierbei eher um Tiere kleinerer Rassen, nicht um Jagdhunde. Jene kleinen Windhunde oder anderen Zwerghunde waren bei ihren Herrinnen sehr beliebt und sie überschütteten sie mit Zärtlichkeiten. In der Renaissance geizten die Maler weniger mit Darstellungen von Hunden: Von den kleinen Schosshunden der Damen und jungen Mädchen über Windhunde und fein gepflegte Hunde bis hin zu größeren Tieren, treue Gefährten ihres Herrn, findet man in Bildern aus dem 16. Jahrhundert verschiedene Arten von Hunden. Damals begann auch die „Vermenschlichung" des Hundes. Bei Festbanketten lag er unter den Tischen und aß, was die Gäste ihm reichten, nach und nach wurde er zum Begleithund. Hunde wurden von Künstlern aus aller Welt gemalt. In Venedig beispielsweise wurden Malteser dargestellt, die sich, auf Kissen gebettet, während einer Gondelfahrt von ihrer Herrin verwöhnen lassen. Der Hund war jedoch auch weiterhin ein unverzichtbarer Gefährte bei der Jagd, wobei die Maler die Unterschiede zwischen den verschiedenen Jagdhundtypen immer deutlicher herausarbeiteten: Laufhunde, Vorstehhunde, usw.

Pol Limobourg (15. Jh.) "Très riches heures du Duc de Berry". Kalender Januar: Der Herzog von Berry bei Tisch (mit Tierkreis). Chantilly, Condé-Museum (Frankreich). Sammlung Giraudon, Paris

Ausschnitt: Zwei Zwerghunde auf dem Tisch

17. Jahrhundert bis heute: Entstehung der Rassen

Der Heilige Hubertus
Miniatur von Jean Bourdichon,
Faksimile der "Heures d'Anne de Bretagne",
15. Jahrhundert. Sammlung Selva, Paris

Ab dem 17. Jahrhundert stieg die Zahl der Rassen deutlich an, eine Entwicklung, die ebenfalls – zumindest zu Anfang – der Jagd zuzuschreiben war, denn die verschiedenen Methoden der Jagd und die verschiedenen Arten von Jagdwild erforderten unterschiedliche Hundemeuten. Gegen Ende des 17. Jahrhunderts nahm man von den gängigen Jagdhunden mehr und mehr Abstand und gab kleineren Hunden wie beispielsweise den King Charles den Vorzug, die besonders von Königen und Adligen geschätzt wurden.

Inzwischen wurden Hunde auch einzeln in Bildern dargestellt bzw. als Hauptmotiv herangezogen. Einige Maler spezialisierten sich auf die Tiermalerei, wie François Desportes (1661-1743), Hofmaler des Sonnenkönigs, Paul de Vos (1596-1678) und Jean-Baptiste Oudry (1686-1755). Bemerkenswert, ist die äußerst realistische Darstellung der Hunde, sowohl im Hinblick auf die Anatomie als auch auf ihren Gesichtsausdruck. Die für die jeweilige Rasse typische Körperhaltung und Mimik wurde vollkommen naturgetreu nachempfunden.

Im 19. und 20. Jahrhundert wurden kaum noch große Jagdhundemeuten gemalt. Stattdessen wurden fast ausschließlich Begleithunde und, in selteneren Fällen, Hüte- und Wachhunde dargestellt. Die Darstellungen des Hundes erhielten einen romantischen, oft sogar sentimentalen Akzent. Das Interesse der Maler und demnach der gesamten Gesellschaft am Hund wurde immer größer. Im Verlaufe der Zeit wurde der Stil abstrakter. Der Hund wurde als Symbol angesehen und es war nicht mehr erkennbar, von welcher Rasse sich die Maler inspirieren ließen. Inzwischen wurde dem Hund Bewunderung und Wertschätzung entgegengebracht, auch zeitgenössische Maler ließen sich von ihm inspirieren.

Der Hund in der Bildhauerei

Im Laufe seiner Entwicklung hat der Mensch die Kunst erfunden, um seinen Gefühlen Ausdruck zu verleihen. Anfangs beschränkte er sich darauf, die Wände von Grotten zu bemalen, wobei er sich der Farben bediente, die das Relief des Steins bot. Später entdeckte der Mensch die Töpferei und die Bildhauerei.

Symbolische Kunst prähistorischer Zeiten

Die ersten Skulpturen von Hunden fanden sich auf schlichten Töpfereien aus Lehm. Wahre figürliche Kunst, vor allem vom äußeren Erscheinungsbild des Hundes bestimmt, der zu jenen Zeiten als Jagdhund, Hütehund für Viehherden und Wachhund angesehen wurde. Auf manchen Skulpturen, die Hunde mit überdimensionalem Unterleib und kurzen Läufen darstellen, sind Spuren von Krallen und Zähnen zu erkennen.

Präkolumbianische Kunst

In der präkolumbianischen Kunst finden sich noch recht primitive Darstellungen des Hundes, der nicht als Hund, sondern mit den Merkmalen einer Gottheit dargestellt wurde, mit der er in Verbindung gebracht wurde. Die Bildhauerei war somit Ausdruck der geistigen, mystischen Welt - eine Tendenz, die während des Altertums ihren Höhepunkt erreichte.

Ägypten: Der Hund als stilisiertes Symbol

Die alten Ägypter verehrten alle möglichen Tiere, so auch den Hund, der für sie Gott Anubis auf Erden und manchmal auch Gott Thot symbolisierte. In ihren äußerst durchdachten und stilisierten Skulpturen versuchten die Künstler, einen Wesenszug des Tieres herauszuarbeiten, wobei sie jedoch seine normale, im Allgemeinen von den Windhunden der Wüste inspirierte Form beibehielten. Ein Beispiel hierfür ist der im Louvre in Paris zu besichtigende Kalksteinhund, ein perfektes Abbild des Hirtenhundes mit Halsband. Auch auf Basreliefs sind häufig Jagdszenen oder Szenen von Hunderennen zu finden.

Darüber hinaus verwendeten die Ägypter Darstellungen von Hunden als Schmuck für Gräber und Totenstädte. Ein Beispiel ist die Darstellung von Anubis auf dem Sarkophag von Madja aus der 18. Dynastie, eine äußerst realistische Abbildung eines liegenden, mit einem Fuchsschwanz versehenen Hundes. Auch waren die Eingänge aller Tempel von zwei Hundestatuen flankiert, die die Wachsamkeit des Herrschers über sein Volk symbolisierten.

Asien: Der Löwenhund

Auch in diesem Teil der Erde kam dem Hund ein besonderer Stellenwert zu, einerseits wurde er als Gottheit verehrt, man brachte ihm Respekt entgegen, andererseits dient er als Nahrungsmittel und wurde mit Geringschätzung behandelt. Am Eingang der meisten Tempel und chinesischen Paläste befanden sich zwei so genannte „Löwenhunde“, die zweifellos den in dieser Gegend lebenden Fleischerhunden ähnelten. Selbst in den geschnitzten Gegenständen des täglichen Lebens waren die Züge des Hundes übertrieben dargestellt und von mehr oder weniger großen Ornamenten verdeckt.

Assyrien: Fein gearbeitete Tierskulpturen

In Assyrien entstanden zahlreiche stets sehr aufwändig gearbeitete Tierskulpturen. Die Inspiration der Künstler war von Religiosität und Königsverehrung bestimmt. Im Allgemeinen wurde der Hund allein dargestellt, mit einer bemerkenswerten Feinheit, oder aber er wurde inmitten einer Jagdszene abgebildet oder war einfach nur Gefährte seines Herrn.

Rom und Griechenland der Antike: Geometrischer Stil

Die aus dem näher gelegenen Griechenland und Rom der Antike stammenden Werke zeichnen sich durch einen eher geometrischen Stil mit äußerst klaren Linien aus. Ebenso wie die menschlichen Skulpturen wurden auch die Darstellungen von Tieren ausdrucksvoller gestaltet, damit diese so naturgetreu wie möglich anmuteten. Man fand jedoch nur wenige Statuen von Hunden, was nichts Ungewöhnliches ist, da der Hund zu jener Zeit nicht mehr die Stellung eines göttlichen Wesens in der Gesellschaft innehatte.

Mittelalter: Unwirkliche Darstellungen

Im Mittelalter herrschten in der Kunst unwirkliche und symbolische Darstellungen vor. Gut und Böse waren, nach der Religion, die Hauptquellen der Inspiration. Der Hund spielte dabei lediglich eine untergeordnete und im Wesentlichen dekorative Rolle. In der Renaissance wandten sich die Künstler dem Studium der Anatomie und Morphologie zu, auf der Suche nach den idealen Proportionen. Hauptmotiv ist dabei das Pferd, wohingegen der Hund anscheinend eine nur mehr untergeordnete Rolle spielte.

Vom 17. Jahrhundert bis heute: Ein häufig wiederkehrendes künstlerisches Motiv

In den nachfolgenden Jahrhunderten war der Hund ein Studienobjekt für Bildhauer, jedoch mehr als Essay denn als wirkliches Kunstwerk im eigentlichen Sinne. Ab dem 19. Jahrhundert erkoren wahrhafte Meister in der Darstellung von Tieren den Hund zu ihrem Hauptmotiv. So schuf beispielsweise Barye (1796-1875) Bronzeplastiken der Anatomie anhand von Sektionen. Der Jagdhund blieb weiterhin das bevorzugte Motiv.

Die Jägerin Diana
Keramikteller in
"Das Werk von Bernard Palissy" von
C. Delange und C. Borneman, Paris, 1869

Der Hund: Mythen und Symbole

Seit nunmehr fast fünfzehntausend Jahren lebt der Hund an der Seite des Menschen. Somit ist es nur natürlich, dass er in der menschlichen Fantasie einen wichtigen Platz einnimmt. In der Tat hat der Mensch das Unsichtbare, Mystische stets in Gegenständen oder Wesen seiner Umgebung gesehen. Das Aussehen des Hundes, vor allem aber sein Verhalten, wurde als Symbol für Situationen, Mächte oder Gottheiten verwendet.

Wächter der Unterwelt

Der Hund ist ein Wächter, der den Mond anheult und häufig nachts auf die Jagd geht, deshalb wird er in vielen Gesellschaften mit dem Tod in Verbindung gebracht. So ist er der Wächter der Unterwelt, der die Lebenden und die Toten daran hindert, die Grenze zur jeweils anderen Welt zu überschreiten. Beispiele hierfür sind Zerberus, der schwarze, dreiköpfige Hund der griechischen Mythologie, und Garm, Wächter des germanischen Niefheim.

Begleiter der Toten und ihrer Seelen

Der Hund, treuer Gefährte des Menschen, begleitet ihn auch nach seinem Tod. Er ist das Symbol des Seelenführers, der die Seelen auf ihrem Weg in das Reich der Toten begleitet. Der berühmteste unter ihnen war Anubis, mit einem schwarzen Hundekopf ausgestattete Gottheit im alten Ägypten. Seine Rolle bestand darin, das Einbalsamieren der Toten zu überwachen und sie dann zum Saal zu geleiten, in dem über ihre Seele gerichtet wurde. Außerdem legte er Zeugnis ab nach dem Wiegen der Seelen.

Ein ähnliches Wesen wie Anubis gab es in Mexiko. Es handelte sich um einen Hundegott von der Farbe eines Löwen mit dem Namen Xolotl. Er begleitete den Sonnengott auf seiner Reise unter die Erde. Dem Brauch zufolge wurde ein Hund der Rasse Xoloitzcuintli, der gelb wie die Sonne war, während der Bestattungszeremonie geopfert; dies konnte auch der Hund des Verstorbenen sein. Auf diese Weise wurde der Tote bis zu seiner Ankunft an den Toren des Todes bewacht. In Guatemala wurden an allen vier Ecken des Grabes kleine Hundefiguren aufgestellt, ein Brauch, der bis heute erhalten geblieben ist.

In den Zivilisationen des Orients vertraute man Sterbende und Tote Hunden an, damit diese sie ins Paradies, dem Reich der reinen Gottheiten, geleiteten.

Vermittler zwischen dem Jenseits und den Lebenden

Des weiteren dient der Hund der Kommunikation zwischen der Welt der Lebenden und dem Jenseits: Entweder der Hund übermittelt dem sich in Trance befindlichen Zauberer seine Botschaften, wie bei den Bantus in Zaire oder im Sudan, oder der Hund wird geopfert und anschließend mit einer Botschaft an die Toten beauftragt, wie es der Brauch bei den Irokesen Nordamerikas und einigen sudanesischen Volksstämmen ist.

Anhand dieser wenigen Beispiele wird deutlich, dass die Assoziation des Hundes mit dem Tod sowie die Tatsache, dass er nachts auf die Jagd geht, zweifelsohne mit dazu beigetragen haben, dass das Tier mit Hexerei und Zauberei in Verbindung gebracht wurde.

Die Symbolik des Hundes

Der Islam hob die dunkle Seite des Hundes hervor und erklärte den Hund zu einer unreinen Kreatur, wie das Schwein. In den Augen der Moslems war der Hund ein Aasfresser, der die Engel verjagte und mit seinem Gebell den Tod ankündigte. Man durfte sich ihm nicht nähern und wenn man ihn tötete, wurde man genauso unrein wie er. Man konnte sich jedoch vor bösem Zauber schützen, indem man das Fleisch eines Welpen aß, und man erkannte die Treue des Hundes zu seinem Herrn an. Paradoxerweise pries der Islam den Windhund als edles Tier, das Wohltat und Glück symbolisierte. Die gleiche duale Symbolik des Hundes findet sich in den Ländern Ostasiens wieder. So symbolisierte der Hund in China entweder Destruktivität in der Gestalt eines großen, haarigen Tieres mit dem Namen Tien-kuan oder den treuen Gefährten, der die Unsterblichen ins Paradies geleitete. Der Philosoph Laotse verband ihn mit der Vergänglichkeit, indem er einen alten chinesischen Brauch wieder einführte, bei dem kleine Hundefiguren aus Stroh verbrannt wurden, um das Böse zu verjagen. Für die Japaner hingegen war der Hund das Tier des Guten, das Mütter und Kinder beschützte. In Tibet schließlich stand er für Sexualität und Fruchtbarkeit. Er entfachte den Funken des Lebens, was eine weitere Symbolik des Hundes aufwirft, nämlich die des Feuers.

Der Hund und das Feuer

Seltsamerweise symbolisiert der Hund in den meisten Fällen nicht das Feuer selbst, sondern ist als derjenige bekannt, der den Menschen das Feuer gebracht hatte. In einigen afrikanischen und indianischen Stämmen nimmt er also den Platz von Prometheus ein. Auf den Inseln Ozeaniens schlief und knurrte der Hund neben dem Feuer und ist somit Herr des Feuers. Bei den Azteken war er das Feuer selbst, während er bei den Maya lediglich der Beschützer der Sonne in der Nacht war.

Auf ganz andere Art und Weise konnte der Hund auch Krieg und Ruhm symbolisieren, wie dies bei den Kelten der Fall war. Diese überschütteten ihn mit Lobpreisungen und es galt als Ehre, mit einem Hund verglichen zu werden.

Die Zweideutigkeit und ihre symbolische Darstellung

Im Laufe der Menschheitsgeschichte kam dem Hund einen großer Stellenwert in der Symbolik zu, der jedoch von der Gegensätzlichkeit der Gefühle zeugte, die ihm die Menschen offensichtlich entgegenbrachten. Schützer und Wächter für die einen, böse und teuflisch für die anderen, hatte sich sein symbolisches Bild weiterentwickelt, bis es in den modernen Gesellschaften allmählich in Vergessenheit geriet.

Nichtsdestoweniger ist der Hund bis heute in einigen gängigen sprachlichen Ausdrücken vertreten. Dennoch ist die Bezeichnung "Hund" fast immer negativ behaftet, beispielsweise als Attribut: "Hundewetter, Hundekälte, Hundstage, Hundeleben, hundeelend". Taucht er in Vergleichen auf, drückt er Verachtung, Bestialität, Uneinigkeit aus: "Wie Hund und Katz sein, vor die Hunde gehen, ‚du Hundesohn', wie ein Hund leiden, ein armer Hund sein, sich wie ein geprügelter Hund davonschleichen". Ausdrücke, die positiv über den Hund sprechen, sind eher selten: "Treue Hundeaugen haben, Dackelblick".

Der Hund nimmt einen immer größeren Platz im Leben des Menschen ein. In Anbetracht dessen stellt sich die Frage, ob die nachfolgenden Zivilisationen den Vierbeiner wohl in einem positiveren Licht darstellen werden?

Sonstige Darstellungen des Hundes in der Kunst

Das Motiv des Hundes ist auf Wappen, Münzen und seit neuerer Zeit auf Briefmarken zu finden, wobei ihm verschiedene Bedeutungen zugeschrieben werden.

Der Hund als heraldisches Emblem

Die Verwendung von Wappen kam mit den Kreuzzügen im 9. Jahrhundert auf. Die mit schweren Rüstungen bewehrten Ritter konnten sich gegenseitig nicht erkennen. Daher die Idee, ein Erkennungszeichen zu tragen, anhand dessen jedermann den Träger erkannte. Die Adelsgeschlechter in ganz Europa überboten sich gegenseitig mit der Darstellung ihrer herausragenden Eigenschaften in Form von Symbolen auf ihren Wappen. Zuerst fanden sich Fantasietiere in den Wappen, die jedoch nach und nach durch wirkliche Tiere ersetzt wurden.

Der Hund war dabei von Anfang an vertreten. Er stand in der Tat für eines der exklusiven Privilegien des Adels, nämlich das der Jagd. Ab dem 9. Jahrhundert waren verschiedene Rassen zu erkennen, es wurden Jagd- und Kampfhunde dargestellt. Im 12. Jahrhundert herrschten Mastinos und Doggen in den Wappen der Herrscher Englands, Schottlands oder Irlands vor. In dieser Zeit wurden Wappen auch zu den Emblemen großer Institutionen wie beispielsweise des Heeres.

Der Hund im Wappen steht für den Beschützerinstinkt, für Wachsamkeit, Treue, Gehorsam und Dankbarkeit. Er kann in verschiedenen Positionen dargestellt sein: angelehnt (mit dem Rücken zum

Wappen der französischen Armee

Die verschiedenen Abteilungen der französischen Armee verfügen alle über ihr eigenes Wappen. Dieses Wappen gehört zur Unteroffiziersschule der Gendarmerie der Stadt Gramat. Das Abzeichen wurde 1948 vom Wappenkundler Robert Louis entworfen und erhielt am 10. Dezember 1948 seine amtliche Genehmigung.

Das Wappen befindet sich in einer typischen Fassung der Gendarmerie: Ein durch ein Schild dargestellter Ritter; der Schild ist mit einem Schwert und einem Kranz aus Eichenzweigen versehen, darüber befindet sich ein Helm aus dem 15. Jahrhundert. Dieser ist im Dreiviertelprofil sichtbar und wird durch ein Halsstück und Harnisch verlängert, an dem die Granate der Gendarmerie angebracht ist. Der wehende Federbusch ist ein ebenso typisches Zeichen dieses Armeekorps.
Der Helm erinnert an die Ursprünge der Gendarmerie: Sie wurde im 15. Jahrhundert vom obersten General unter dem Namen Kompanie der Konnetablie und der Marschallerie gegründet. Auf dem Schild befindet sich ein blankes, gerades Schwert, dessen Spitze nach oben zeigt; es steht für die Macht im Dienste des Rechts. Der runde Kranz besteht aus Eichenzweigen und wurde im alten Rom jenen Soldaten verliehen, die unter Einsatz ihres Lebens Menschen gerettet hatten. Der silbrige Hintergrund ist typisch für Sonder-Ausbildungszentren der Armee. Das Gesamtwerk erinnert an den Auftrag, die Bürger zu verteidigen und Menschen in Gefahr zu helfen; es unterstreicht die militärische Herkunft und die sowohl militärischen als auch zivilen Aufgaben der Gendarmerie.
Das Wappen selbst ist typisch für das Ausbildungszentrum in Gramat. In der Sprache der Wappenkunde ausgedrückt, besteht das Feld aus azurblauen und sandfarbenen Teilen, in denen sich eine silberfarbene Granate und Mündungen befinden. Blau und Schwarz sind die traditionellen Farben der Gendarmerie, ebenso wie die Granate mit sieben Zweigen. Der Hund befindet sich vor den Flammen, da Rot die Farbe des Feuers ist. Dies bedeutet, dass der Hund vor nichts zurückschreckt, nicht einmal vor Feuer.

Wappen von Charrière, "Armorial Général de l'Empire français" von H. Simon, 1812 Sammlung Selva, Paris

Rand des Wappens), im Profil, vorbeilaufend, sitzend, liegend, kriechend. Als Farben werden Schwarz mit Rot, Grün, Azurblau, Gold und Silber verwendet. Die Wahl der Farben kommt einem Code gleich: Ein silberfarbener Hund auf schwarzem Feld steht für einen treuen und beständigen Kavalleristen, ein goldfarbener Hund auf rotem Feld weist auf einen Kavalleristen hin, der bereit ist, für seinen Herrscher zu sterben und ein schwarzer Hund auf goldfarbenem Feld bedeutet, dass der Kavallerist Trauer für seinen Herrscher trägt. Darüber hinaus dienen Hunde als seitliche Halterungen für das Wappen.

Der Hund in der Numismatik

Zu allen Zeiten gab es Münzen mit dem Hund als zentrales Element, das die ganze Fläche eines Geldstücks beherrscht. Der Hund war entweder Ergänzung zu eher komplexen Szenen oder ausschließlich schmückendes Symbol. Auf antiken Münzen sind häufiger Hunde abgebildet als auf modernen.

Die ersten Exemplare (um 480-440 v. Chr.), waren aus Silber oder Bronze, sie enthalten das Symbol von Segesta. Der mythische Ursprung dieses Orts wird mit Egesta, Sohn der Nymphe Segesta und des Flussgottes Crimisos, in Verbindung gebracht, der bei seiner Hochzeit die Gestalt eines Hundes angenommen hatte. Deshalb war das Tier auf verschiedenen Münzen zu finden, deren andere Seite den Kopf der Nymphe zeigten. Aus der selben Zeit stammen schwere Bronzemünzen aus verschiedenen italienischen Gegenden. In der Serie "Latium-Kampanien" findet man einen nach links laufenden Hund; in der Serie "Umbrien" von Tuder, aus der die Lira hervorgeht, ist ein liegender Hund abgebildet.

Nachdem der Hund auf einigen kleinen Bronzemünzen der Serie "Rom-Kampanien", geprägt um 210 v. Chr., aufgetaucht war, konnte man ihn auf den silbernen "Hellern" der römischen Republik bewundern. Diese Münzserie, die in Rom im Zuge des Wachstums von Handel und Wirtschaft entstand, war eine der bedeutendsten: Zahlreiche Aspekte des gesellschaftlichen, wirtschaftlichen, geschichtlichen und religiösen Lebens jener Zeit sind in einer breiten Themenpalette dargestellt.

Auf zahlreichen, auch kleinen Münzen aus der Zeit der "Kommunen" und der Gutsherrschaften war der Hund abgebildet. Auf der Rückseite einiger toskanischer Münzen war er liegend mit den Kopf nach links dargestellt; auf der Lira von Mailand von Philipp II von Spanien (1556-1598) erschien er an einem Baum angebunden; auf einigen kleinen Münzen aus Verona (1375-1381) war er im Halbprofil mit Flügeln zu sehen. Am meisten interessierte sich jedoch die Familie Gonzague für ihn als Motiv, der Hund wurde entweder kriechend, ausgestreckt oder kletternd dargestellt. Die Münzen dieser Familie wiesen darüber hinaus eine Inschrift auf, die das zentrale Bild des Hundes umgab: Infensus feris tantum ("Feind der Raubtiere") - eine Parole, die das Bild vom Freund des Menschen durchaus vervollständigt.

Der Hund in der Philatelie

Der Hund ist in allen Ländern fester Bestandteil der Kunst und des täglichen Lebens. Deshalb begegnet man ihm auch auf Briefmarken, sehr zur Freude zahlreicher Sammler. Ob er das Hauptmotiv einer Briefmarke ist oder lediglich ein winziges Detail darauf ausmacht, das sich nur dem echten Kenner offenbart - der Hund ist eines der in der Philatelie (Briefmarken, Briefmarkenhefte und andere Postwertzeichen) am häufigsten verwendeten Motive, deshalb raten die Briefmarkenclubs den Sammlern, sich auf z. B. auf eine Rasse oder ein bestimmtes Thema zu spezialisieren.

Einige Beispiele römischer Münzen

- Im Jahre 82 v. Chr. hielt der Magistrat Caius Manilius Limetanus die bewegende Szene fest, in der der alte Hund Argos seinen Herrn Odysseus wiedererkennt.
Im Jahre 69 v. Chr. wurde der Hund häufig zwischen den Beinen der Hirsche abgebildet, die einen von Diana geführten Wagen ziehen.
- Im Jahre 64 v. Chr. war die Rückseite eines Hellers mit einem Windhund in vollem Lauf versehen. Diese Münze stammte von Caius Postumus.
Im Jahre 60 v. Chr. wurde eine Jagdszene dargestellt, in der ein Jagdhund ein verletztes Wildschwein angreift,
- Im Jahre 45 v. Chr. stellte Titus Crisius auf einem Silber-Sesterz einen nach rechts laufenden Hund dar; auf einem Heller von Augustus war ein Hund zu sehen, der sich zu den Füßen der Göttin Diana saß und ihren Bogen und ihre Pfeile trug.

Die erste Idee zur Darstellung von Hunden auf Briefmarken war es, ein Tier aus dem jeweiligen Land abzubilden. 1887 gab es den ersten "Briefmarkenhund", einen prächtigen Neufundländer, der auf einer Briefmarke eben jener Insel prangte. In Belgien zieren belgische Schäferhunde die Briefmarken, in den skandinavischen Ländern findet man Schlittenhunde. Briefmarken mit Hundemotiven verkaufen sich im Allgemeinen sehr gut, deshalb ist er bisweilen auch auf Marken von Ländern abgebildet, die mit seinem Herkunftsland nicht das Geringste zu tun haben. So findet sich beispielsweise ein englischer Spaniel auf einer Briefmarke aus Nicaragua. Außerdem kann es sich bei ihm um ein reines Werbebild handeln, wie die Marke "Die Stimme seines Herrn" für Pathé.

Ausritt der Edelleute in "Les très riches heures du Duc de Berry" Motiv einer französischen Briefmarke, 1965 Sammlung Selva, Paris

Die Darstellung eines Hundes auf einer Briefmarke kann auch interessante kulturelle Aspekte haben, wenn er auf einem Gemälde zu sehen ist, das als Briefmarkenmotiv verwendet wird oder wenn sich die Marke, auf der er prangt, in einem Buch oder einem Comic wiederfindet.

Darüber hinaus kann die Briefmarke eine Erinnerung an ein wichtiges Ereignis darstellen. So wurden in der Sowjetunion zahlreiche Briefmarken mit dem Bild von Laika, der ersten Hündin im All, herausgebracht. Briefmarken können auch erzieherischen Zwecken dienen, wie beispielsweise die Pariser Briefmarke "Apprenez-leur le caniveau", was soviel bedeutet wie "Bringen Sie Ihrem Hund bei, sein Geschäft am Straßenrand zu verrichten".

Leidenschaftliche Briefmarkensammler interessieren sich auch für die Geschichte des Hundes in dem Land, aus dem die jeweilige Marke stammt, und es ist ihnen wohl bekannt, dass beispielsweise im Alaska der 40er Jahre die Post per Hundeschlitten zugestellt wurde; dass es auf der Hundeinsel, einer Nachbarinsel von Saint-Pierre-et-Miquelon, ein Postamt gibt und dass die Hundeführer der Militärs im Ersten Weltkrieg über einen eigenen Poststempel verfügten...

Der Hund in Literatur und Kommunikation

Seit Anbeginn der Zivilisation lebt der Hund an der Seite des Menschen, und so hielt er im Laufe der vergangenen Jahrhunderte auch in der Literatur Einzug. Ob in Romanen oder Fantasiegeschichten, zumeist spielt der Hund darin die gleiche Rolle, die er auch im wirklichen Leben an der Seite des Menschen innehat. In jüngster Zeit entstanden - häufig für Kino und Fernsehen verfilmte - Comics, in denen der Hund zum Helden stilisiert wurde. Auch in Presse und Werbung wurde das Bild des Hundes und sein äußerst starker Einfluss auf die Leser genutzt.

Der Ruf der Wildnis, Illustration von André Toutain, 1926
Sammlung Jonas/Kharbine-Tapabor, Paris

Robinson Crusoe
Sammlung Jonas/Kharbine-Tapabor, Paris

Der Hund in der Literatur

In der Literatur hat der Hund, wie im richtigen Leben, die Funktion eines Schutzengels und treuen Gefährten des Menschen.

Freund und Beschützer

Bereits in der Odyssee hob Homer die Rolle des Hundes Argos hervor, der seinen Herrn Odysseus als einziger nach seiner gefährlichen Reise wiedererkannte. Die Kinderliteratur legt den Schwerpunkt auf den Hund als Beschützer und macht ihn häufig zur Hauptfigur, wie im französischen Roman Belle und Sébastien von Cécile Aubry, der von den Abenteuern einer Pyrenäenschäferhündin und ihres kleinen Freundes im Hochgebirge handelt, oder dem Roman Lassie von Eric Knight, der Geschichte eines treuen Collie und seines jungen Herrchens Joe. Die Handlung solcher Romane ist stets die selbe: Ein Kind befindet sich in einer schwierigen Lage und wird von einem treu ergebenen Hund gerettet. Die Rassen dieser vierbeinigen Romanhelden erreichen oft eine solch außerordentliche Popularität, dass beispielsweise ein Collie häufig nicht als Collie, sondern als "Lassie" bezeichnet wird.

Häufig spielt der Hund jedoch nicht die Hauptrolle in der Literatur, sondern er dient lediglich zur Unterstützung der Hauptperson. In den Werken von Jules Verne (1828-1905) begleitet ein kleiner Hund die Protagonisten auf ihren Reisen und rettet sie Dank einer seiner Haupteigenschaften, dem ausgeprägten Geruchssinn, aus bisweilen schwierigen Situationen. Beispiele hierfür sind "Die Reise zum Mittelpunkt der Erde", "Zwei Jahre Ferien" und "Die geheimnisvolle Insel".

Schließlich kann die Rolle des Hundes rein symbolisch, ja sogar hyperbolisch sein. Er kann dabei helfen, eine Situation oder ein Gefühl aufzudecken. In seinem Werk "Von Menschen und Mäusen" führt John Steinbeck dem Leser den Egoismus, die Ungerechtigkeit und die Einsamkeit der Menschen vor Augen, indem er den langen Todeskampf eines alten Hundes beschreibt. Dieser ist der unglückliche Gefährte eines armen Zeitungshändlers, der sich nicht dazu entschließen kann zu sterben. So kurz, wie derartige Vorstellungen auch sein mögen, sie sind weit davon entfernt, lediglich Anekdoten zu sein.

Zwischen Hund und Wolf

Der Wolf, wilder Verrwandter des Hundes, ist ebenfalls häufig in der Literatur vertreten. So wie der Hund den treuen, respektvollen Diener seines Herrn darstellt, so verkörpert der Wolf Freiheit, Wildheit und Ablehnung jeglicher Beschränkungen, selbst wenn dies für ihn Lebensgefahr bedeutet. Lieber möchte er in Freiheit sterben als in Gefangenschaft leben, genau so, wie es Jean de la Fontaine in seiner Fabel "Der Wolf und der Hund" darstellt.

Dieser Gegensatz der beiden Spezies ist in der Tat Synonym für den ewig währenden Konflikt des Menschen: Ist es besser, als "guter" Sklave zu leben oder aber zu sterben, weil man kein Sklave sein wollte? Dies war das bevorzugte Thema von Jack London, einem leidenschaftlichen Humanisten, der mit seinen Zeitgenossen den Goldrausch von 1891 in Alaska erlebte. Er verteidigte in seinen Werken zwar die Situation der Tiere gegen die Barbarei der Menschen, ist hinsichtlich der Lösung des gestellten Problems jedoch nicht festgelegt: Welcher Weg soll in Der Ruf des Waldes eingeschlagen werden? Der des Wolfshundes, der sich für ein Leben mit den Menschen entschieden hat, oder der von Buck, dem domestizierten Hund, der auszieht, um mit den Wölfen zu leben? Bedeutet dies, dass jeder Mensch je nach Situation ein bisschen Hund oder ein bisschen Wolf ist?

Portrait von Colette und ihrem Hund Toby
In der Zeitschrift „Vu" vom 3. Juli 1929
Sammlung Selva, Paris

Die Bestie

Anubis war ein ägyptischer Gott; Zerberus wurde hingegen von den Römern dazu beauftragt, über die Unterwelt zu wachen. Dieser beunruhigende Aspekt hat zahlreiche Autoren inspiriert. Bei den Dichtern und Romanciers schlich eine Bestie umher, sie war eine wilde, teuflische Kreatur, die Leichen oder kleine Kinder fraß... Sir Arthur Conan Doyle benannte sogar eines der berühmtesten Abenteuer von Sherlock Holmes nach ihr, "Der Hund von Baskerville", in dem ein riesiger Hund die Bewohner finsterer schottischer Landstriche verschlingt.

> Und eine Hündin lief unruhig dort hinterm Steine,
> Uns traf ihr böser Blick,
> Erspähend den Moment, zu reißen vom Gebeine
> Das aufgegebne Stück.

In diesem Auszug aus "Das Aas" von Baudelaire (Die Blumen des Bösen) wird wieder einmal das Finstere im Wesen des Hundes deutlich. Jedoch, stellt er nicht eine Metapher dar und lässt sich hinter der Vorstellung des Hundes nicht sein denkendes Alter Ego, der Mensch vermuten?

Die Zukunft des Hundes

Das Schicksal von Mensch und Hund scheinen für immer untrennbar miteinander verbunden zu sein, ein Phänomen, dessen sich die Sciencefiction-Literatur selbstverständlich angenommen hat. Der Hund ahnt, was seinem Herrn widerfährt bzw. widerfahren wird. In Stephen Kings "Friedhof der Kuscheltiere" wird daher ein toter Hund wieder zum Leben erweckt.

Frank Herbert widmete einem solchen Hund sogar eine ganze Novelle in seiner Sammlung "Die verschwundenen Hunde": Eine Epidemie dezimiert die Hundepopulation und zieht eine Kollektivhysterie nach sich und hat eine sowohl für den Menschen als auch für den Hund katastrophale Situation zur Folge. Hiermit hat der Autor ein finsteres Bild der Zukunft gezeichnet, in der Hund und Mensch auf fatale Weise das gleiche Schicksal teilen.

Ob Freund oder Feind, der ewige Gefährte Hund taucht weiterhin in der Literatur auf. Er ist ein unschuldiger Spiegel der Schande und der Unzulänglichkeit des Menschen, Eigenschaften, die so abgeschieden sind, dass sie selbst in niedergeschriebener Form einen vierbeinigen Gefährten benötigen.

Der Hund, der Hahn und der Fuchs

Ein Hund und ein Hahn hatten sich einander angeschlossen und gingen zusammen auf Wanderschaft. Als der Abend nahte, setzte sich der Hahn in einen Baum, um zu schlafen, und der Hund legte sich am Baumstamm des hohlen Baums nieder. Bevor der neue Tag anbrach, hatte der Hahn, wie es seine Gewohnheit war, bereits gekräht. Dies hörte ein Fuchs. Er kam angelaufen, blieb vor dem Baum stehen und bat den Hahn, zu ihm herunter zu kommen, weil er ein Tier mit solch einer schönen Stimme küssen wollte. Der Hahn antwortete ihm, er solle den Portier wecken, der am Fuße des Baums schlief; er würde dann herunter kommen, wenn er geöffnet hätte. Als der Fuchs versuchte, mit dem Portier zu sprechen, sprang der Hund unvermittelt auf und riss ihn in Stücke. Diese Fabel zeigt, dass der vernünftige Mensch seinen Feind, der ihn anzugreifen versucht, dadurch abwehrt, indem er ihn an einen Stärkeren verweist.

Äsop, Fabeln. Übersetzung aus dem Griechischen von Émile Chambry, Geschichte der Hunde. Sortilèges, Paris.

Comic von Richard Outcault
Erschienen in der New York Times im Jahre 1903
Erschienen in "Mon Journal", 26. Oktober 1907
Sammlung Jonas/Kharbien-Tapabor, Paris

Der Hund im Comic und im Zeichentrickfilm

Der Hund ist seit jeher der bevorzugte Held in Comics und Zeichentrickfilmen, sowohl der Kinder als auch der Erwachsenen. Der erste Comic, der Anfang des 20. Jahrhunderts entstand und in einer New Yorker Tageszeitung veröffentlicht wurde, handelte von einer Hundeausstellung. Hiermit nahm die Berühmtheit der Comic-Hunde ihren Lauf, und sie wurden zu richtigen Cartoon-Helden. Sie nahmen einen immer größeren Stellenwert ein und wurden manchmal sogar zu den Hauptfiguren der Geschichte.

Der Held des Alltags

Einige Hunde haben ihre eigentliche Rolle als echte Hunde beibehalten und dienen im Wesentlichen dazu, den Comic-Helden auszuzeichnen. Der erste von ihnen war Pluto, der Hund von Micky Maus, an dem sich später die Produzenten von Zeichentrickfilmen inspirierten. In seiner Rolle als Begleithund der kleinen Maus sorgt er für Katastrophen oder auch für ein glückliches Ende. Ein weiteres Beispiel ist der Foxterrier Struppi, treuer Gefährte von Tim. Ohne wirklich zu sprechen, äußert er sich durch Bellen, wenn er seinem Herrn etwas mitzuteilen hat oder zum Leser "spricht". Er ist so berühmt, dass seine Abenteuer in Zeichentrickfilmen, ja sogar zu einem richtigen Film verarbeitet wurden. Andere Hunde nehmen eine ähnliche Stellung ein: Rantanplan, der Hund von Lucky Luke, ist ein Hund von beschränkter Intelligenz, der dem Cowboy folgt, ohne zu sprechen. Bisweilen jedoch führt er Selbstgespräche, die die anderen jedoch nicht verstehen können - er ist das Pendant zu Jolly Jumper, dem intelligenten Pferd. Des weiteren ist auch Idefix zu nennen, der winzige Bastard, untrennbar verbunden mit seinem imposanten Herrchen Obelix. Er ist ein sanftmütiger kleiner Hund, der deshalb so liebenswert erscheint, weil er nie für Katastrophen verantwortlich ist. In allen diesen Beispielen ist der Hund in die menschliche Gesellschaft integriert, behält aber dabei seinen ursprünglichen Status.

Der Hund als Mensch

Sobald der Hund jedoch als Hauptfigur auftritt, nimmt er menschliche Eigenschaften an. Bei Snoopy zum Beispiel, dem Hund von Charlie Brown, äußert sich dieser menschliche Wesenszug in philosophischen Überlegungen. Dennoch bleibt er ein Tier, er schläft in (bzw. auf) einer Hütte, frisst Hundefutter und lebt wie ein ganz normaler Hund. Cubitus hingegen tritt als Moralist auf. Hätte diese wohlmeinende Figur nicht die Gestalt eines Bobtail, könnte er auch ein Mensch sein: Er läuft auf den Hinterbeinen und spricht wie die anderen Personen, denen er in diesem Comic begegnet.

In "Boule & Bill" nimmt der Cocker – zweifellos der erste Rassehund in einem Comic – gegenüber anderen Hunden ein menschliches Verhalten an, bleibt jedoch in seinem Heim ein Tier. Die Dummheiten, die er begeht, könnten gut und gerne von einem verspielten Welpen stammen. Während seiner Spaziergänge flirtet er jedoch mit Hundedamen, die ihm gefallen und schlägt sich mit seinen Rivalen. Auf diese Weise ahmt er das Leben seiner Herrschaften und der anderen Menschen nach.

Andere Hunde haben sich von ihrem Hundedasein losgelöst: Witzbold (frz.: Gai Luron), der vom Zeichner Gotlib geschaffene stets traurig aussehende Hund, steht den Ereignissen seiner Umgebung gleichgültig gegenüber.

Comic-Hunde im Kino

Einige der Comic-Hunde waren derart erfolgreich, dass ihre Abenteuer in Form von Zeichentrickfilmen, manchmal sogar richtigen Filmen auf die Leinwand gebracht wurden. Ein Beispiel hierfür ist Goofy, ein Hund mit menschlichen Zügen. Er wird als aufrecht gehendes Wesen dargestellt, trägt jedoch nach wie vor einen Hundekopf mit langen Schlappohren. Oftmals fungiert er als Sprachrohr für erzieherische Botschaften: Im Rahmen einer Kampagne zur Vorbeugung von Verkehrsunfällen sollte er kleine Kinder auf die Gefahren des Straßenverkehrs hinweisen. Droopy, der unglückliche Hund im Zeichentrickfilm von Tex Avery, bringt sich dem Zuschauer immer wieder mit seinem berühmten Spruch "You know what? I'm happy!" in Erinnerung.

Andere Filmhunde leben mit den Menschen, bleiben jedoch weiterhin Begleit- oder Wachhunde. Dies gilt für Susi und Strolch, die bei Kerzenlicht gemeinsam zu Abend essen und ihr eigenes Leben leben, ihren Status im Haus ihrer Herrschaften jedoch beibehalten. Nach der Geburt des "Babys" wird Susi von ihrer Familie vernachlässigt und durch das Tragen eines Maulkorbs erniedrigt. Auf diese Weise erinnern ihre Herrschaften sie auf brutale Art und Weise daran, dass sie ein Tier ist.

Deckel des Buchs "Pluto fährt zur See" von Walt Disney, Sammlung Les Albums roses, Hachette. Sammlung Selva, Paris.

Gleiches gilt für die 101 Dalmatiner, die wahrscheinlich berühmtesten Hunde des Zeichentrickfilms Sie sind gleichzeitig Gefährten und Freunde der Menschen. Perdita und Pongo, die beiden Dalmatiner, leben ihre Liebesgeschichte parallel zu der ihrer Herrschaften.

Des weiteren darf Nana nicht unerwähnt bleiben, die Bernhardinerhündin, die im Zeichentrickfil "Peter Pan" zum Kindermädchen gemacht wird, jedoch trotzdem ein Leben führt, das dem der anderen Hunde ähnlich ist.

Andere Hunde sind eher als Karikatur gedacht, und selbst wenn sie ihr Aussehen beibehalten, werden körperliche Merkmale übertrieben dargestellt. Nur selten sind sie der eigentliche Held in der Geschichte; sie treten vielmehr als Beschützer auf, entweder ihres Herrn oder eines anderen Tieres. So kommt es häufig vor, dass in Zeichentrickfilmen, in denen eine Katze und eine Maus vorkommen (wie z. B. Tom und Jerry), ein nicht gerade Vertrauen erweckender Hund mit übermäßig herunterhängenden Lefzen vom Typ Bulldogge auftaucht. Seine Aufgabe besteht darin, die Maus zu verteidigen und dabei so zu handeln, dass die Katze stets den Kürzeren zieht. Auch bei Walt Disney kommen häufig Hunde vor, die Panzerknacker gehören einer internationalen Organisation von Gaunern an, die alle nicht besonders gerissen sind, tolpatschig, jedoch ständig neue teuflische Pläne entwickeln, um Dagobert Duck seines Goldes zu berauben.

Ob im Comic oder im Zeichentrickfilm, die Autoren haben ganz offensichtlich den Hund mit allen positiven und negativen Eigenschaften des Menschen dargestellt, um der Gesellschaft und ihrer Entwicklung einen Spiegel vor Augen zu halten.

Der Hund im Film

Bereits sehr früh in der Geschichte des Kinofilms tauchte der Hund darin auf. Zu Anfang des Jahrhunderts trat er in einigen Stummfilmen als eine Art Dekorationselement in Erscheinung. Seine symbolische Rolle als Leidensgenosse an der Seite von Charlot in "Ein Hundeleben" aus dem Jahre 1921 war eine der bedeutendsten; jedoch übernahm erst 1922 im Film "Rintintin" in Hollywood erstmalig ein Tier die Hauptrolle.

Rintintin und Lassie

Was gibt es Natürlicheres als ein solches Hunde-Abenteuer, dessen Geschichte selbst eher fiktiv ist denn aus dem richtigen, ruhigen Leben eines Bauernhundes gegriffen? Ein von den Deutschen im Zweiten Weltkrieg als Bote eingesetzter Hund wurde von einem amerikanischen Flieger aufgenommen, der ihn nach Kriegsende mit in die Vereinigten Staaten nahm. Er stellte fest, dass sein Schützling sehr lehnfähig war und beschloss daher, den Hund zu dressieren. Dies war die Geburtsstunde von Rintintin, der von 1922 bis 1932 22 Filme drehte, in denen er stets den Helden ohne Furcht und Tadel spielte, zu allem bereit, um die Unschuldigen zu verteidigen. Sein weltweiter Erfolg erhob ihn rasch in den Rang eines echten Stars. Er hatte seine eigene Garderobe, unterschrieb "eigenpfotig" seine Verträge und wählte seine Partner aus. Nach seinem Tod übernahm sein Sohn und schließlich der Enkel seine Rolle. Die vierte Generation von Rintintin brachte den Hund schließlich ins Fernsehen.

Ein anderer Superstar unter den Hunden war die berühmte Colliehündin Lassie. Sie wurde für fünf Dollar einem Tiertrainer abgekauft und begann ihre Karriere 1942 in "Lassie kehrt heim". Rintintin verfolgte mit großer Geschwindigkeit Bösewichte und setzte mit spektakulären Sprüngen über Abgründe hinweg; Lassie dagegen verkörperte die Treue und Ergebenheit eines Hundes seinem Herrn gegenüber, insbesondere wenn es sich um ein Kind handelt. Diese Colliehündin ist auf der ganzen Welt bekannt. Ihr Trainer und Agent verlangte für sie unglaublich hohe Gagen (50.000 Dollar pro Jahr und 4.000 Dollar pro Werbespot!), eine Garderobe, eine eigene Sekretärin, ja sogar bezahlten Urlaub! Die Lassie-Dynastie war bis zur dritten Generation im Kino zu sehen, danach hielt sie auch im Fernsehen Einzug. Diese beiden Beispiele in der Geschichte des Kinofilms zeugen auch vom Geschick und vom Geschäftssinn der Trainer, die ihren Schützlingen Anerkennung als echte Schauspieler verschafften.

Freund und Beschützer

Bis zu den 80er Jahren wurden lediglich einige Werke von Jack London verfilmt, wobei jedoch kein Hund als Hauptfigur auftrat. Meist durfte der Hund seinen Partnern nur das Stichwort geben, wie beispielsweise in "Der Ruf des Waldes" mit Charlton Heston.

Erst in den 70er Jahren nahmen sich die Disney-Studios wieder des Hundefilms an. Es musste ein Hund erfunden werden, der natürlich in jeder Lebenslage treu war und ein lustiges Gesicht hatte – der perfekte Freund der Kinder. Dieser Hund hieß Benji und war ein kleiner Bastard vom Typ Pyrenäenschäferhund. Erstmals hatte man keinen großen, stolzen Schäferhund gewählt, sondern ein quicklebendiges Fellknäuel, dem alle möglichen verrückten Abenteuer widerfahren. Disney drehte fünf Kinofilme mit Benji und entschied sich dann für eine Fernsehserie mit diesem Hund. Bei einer Gage von anderthalb Millionen Dollar pro Jahr ab 1974 erwies sich die Produktion von Benji als sehr kostspielig. In der Zwischenzeit gab es auch einige Filme über Polizisten und ihre Hunde, die aber nicht sehr erfolgreich waren. Aber seit 1990 gibt es einen neuen "Star" unter den Filmhunden, einen neuen Held der Kinder: ein großer, gutmütiger Bernhardiner mit dem Namen Beethoven. Des weiteren übernahm Disney die Neuverfilmung des Romans Der Ruf der Wildnis von Jack London.

Der denkende und sprechende Hund

Inzwischen tritt der Hund als echter Schauspieler auf, der denkt und spricht. Ein Beispiel hierfür ist der Film Charly im Land der Kängurus, die Geschichte eines Labradorwelpen in Australien, sowie Disneys "Die unglaubliche Reise" aus dem Jahre 1994, in dem zwei Hunde und eine Katze kreuz und quer durch die USA reisen, um ihren kleinen Herrn zu suchen.

Die Dressur von Filmhunden

Die neue Generation von Filmhunden hat professionelle Hundedressurschulen besucht, in denen sie alles gelernt haben, was sie für ihren Beruf brauchen: Auf Anweisung bellen, sich tot stellen, jaulen... Sie haben also richtigen Schauspielunterricht erhalten! Die Trainer wiederum investieren sehr viel Zeit und Geduld, aber sobald einer ihrer Schützlinge auserwählt wird, verdienen sie ein Vermögen!

Seit ungefähr zwanzig Jahren werden beim Dreh eines Films alle Szenen, in denen Hunde vorkommen, von Tierschutzorganisationen kontrolliert, damit das Wohlbefinden der vierbeinigen Darsteller sichergestellt ist.

Solange Hunde im Film erfolgreich sind, werden die Studios in Hollywood auch weitere dieser Filme produzieren. Natürlich wirken sich derartige Kinoerfolge nicht nur positiv aus, denn sie führen unweigerlich dazu, dass eine bestimmte Hunderasse in Mode kommt. Das Ergebnis ist eine Überproduktion von Welpen, wobei die Qualität vernachlässigt wird. Es bleibt zu hoffen, dass der Film den Hund eines Tages als das darstellt, was er ist, und nicht als Karikatur in Form eines niedlichen, vermenschlichten Hündchens.

Der Hund im Fernsehen

Seit den Anfängen des Fernsehens trat der Hund bereits als potenzieller Darsteller auf. Zuerst als Statist, später als vollwertiger Schauspieler, hat er es geschafft, sich einen unersetzlichen Platz auf dem Bildschirm zu erobern.

Zur Zeit des Stummfilms trat der Hund häufig als treuer, unentbehrlicher Gefährte auf, jedoch auch – und dies waren seine Anfänge als Schauspieler – als komisches Element, beispielsweise zusammen mit Charlie Chaplin. Nach und nach gewann er in Fernsehsendungen an Bedeutung und seine Rolle ging über die eines einfachen Statisten hinaus.

Der Hund als Hauptdarsteller

Schließlich wurde der Hund zum Hauptdarsteller. Die Auswahl seiner Rasse wurde nicht mehr dem Zufall überlassen. Man setzte bevorzugt große Rassen für Abenteuerfilme sowie Krimis ein, und kleine Rassen für Komödien. Die Haupteigenschaften des Hundes gleich welcher Rasse, die in den Fernsehserien und -filmen in den Vordergrund treten soll, ist seine Treue seinem Herrn gegenüber. Beispiele hierzu gibt es zur Genüge: Belle, die Pyrenäenschäferhünden, die Sébastien beschützt; Lassie, der umherschweifende Collie, stets bereit, den Schwächeren zu helfen; Rintintin, der gerechte Deutsche Schäferhund; der Hund aus "Der Ruf der Wildnis". Natürlich darf in dieser Aufzählung auch nicht der britischste aller Hunde fehlen, nämlich Pollux aus dem "Zauberkarussell", der einen bleibenden Eindruck bei Jung und Alt hinterlassen hat.

Der Hund und sein Herr

Inzwischen gibt es immer mehr neue Fernsehserien, in denen der Hund und sein Herr im Vordergrund stehen und sich immer wieder zeigt, wie zutreffend doch die Redewendung "Wie der Herr, so das Gscherr" ist. In der Serie "Gesetz ist Gesetz" beispielsweise ist die Ähnlichkeit zwischen der englischen Bulldogge Max und dem Staatsanwalt nicht zu leugnen. Gleiches gilt für den Hund von Colombo. Seit neuestem trifft man Hund und Herr häufig in den so genannten Sitcoms an. In diesen Serien spielt der Hund nicht nur eine tragende Rolle, er kann sogar auch sprechen.

Sendungen zum Thema "Hund"

Darüber hinaus gibt es immer mehr Sendungen, die ausschließlich dem Hund gewidmet sind, und die Themen wie Lebensgewohnheiten, Besonderheiten der verschiedenen Rassen, Haltung und Erziehung sowie Dressur und Ernährung behandeln. Der Zuschauer erhält viele praktische Ratschläge für das Zusammenleben mit seinem Vierbeiner. Häufig enden diese Sendungen mit der Vorstellung von Hunden aller Rassen und Altersklassen, die ein neues Zuhause suchen.

Derzeit werden im Fernsehen die Hauptcharakterzüge einer bestimmten Rasse herausgearbeitet, um somit entweder das Tier oder den Menschen zur Geltung zu bringen. Diese Taktik scheint ihre Früchte zu tragen, denn häufig im Fernsehen gezeigte Rassen werden im allgemeinen auch zu Modehunden. Einige Rassen sind hierbei gewiss unumgänglich: Deutsche Schäferhunde, Labradors... der Aspekt der Kommunikation tritt jedoch immer mehr in den Vordergrund: Der Hund "versteht" seinen Herrn und macht sich ihm durch bestimmte Verhaltensweisen verständlich. Ihm fehlt nur noch die Sprache - aber im Film ist alles möglich!

Der Hund als Spielzeug

Da der Hund einen wichtigen Platz in der Gesellschaft einnimmt, liegt es auf der Hand, dass er auch in der Spielzeugwelt nicht fehlen darf und als verlässlicher Gefährte aller Kinder gilt. In praktisch allen Bereichen der Spielzeugindustrie, vom Stofftier bis hin zu Lernspielen, findet sich der Hund.

Auf Rädern montierte Spielzeughunde. Sammlung Kharbine-Tapabor, Paris

Im Gegensatz zu Fernsehen, Kino und Comic gibt es Spielzeug schon seit sehr langer Zeit. Spielen trägt zur Entwicklung der Gefühlswelt und der Fantasie des Kindes bei. Die ersten Spielzeughunde bestanden aus Lehm, Getreidepaste oder Holz waren auf ein Brett montiert, an dem sich Räder befanden, damit das Kind sie hinter sich her ziehen konnte. Später wurden sie aus beweglichen Einzelteilen gefertigt, um ihnen eine gewisse Wirklichkeitstreue zu verleihen, so konnten diese Spielzeughunde ihre Schnauze öffnen, mit dem Schwanz wedeln usw.

Zusammen mit dem Teddybär hat der Spielzeughund sämtliche Epochen durchlebt, ohne je aus der Mode zu kommen. Noch heute nimmt er einen bevorzugten Platz unter den Kinderspielzeugen ein. Er findet sich in den Zimmern der Kleinen, aber auch der Großen in Form von Sesseln, Garderobenständern, Lampen und Plüschtieren aller Art. Für die Kleinsten sind kuschelige, anschmiegsame und umgängliche Stoffhunde vertraute, beschützende Gefährten, die zudem auch ihre Größe haben. Die Hunderasse ist dabei sehr wichtig: Meistens handelt es sich um den Helden des neuesten Zeichentrickfilms, der gerade in die Kinos gekommen ist, beispielsweise Dalmatiner, aber auch Schäferhunde und Bernhardiner erfreuen sich weiterhin großer Beliebtheit.

Im Rahmen von Forschungsprojekten werden jedes Jahr zahlreiche Holz-, Stoff- und Plastikspielzeuge untersucht, um die Sinnesentwicklung von Kindern von 3 Monaten bis 2 Jahren zu verbessern. So wurde beispielsweise das Bellen eines Hundes in Entdeckungs- und Geräuschspiele aufgenommen. Auf diese Weise wird der Hund zum Lehrer oder, besser gesagt, zum Erzieher.

Die Begeisterung für solche Spiele rührt möglicherweise daher, dass ein echter Hund viel Zeit und Platz braucht und vor allem Verantwortung bedeutet. Mit einem Plüsch- oder Holzhund verfügt das Kind über einen Vertrauten, der so groß ist wie es selbst, sowie über einen netten Erzieher, der obendrein keinerlei Aufwand für die Eltern bedeutet.

Der Hund in der Werbung

In nur fünfzig Jahren ist die Werbung zu einer unumgänglichen Komponente der Konsumgesellschaft geworden. Die Werbeindustrie gibt sich nicht mehr damit zufrieden, ein Produkt anzupreisen, sondern sie kreiert Modetrends. Bestrebt, stets das anzubieten, was dem Käufer gefällt, hat man sich in der Werbung bereits sehr früh für den Hund interessiert, dessen Stellenwert und Rolle ebenfalls in einigen Jahrzehnten deutlich an Bedeutung gewann. Was hat der Hund so Anziehendes an sich, dass die Werbemacher ihn immer häufiger einsetzen?

Hunde und Markennamen

Das erste Auftreten des Hundes als Verkaufsargument geht auf den Beginn des Jahrhunderts zurück. Eines der berühmtesten Beispiele hierzu ist zweifellos der wie verrückt jaulende Hund vor dem Grammophon von RCI in den USA bzw. Pathé-Marconi mit dem Slogan "Die Stimme seines Herrn". Bei dieser Werbung wurde das Bild des Hundes Nippor eingesetzt, der nach dem Tod seines Herrn jedes Mal

Entwicklung von Handel und Industrie: Handelsbeziehungen der Ägypter mit den Nachbarländern. Farbensteindruck Liebig. Sammlung Selva, Paris.

Werbung "Die Stimme seines Herrn", in "The Theatre", 1910 Sammlung Selva, Paris

jaulte, sobald er seine Stimme aus dem Grammophon hörte. Auf diese Weise wurde die Treue des Hundes mit der Klangtreue des Geräts in Verbindung gebracht: Wenn ein Hund glaubt, die Stimme seines Herrn zu erkennen, muss es von ausgezeichneter Qualität sein! Das Erkennungszeichen der Whiskymarke Black & White sind zwei schottische Terrier, die die Verbundenheit dieser Marke mit ihrem Herkunftsland deutlich machen. Hunde in Autowerbungen stehen für Leistungsfähigkeit und Sicherheit. Hierbei werden Tiere mit entsprechendem Äußeren bevorzugt, z. B. ein Boxer für Reifen der Marke Kléber oder ein sagenhafter Hund mit sechs Beinen für die Ölmarke Agip. Große Hunde, wie beispielsweise Bernhardiner, strahlen Sicherheit aus und haben Schutzfunktion, während Promenadenmischungen für eine humorvolle Note sorgen.

Heutzutage ist der Hund ein Mitglied der Familie. Er ist Spielkamerad der Kinder und Gefährte der Senioren. Aus diesem Grund sieht man ihn auch oft als Dekorationselement in zahlreichen Werbungen, die das Konzept der typischen modernen Familie verwenden. Der Hund ist das i-Tüpfelchen auf dem Gesamtbild und sorgt für eine entspannte Atmosphäre.

Im Gegensatz zur Katze, die mehr für das Innere, Intime steht, ist der Hund das Tier für "draußen", mit dem man Natur und Freiheit assoziiert. Ist er im Haus, verursacht er dort zumeist Schmutz und Unordnung und dient somit zum Bewerben von Reinigungsmitteln: Mit dem neuen Produkt zur

Bodenreinigung sind die Spuren, die der Labradorwelpe hinterlassen hat, im Nu weggewischt, während der neue Staubsauger auch vor den langen Haaren von Lumpi nicht halt macht.

In einem ganz anderen Zusammenhang steht der Hund bisweilen für Eleganz. In diesem Fall wird er zum prunkhaften Element in der Werbung für Chanel und andere Kosmetikkonzerne, die für ihre Kampagnen vorzugsweise Afghanen und Dalmatiner verwenden.

Marketing mit Hunden

In all diesen Beispielen ist der Hund, unabhängig davon, ob er als Hund dargestellt wird oder menschliches Verhalten zeigt, nicht die Zielscheibe der Werbefachleute. Er ist lediglich ein Marketing-Element, das häufig zur gleichen Zeit von verschiedenen Werbeagenturen eingesetzt wird, die sich darüber hinaus auch oftmals der selben Rassen bedienen. Die Folge davon ist, dass Modehunde geschaffen werden, was sich verheerend auf die jeweiligen Rassen auswirken kann.

Der Hund als Konsument

In Werbungen für Tiernahrung hingegen hat der Hund die Hauptrolle inne. Er ist der Konsument, zumindest mittelbar über seinen Besitzer. Je nach Marke erfolgt die Annäherung auf unterschiedliche Weise. Bei der Marke Royal Canin bleibt der Hund ein Hund, der als solcher respektiert werden muss. So kann man einen Schäferhund sehen, der über die Felder zu seinem Herrn läuft, oder eine Gruppe junger Hunde, die ihre Umgebung entdecken. In keinem dieser beiden Fälle ist eine Vermenschlichung erkennbar. Bei der Marke Waltham kommen Züchter zu Wort; Canigou macht sich den sportlichen, kraftvollen Aspekt des Hundes zunutze. Bei Fido sind es Hunde verschiedener Rassen, die das Futter "gekostet und für gut befunden" haben. Friskies und Frolic setzen auf Humor, indem sie lustige Einakter präsentieren, deren Hauptdarsteller natürlich Hunde sind. Diese Werbungen sind in allen Zeitungen und insbesondere im Fernsehen zu finden, denn der Hund ist ein Tier und daher untrennbar mit der Bewegung verbunden.

Ein anderer Bereich bleibt im Wesentlichen Tierfachzeitschriften vorbehalten, wo er im Übrigen mit dem Bereich der Tiernahrung einhergeht. Es handelt sich um Tierarzneimittel. Einige Werbungen richten sich einzig und allein an Tierärzte, sie preisen die Wirksamkeit eines Produkts und seine Unschädlichkeit an. Des weiteren gibt es zahlreiche Werbekampagnen für Tierhygieneprodukte - vom Flohpuder über Wurmmittel bis hin zu sonstigem Hundezubehör - die manchmal sogar im Fernsehen beworben werden. Dieses Phänomen ist recht neu und zeugt vom immer größer werdenden Stellenwert des Hundes in der Gesellschaft. Die Werbung zu allen diesen Produkten hat eines gemein: Man setzt auf Humor, ja sogar auf Lächerlichkeit, um dem "medizinischen" Aspekt das Dramatische zu nehmen.

Der Hund ist also im Laufe der Zeit sowohl als Tier als auch als "potenzieller Konsument" zu einem Verkaufsargument geworden. Neben den Produkten, die wirklich für ihn gedacht sind, dient der Hund zum Verkauf aller möglichen anderen Produkte. So besteht die Gefahr, dass das Halten von Hunden bzw. bestimmter Hunderassen "in Mode kommt" ohne Rücksicht auf mögliche Folgen, sowohl im Hinblick auf die Zuchtauswahl als auch die späteren Lebensbedingungen dieser Hunde.

Der Hund im Dienst des Menschen

Der Rettungshund

Heldenhafte Hunde

Die Hingabe, die der Hund dem Menschen entgegenbringen kann, treibt ihn dazu an, in bestimmten Situationen, bei der Rettung von Menschen in Not, seine eigenen Leistungsgrenzen zu überwinden. Einige dieser Hunde verschiedener Rassen sind aufgrund ihrer Rettungsleistungen zu wahren Legenden geworden

Seitdem der Hund zum Haustier gemacht wurde, hat er den Menschen bei seiner Arbeit in allen Bereichen als Jagdhund, Wachhund oder Schäferhund unterstützt. Mit der Zeit wurde er aber noch mehr: ein Held, dessen Leistungen Menschenleben retten, wenn er als Lawinenhund, Fährtenhund zur Vermisstensuche, Trümmersuchhund oder Rettungshund im Meer eingesetzt wird.

Die Schlittenhunde Togo und Balto

Februar 1925 in Alaska: Eine Diphterie-Epidemie wütet und droht, sich bis nach Nome, einer abgelegenen Stadt an der Westküste, auszubreiten. In jener Zeit kann kein Flugzeug die Verbindung nach Seattle sicherstellen, um das erforderliche Serum zu bringen. Man entscheidet sich deshalb für die Eisenbahn; die restlichen tausend Kilometer sollen mit dem Hundeschlitten zurückgelegt werden. Leonhard Seppala, seit 1920 der schnellste Hundeschlittenführer der Vereinigten Staaten, wird um Hilfe gebeten.

Um eine Verschlimmerung der Epidemie zu vermeiden, wird Hundeschlittenstafette organisiert. Sie läuft rund um die Uhr, um das Eintreffen der Arznei zu beschleunigen. Unter extremen Wetterbedingungen bei tobendem Blizzard nimmt Seppalla ungeheure Risiken auf sich. Togo und Balto, seine beiden Leithunde, werden von der Beharrlichkeit ihres Herrn mitgerissen und stellen eine außergewöhnliche Ausdauer und Charakterfestigkeit unter Beweis.

Ihnen ist es zu verdanken, dass das Serum rechtzeitig an seinem Bestimmungsort eintrifft. Sepalla und seine Hunde sind 500 km weit gelaufen und haben dadurch diese einmalige Leistung ermöglicht: Das Serum wurde in 127 Stunden und 30 Minuten an Ort und Stelle gebracht!

Seit jenem Tag findet jedes Jahr zur Erinnerung an diesen Wettlauf gegen die Zeit eines der größten polaren Hunderennen statt: Das Iditarod-Rennen.

Barry, der Bernhardiner

Bernhardiner sind die traditionellen Rettungshunde im Gebirge. Die Klostermönche des Hospizes am Grossen Sankt Bernhard in der Schweiz nahmen sie im 11. Jahrhundert auf; seit dem 17. Jahrhundert werden sie für die Rettung von im Gebirge vermissten Personen ausgebildet.

Barry wurde Anfang des 19. Jahrhunderts geboren. Seit jeher erhielten die schönsten Rüden der Hundezucht des Hospizes den Namen Barry, was "Bär" bedeutet. Barry allein rettete mehr als 40 Menschen, sein Ruhm wurde der Nachwelt überliefert. Zu seinem Gedenken wurde auf dem Tierfriedhof in Paris eine Statue errichtet. Auf ihr ist vermerkt, dass er von dem letzten Menschen, den er retten wollte, getötet wurde, weil dieser ihn für einen Bären hielt. In Wirklichkeit starb er jedoch 1814 an Altersschwäche, und sein Körper ist im Museum von Bern konserviert. Mit dem Image des Bernhardiners assoziiert man auch das Branntweinfässchen: eine Legende, die genauso falsch ist wie die vorhergehende. Branntwein ist für Menschen mit Unterkühlungserscheinungen nämlich lebensgefährlich.

Rudy, der Trümmerhund

11. Dezember 1988: Ein Erdbeben der Stärke 7,2 erschüttert Armenien. Angesichts des Ausmaßes der Sachschäden – zwei Städte sind vollkommen zerstört – wird um internationale Hilfe ersucht. Frankreich nimmt daran teil und entsendet Ausbildungs- und Eingriffseinheiten der Zivilen Sicherheit (UIISC), die sich etwa 24 Stunden nach der Katastrophe auf den Weg nach Armenien begeben. Ein Teil von ihnen sind Trümmerhundeführer. Unter ihnen befindet sich der leitende Hundeführer Deguerville mit seinem Hund Rudy, einer Kreuzung aus Husky und deutschem Schäferhund, der etwa 4 bis 5 Jahre alt ist. Die klimatischen Bedingungen sind nicht gerade milde: Die Außentemperatur beträgt tagsüber -3 bis -4° C und nachts etwa -20°C. An den ersten beiden Tagen lösen sich die Hundeführer rund um die Uhr ab. An den folgenden Tagen teilen sie ihre Zeit in sechs Stunden Suche gefolgt von drei Stunden Ruhe ein. Die Einwohner geben den Hundeführern Hinweise auf die Lage eventueller Opfer. Am 4. Tag ruft man den Hundeführer Deguerville zu einer Grundschule, in der kein Überlebender gefunden wird. Man macht ihn auf eine in der Nähe gelegene Schuhfabrik aufmerksam. Nach mehrstündiger Suche markiert Rudy einen Ort. Er zeigt seinem Hundeführer, dass er ein Opfer gefunden hat. Die Trümmer werden an dieser Stelle geräumt, und eine Frau wird lebend geborgen. Nach mehreren Tagen unter den Trümmern hatte sie ohne feste Nahrung und Wasser mit einer schweren Beinverletzung überlebt. Die Amputation konnte vermieden werden, und dank intensiver Pflege konnte sie sich wieder vollkommen erholen.

Rudy nimmt so einen Ehrenplatz an der Seite der heldenhaften Hunde ein, die verschüttete Menschen aus den Trümmern der Erdbeben im Iran oder in Mexiko gerettet haben.

Der Lawinenhund

Winter in den Bergen: Es gibt nichts Schöneres als diese eingeschneiten Hänge bei strahlendem Sonnenschein, die zahlreiche Ausflügler und Skifahrer anlocken. Manchmal vergessen diese jedoch, wie gefährlich das Gebirge sein kann. Tatsächlich muss selbst unter scheinbar günstigen klimatischen Bedingungen immer mit dem Abgang von Lawinen gerechnet werden. Aus diesem Grunde werden den Stationen der Bergrettung beträchtliche Mittel zur Verfügung gestellt. Sie umfassen Erste-Hilfe-Teams, Pistenwarte, Hundeführermannschaften und Bergsteiger, die die Menschen bei der Entdeckung der Schönheit der Gebirgswelt führen und begleiten, und ein Wetterbeobachtungssystem, das es erlaubt, die Lawinengefahr einzuschätzen.

Einsatz des Lawinenhundes beim Suchen

Mittel zur Verhütung von Unfällen sind in den Bergen natürlich eine Grundvoraussetzung. Wenn es jedoch zu einem Unfall kommt, muss auf Rettungsmittel zurückgegriffen werden. In diesem Fall ruft man auch Hunde zur Hilfe.

Die Suche nach Lawinenopfern ist eine der seltenen Rettungsdisziplinen, in denen der Hund unmittelbar gefordert ist. Aufgrund seiner außergewöhnlichen Witterung, seiner Schnelligkeit und seiner Ausdauer ist er der beste Helfer für die Lawinensuche. Der Hund ist Teil eines Teams, das außerdem Schallsuchgeräte und Schneeschaufler einsetzt. Die Teams arbeiten gleichzeitig, die Hunde sind jedoch immer als erste in den Schneemassen.

Warum werden die Hunde als erste eingesetzt? Der Zeitfaktor spielt bei der Rettung im Gebirge eine wesentliche Rolle, und je schneller die Lawine abgesucht wird, desto größer sind die Chancen der Retter, im Schnee begrabene Personen lebend zu finden. Hier kommen die Fähigkeiten des Hundes voll zum Einsatz. Bei gleicher (oder sogar besserer) Arbeitsqualität sucht ein Hund ein Terrain viel schneller ab als ein Suchtrupp. Zur hundertprozentigen Untersuchung einer 1 ha großen Parzelle brauchen 20 Bergrettungsleute 24 Stunden, ein Hund braucht für dasselbe Ergebnis nur zwei Stunden.

Die Wahl des Hundes und seines Herrn

In Frankreich kommen die Hundeteams aus der Armee, der Gendarmerie Nationale, dem CRS, den Bergrettungstationen oder sie sind einfach Privatleute. Tatsächlich teilt man sie in zwei Kategorien ein: Teams der Armee und der Gendarmerie werden von Ausbildern der Gendarmerie ausgebildet, während die drei anderen Gruppen im Rahmen der Zivilen Sicherheit arbeiten. Die Hundeführer sind oft Männer, die an das harte Leben im Hochgebirge gewöhnt sind und in jedem Gelände Ski laufen können.

Zwei Hunderassen sind vorherrschend: der belgische Malinois-Schäferhund und der deutsche Schäferhund. Sie werden bei allen Suchdisziplinen eingesetzt, und das ist in jedem Fall gerechtfertigt. Ihre Größe und ihr Gewicht reichen aus, um im Schnee nicht zu ermüden, und ihre Ausdauer ermöglicht lang anhaltende Arbeit. Ihre Auswahl erfolgt nach körperlichen, gesundheitlichen und charakterlichen Kriterien. Es ist auch sehr interessant, zu sehen, dass die Hunde sich sehr leicht an ihre neuen Lebensbedingungen anpassen: In wenigen Tagen wird ihr Fell durch eine Verstärkung des Unterhaares dichter, die Haare in den Zehenzwischenräumen nutzen sich weniger ab und bilden so "Schneeschuhe", welche die tragende Fläche ihrer Pfoten vergrößern; die Haut der Pfotenballen wird härter und widersteht so besser dem Angriff des Schnees und den bei Schneefall auf die Straße gestreuten Salzen. Nur die Augen der Hunde müssen gegen ultraviolette Strahlen geschützt werden: Bei der Ausbildung oder längeren Einsätzen in der Sonne wird eine Augensalbe gegen die schädliche Wirkung der Strahlung verwendet.

Ausbildung und Training der Hundestafetten

Die Hunde werden mehrere Wochen lang im Gebirge ausgebildet. In Anlehnung an das Protokoll des schweizerischen Bergrettungsdienstes lernen Hund und Hundeführer ihr Metier. Das schrittweise Vorgehen erlaubt es dem Hund, zu verstehen, was man von ihm verlangt. Der Hundeführer lernt seinen Hund zu lenken und zu "lesen", das heißt, in der Lage zu sein, den Augenblick zu erkennen, wo der Hund eine Stelle anzeigt. Am Ende dieser Ausbildung sind die Hundeteams tauglich für den Einsatz im Gelände. Um einen hohen Ausbildungsstand zu gewährleisten, unterziehen sich die Teams in der Winterzeit regelmäßigen Ausbildungen. Die Hundeführer haben damit eine Gelegenheit sich zu treffen und über ihre letzten Einsätze zu sprechen.

Der Spürhund für die Fährtensuche

Die Fährtensuche besteht darin, Personen aufgrund von mehr oder weniger zahlreichen Geruchshinweisen (Spuren, Gegenstände, mutmaßliche Indizien...) zu suchen.
Die Aufgabe besteht darin, eine oder mehrere Personen zu entdecken bzw. irgendeinen Gegenstand, der auf der Spur oder in ihrer unmittelbaren Nähe verloren oder versteckt wurde, zu entdecken oder einfach die Fluchtrichtung zu erkennen.

Welcher Hund, welcher Hundeführer?

Theoretisch verfügen alle Hunde über einen ausreichend entwickelten Geruchssinn, um die von einer Person hinterlassenen Spuren zu verfolgen. Die Fährtensuche ist sehr komplex. Sie erfordert eine besondere Abrichtung, zu der nicht alle Hunde geeignet sind. Die vorherige Auswahl begabter Tiere ist daher sehr wichtig. Die ausgewählten Tiere müssen folgende Eigenschaften besitzen: einen besonders gut entwickelten Geruchssinn; eine hohe Konzentrationsfähigkeit, um sich nicht von Fremdgerüchen und der Umgebung ablenken zu lassen (Aufmerksamkeit und Präzision); Dynamik, Ausdauer, Robustheit und Widerstandsfähigkeit; sowie Mut und Gleichgültigkeit gegenüber Schüssen.

Der Hundeführer muss körperlich tauglich, ruhig und ausgeglichen sein. Die zu bewältigenden Entfernungen sind oft sehr lang und müssen mit einem anhaltend gleichmäßigen Rhythmus zurückgelegt werden. Im übrigen braucht der Hundeführer einen ausgeprägten Beobachtungssinn. Seine Interpretationsfähigkeit muss es ihm erlauben, die geringsten Reaktionen seines Hundes zu erkennen und folgerichtig zu handeln.

Die Fährte

Der Körper eines Lebewesens sondert ständig feine Geruchsmoleküle aus. Das "Schema", nach dem der Hund damit konfrontiert wird, besteht aus einer Gruppe von Faktoren: spezifische Gerüche (Einzelpersonen, Gruppen, Arten), chemische Gerüche (Leder, Fett, Kleidung), Bruchstellen im Gelände (zertretene Pflanzen, Bakterien, die durch Eingriffe am Boden an die Oberfläche gelangen...), die Milieus (Holz, Weide, Klee, Ackerbau....) und atmosphärische Bedingungen.

Verschiedene Faktoren können die Geruchswahrnehmung des Hundes beeinflussen. Ihre Wirkung tritt zu unterschiedlichen Zeitpunkten ein und kompliziert das Fährtensuchen beträchtlich. Die Faktoren sind:

Externe Faktoren

Temperatur. Ihre Wirkung kann günstig (kaltes Wetter behindert die Verteilung von Geruchsmolekülen) oder ungünstig sein. Eine hohe Temperatur beschleunigt die Verteilung von Gerüchen, trocknet die Schleimhäute aus und verringert den Widerstand gegen Ermüdung.

Wind. Er verweht die Fährte, trocknet die Schleimhäute aus und bewirkt eine starke Verteilung der Moleküle.

Niederschläge. Je nachdem, ob sie schwach oder stark sind, können sie sich günstig oder ungünstig auf die Fährte auswirken. Geringe Feuchtigkeit, Raureif oder ein leichter Schneefall halten die Fährte frisch. Starke Niederschläge "waschen" die Fährte aus und bewirken die Ablagerung feiner Tröpfchen oder eingeatmeter Schneeflocken auf der Oberfläche der Geruchsschleimhäute und machen so das Fährtensuchen unmöglich.

Gelände. Die Art des Geländes beeinflusst in starkem Masse die Güte der Fährte. Das Gelände wird eingeteilt in:

- harte und trockene Böden (Sand, Kiesel, Fels, Straße), an denen die Gerüche nicht "haften";

- lockere und/oder feuchte Böden (Wiesen, Unterholz...), die sehr günstig für eine lange Haftung des Geruchs sind und ihn manchmal länger als 24 Stunden halten;

- Ackerböden: Günstig bei bedecktem und feuchtem Wetter, aber ungünstig bei Trockenheit und Wärme.

Elektromagnetisches Feld. Im Allgemeinen stellt man fest, dass das Fährtensuchen durch Gewitter oder bei der Annährung an eine Hochspannungsleitung gestört wird.

Vom Tier abhängige Faktoren

Einfluss rassebedingter Faktoren: Vorwiegend wird der deutsche Schäferhund eingesetzt. Die Qualität seines Geruchsinns ist allgemein bekannt.

Einfluss des Geschlechts: Ein Hund wird durch die Anwesenheit eines Artgenossen stark gestört, vor allem wenn es sich um eine läufige Hündin handelt.

Einfluss des körperlichen Zustandes: Der Hund sucht nicht gut, wenn er nicht gesund ist.

Einfluss der Ermüdung: Das Fährtensuchen ist eine intensive körperliche und nervliche Betätigung, bei der sich der Hund verausgabt. Regelmäßiges Training mit allmählicher Steigerung des Schwierigkeitsgrades vergrößert die Ausdauer und erhöht die Qualität des Fährtensuchens.

Einfluss der Ernährung: Jeder qualitative oder quantitative Mangel wirkt sich auf den allgemeinen Zustand des Hundes aus und kann eine Veränderung des Geruchssinns bewirken.

Von der Fährte abhängige Faktoren

Länge: Der Hund kann die Witterung des Körpergeruchs nur aufnehmen, wenn der Bezugsgeruch (Gegenstand, Kleidung) ausreichend ausgeprägt und frisch ist, und wenn die Fährte eine Mindestlänge aufweist, bevor schwierige Stellen auftreten. Tatsächlich ist der Geruch einer Fußspur allein nicht ausreichend, um vom Hund aufgespürt zu werden. Bei der Verfolgung der Spur riecht der Hund ständig eine Summe minimaler Körpergerüche, aus denen er den individuellen Geruch der Fährte erkennt.

Fährtenalter: Die Geruchsmoleküle lösen sich mit der Zeit auf und verflüchtigen sich im Umgebungsmilieu. Die Intensität der Gerüche nimmt allmählich ab, bis sie schließlich bei Null anlangt.

Verlauf: Auch die Form der Fährte wirkt sich auf das Fährtensuchen aus. Es ist offenkundig, dass eine einfache und gerade Fährte viel leichter zu verfolgen ist, als eine Fährte mit zahlreichen Richtungsänderungen.

Einfluss des Hundeführers

Er muss in höchstmöglichem Maß neutral sein. Ansonsten wird der Hund schnell zum "Lügner" oder endgültig "gebrochen".

Der Suchhund

Die Vermisstensuche ist eine verwandte Disziplin der Fährtensuche. Die Voraussetzungen sind jedoch anders: Dem Hund wird kein Bezugsgegenstand gezeigt und auch keine potentielle Ausgangszone. Der Hund wird ohne Geschirr und ohne Leine einfach losgelassen. Seine Arbeit besteht darin, in einem bestimmten Revier einen besonderen Geruch zu finden, so wie das auch bei der Suche unter Trümmern oder einer Lawine der Fall ist.

Rettungshunde für den Einsatz im Wasser

Wie bei jeder anderen Rettungsdisziplin spielt der Hund dank seiner körperlichen Leistungsfähigkeit und seiner starken Willenskraft auch eine wesentliche Rolle als Helfer von Rettungsschwimmern, die zugleich Hundeführer sind.

Wahl der Rasse: Der Neufundländer

Der Neufundländer bietet zahlreiche Eigenschaften, die bei der Rettung am und im Wasser genutzt werden:

- Kraft: Er kann mehrere Personen oder ein Boot von mehreren Tonnen schleppen.
- Ausdauer: Er kann mehrere Stunden und lange Strecken schwimmen.
- Widerstandsfähigkeit bei Kälte, die ihn sofort einsatzbereit macht, im Gegensatz zu einem Taucher, der etwa 5 Minuten braucht, um sich auszurüsten.
- Gelassenheit und Ruhe: Sie flößt den Verunglückten Mut ein.
- Hartnäckigkeit: Er gibt niemals auf.
- Sofortige Einsatzbereitschaft: Er braucht keinerlei Material.

Die Verwendungen des Neufundländers

Der Hund allein

Er handelt wie ein Rettungsschwimmer: Er hilft erschöpften Schwimmern, die noch bei Bewusstsein sind, schleppt Boote und Material, kann bei Überschwemmungen und Naturkatastrophen Hilfstrossen ziehen und Boote in seichten Gewässern oder zwischen Felsen festhalten.

Der Hundeführer mit seinem Neufundländer

Der Hund spielt hier die Rolle des Helfers. Bei der Rettung Opfern, die um sich schlagen, setzt der Hundeführer das Opfer außer Gefecht und lässt sich von seinem Hund beim Abschleppen helfen. Beim Schleppen eines Bootes in Richtung des offenen Meeres oder von Booten mit Opfern an Bord, die aus einer gefährlichen Zone herausgebracht werden müssen, übernimmt er dieselbe Aufgabe. Bei der Rettung von kleinen Segelbooten, die gekentert oder verunglückt sind, und bei der Suche nach Menschen in einer bestimmten Zone schleppt der Neufundländer ein großes Schlauchboot und folgt dabei den Blasen der Taucher.

Tätigkeitsbereiche

Der Hund kann an allen Orten am und im Wasser eingesetzt werden.

- **Auf See:** Einsatz bei Alarmruf oder wenn von der Rettungswacht ein Unfall beobachtet wurde; Rettungseinsätze an schwer zugänglichen Stellen. Einschränkungen: Strände mit sehr hohen Wellen.
- **Im Fluss:** Einsatz bei Alarmruf zur Verstärkung der Retter vor Ort; sofortiger, punktueller Einsatz trotz Hindernissen, Anfahrt im Automobil. Einschränkung: ein Einsatz in der Nähe eines stromaufwärtsgelegenen Wehrs einer Schleuse.
- **Auf Seen und Wasserflächen:** Einsatz bei Anruf eines Zeugen oder wenn ein Unfall beobachtet wurde; ständige Anwesenheit und Überwachung in touristischen Gebieten. Einschränkung: Rettungseinsatz stromaufwärts in der Nähe eines Stauwerks.
- **Bei einer Überschwemmung:** Der Einsatz erfolgt auf Anfrage zur Verstärkung von Transportmannschaften. Die wesentlichen Einsätze sind: Bergung von Material, Schleppen zur Evakuierung von Opfern, Transport von Nahrungsmitteln, Durchziehen von Hilfstrossen.
- **Bei Katastrophen:** Unterstützung der Opfer und dieselben Einsatzarten wie bei Überschwemmungen. Bereitschaft bei Wassersportveranstaltungen: Regatten, Triathlon, Wassersportarten, die eine Bereitschaft für kurzfristige Einsätze bei Unfällen erfordern.

Kriterien für die Wahl eines Rettungshundes

Man darf niemals vergessen, dass die Eigenschaften eines Wasserrettungshundes gleichermaßen auf seiner Abrichtung und seinen körperlichen und psychischen Veranlagungen beruhen. Als größte Mängel werden beim Neufundländer ein fehlender Rettungsinstinkt und unzureichende Schwimmkraft angesehen. Das größte Problem ist aber die Dysplasie der Hüften.

Für die Wasserrettung werden systematisch Welpen mit großer Muskelkraft und starkem Knochgerüst durch Röntgenuntersuchungen der Vatertiere aufgespürt, um so eine Dysplasie der Hüftpartie auszuschließen.

Die Ausbildung

Unabhängig davon, ob es sich um einen Welpen oder einen ausgewachsenen Hund handelt, heißt das Schlüsselwort der Abrichtung "langsam" . Tatsächlich wird sich ein ausgewachsener Hund erst an seine neue Lebensart gewöhnen müssen. Es besteht die Gefahr, dass seine Muskulatur und seine Gelenke überlastet werden, wenn keine Kontrolle ausgeübt wird. Es ist also erforderlich, ihn langsam an das Schwimmen, Klettern und Laufen zu gewöhnen. In gleichem Maße muss berücksichtigt werden, dass sich sein Charakter bereits gefestigt hat.

Wie jeder andere Welpe muss der junge Neufundländer allmählich in mehreren kurzen Phasen entsprechend seiner Konzentrationsfähigkeit abgerichtet werden. Genauso ist es erforderlich, die Übungen zu verschiedenen Tageszeiten und an unterschiedlichen Orten durchzuführen, um jede Gewöhnung zu vermeiden.

Der Neufundländer in der Ausbildung

Jede Übungsstunde beginnt mit einer Lockerungsphase, in der Hund sich entspannt und auf seine Arbeit vorbereitet wird. Die eigentliche Ausbildung erfolgt an Land und im Wasser. Aber ihr gehen stets reine Gehorsamsübungen voraus, wie Bei-Fuß-Gehen, Platznehmen, Appell, die dem Welpen im Alter von wenigen Monaten eingeschärft werden. Mit der Zeit werden die Aufgaben schwieriger (Befehle durch Sprache oder Gesten über größere Entfernungen ...) und es werden Steigerungen der Übungen auf schlüpfrigem Gelände oder am Hang ausgeführt, die den tatsächlichen Einsatzbedingungen ähneln. All dies wird abgerundet, indem der Welpe mit der Außenwelt vertraut gemacht wird: Menschenmengen, Motorgeräusche, Lifte...

Die Arbeit im Wasser besteht aus zwei Teilen:

- der Arbeit des Hundes, der lernt, Gegenstände zu apportieren, zuerst seinen Herrn, dann Personen, die er nicht kennt, zu ziehen, schließlich Surfbretter oder Boote abzuschleppen;

- der Arbeit des Teams Herr und Hund, bei der beide sich im gegenseitigen Vertrauen und Einverständnis ergänzen. Die eigentliche Rettungsarbeit beginnt erst, wenn der Hund fünfzehn Monate alt ist: Die Ausbildungsübungen werden schwieriger, der Zugang zum Wasser wird von Hindernissen versperrt, das Schleppen erfolgt mit immer schwereren Booten, der Hund wird manchmal von Wellen untergetaucht.

Die Häufigkeit der Übungen ist je nach der Motivation und den körperlichen Anstrengungen des Hundes unterschiedlich. Die Gehorsamsübungen werden jedoch jeden Tag wiederholt.

Die beiden Mitglieder des Hundeteams müssen im selben Rhythmus voranschreiten. Die Herstellung eines innigen Einverständnisses zwischen dem Herrn und seinem Hund ist eine der fundamentalen Grundlagen. Aber dieses Einverständnis ist nur möglich, wenn der Herr auch auf seinen Hund hört, und in der Lage ist, in diesem wie in einem offenen Buch zu lesen, das heißt, seine Reaktionen im voraus zu kennen.

Je nachdem, ob der Hundeführer seinen Hund in seiner Arbeit anspornen oder ihn stoppen will, wird seine Stimmlage unterschiedlich sein. Befehle werden mit einer trockenen Stimme in markanter Weise erteilt. Anregende Kommandos müssen in dynamischer und unbeschwerter Weise gegeben werden.

Was auch immer geschieht, bei der Abrichtung ist ein Prinzip immer einzuhalten: Wenn dem Neufundländer eine Übung gelingt, ist das ihm allein zu verdanken; wenn er versagt, ist es der Fehler seines Herrn.

Bei der Abrichtung auftretende Risiken

Im Verlauf der Abrichtung des Hundes sind Hemmungen körperlicher und psychologischer Art zu befürchten. Tatsächlich kann die Übertreibung sportlicher Übungen (Sprünge, Klettern, Schwimmen..), wenn die Welpen zu jung sind, eine Bändererschlaffung hervorrufen oder eine bestehende Dysplasie verstärken.

Wenn man übrigens ein junges Tier Übungen ausführen lässt, die es erschrecken, so kann dies zu seiner ständigen Untauglichkeit führen: Es wäre schade, wenn ein Neufundländer Angst vor dem Wasser hätte, weil er als Welpe gezwungen wurde, hineinzuspringen. Es dauert mehrere Monate, um einem "gebrochenen" Hund das Vertrauen wiederzugeben.

Übungen, die der Hund verweigert, kann der Rettungsschwimmer ihm am besten im Spiel vermitteln. Dadurch lassen sich natürliche Barrieren der Ängstlichkeit, Zurückhaltung und Angst überwinden. Es ist möglich einen Hund so auszubilden, dass er Hemmungen, die mit seinem Charakter, seiner Erziehung oder seiner Art zu leben zusammenhängen, überwinden kann. Ein auf dem Erbmaterial beruhendes Ungleichgewicht kann eventuell ausgeglichen werden.

Der Trümmerhund

Ein lebenswichtiger Helfer

Die Aufgabe der Suchhunde ist nicht auf große Erdbeben beschränkt. Sie können bei Erdrutschen oder Gebäudeeinstürzen, nach einem Feuer, Verschüttungen in einer Baugrube oder einem Bergwerk, bei Eisenbahn- oder Flugzeugkatastrophen eingesetzt werden... An Einsatzfällen mangelt es unglücklicherweise nicht.

Geophonische Geräte des Typs Capson (die in der Lage sind Geräusche äußerst geringen Ausmaßes, wie Herzschläge, aufzuspüren) werden ebenfalls für die Entdeckung von Opfern eingesetzt, aber im Gegensatz zum Hund erfordert ihre Anwendung eine absolute Stille, die bei Räumarbeiten äußerst selten gegeben ist. Der richtig ausgebildete Hund kann demgegenüber unabhängig vom Gelände, auch in dunklen Untergeschossen parallel zur Arbeit der Retter arbeiten, und dies trotz des Lärms der Räummaschinen (Baukräne, Presslufthämmer, Bulldozer). Außerdem kann man mit Horchgeräten keine Leichen finden, während der Hund sie nicht nur auffindet, sondern je nachdem, ob das Opfer tot ist oder lebt, unterschiedlich "anschlägt", was Einfluss auf die Schnelligkeit der Rettungsarbeiten hat. Die Fachleute sind sich vollkommen einig, dass Hunde unverzichtbare Helfer bei allen Sucharbeiten in Trümmern sind.

In Großbritannien wurden im Verlauf des Zweiten Weltkriegs nach den deutschen Bombenangriffen erstmals Hunde eingesetzt, um unter den Trümmern verschüttete Personen zu finden.

Ab 1954 wurden Ausbildungszentren für Suchhunde in den Vereinigten Staaten, in Deutschland und in der Schweiz geschaffen. Die schweizerischen Hunde haben sich erstmals auf internationaler Ebene bei dem Erdbeben in Friaul in Italien im Jahre 1976 ausgezeichnet. Die zwölf eingesetzten Hunde fanden 42 Überlebende und 510 Leichen.

1977 fanden zehn Hunde in Rumänien 15 Überlebende und 97 Leichen.

1980 wurden die ersten französischen Hunde in El Asam in Algerien eingesetzt (10 Überlebende und 500 Leichen wurden gefunden). Heute werden Suchhunde bei allen größeren Erdbeben (Iran, Mexiko, Armenien) eingesetzt.

Hunde aus der ganzen Welt haben sich 1999 in der Türkei erneut ausgezeichnet, als sie die Rettung von mehreren hundert verschütteten Opfern ermöglichten.

Hunde-Suchteam der Feuerwehr von Paris im Trümmereinsatz

Hundestafetten der Pariser Feuerwehr

Teamarbeit

Wie bei jeder Arbeit, die einen Hund und einen Menschen verbindet, ist ein inniges Einverständnis zwischen dem Herrn und seinem Hund erforderlich. Der Hundeführer muss sein Tier hundertprozentig kennen, es in den Trümmern richtig interpretieren, das heißt ununterbrochen auf seine Reaktionen achten. Umgekehrt muss der Hund ein vollkommenes Vertrauen zu seinem Herrn haben, um ihm unabhängig von den Schwierigkeiten des Geländes überallhin zu folgen.

Ein solcher Grad des Zusammengehörigkeitsgefühls verlangt eine lange Vorbereitung. Nach einer Gewöhnungsphase und einer Grundausbildung (Platz, Sitz, Bei-Fuß-Gehen usw.) fängt die eigentliche Sucharbeit an. Die Techniken sind vielfältig. Im Allgemeinen stützt sich der Hundeführer auf die Anhänglichkeit seines Hundes und seine Begeisterung für ein bestimmtes Spielzeug (Ball oder Beißstab). Zuerst versteckt sich der Hundeführer, dann eine andere Person und schließlich mehrere Personen mit dem Spielzeug des Hundes. Wenn der Hund es wiederfindet, "markiert" er sein Opfer, indem er bellt und den Boden kratzt. Der Reiz des Spielzeuges erlaubt es, dieses Anzeigen weiterzuentwickeln, das eine wesentliche Eigenschaft eines guten Trümmerhundes ist.

Wenn der Hund in der Lage ist, mehrere Opfer, die sich ohne sein Wissen verstecken zu entdecken, wird er nach den Bestimmungen des Landes "patentiert". Der Hundeführer und sein Hund werden damit der nationalen Rettungsstaffel als ziviles oder militärisches Team zugeteilt.

Welche Hunde eignen sich für diese Arbeit?

Hunde, die in Trümmern eingesetzt werden, müssen einen guten Geruchssinn und einen ruhigen Charakter haben; sie sollten ausgeglichen und voller Energie sein. Sie müssen gesellig sein, sowohl gegenüber Menschen wie auch gegenüber ihren Artgenossen, denn in Trümmerzonen werden zumeist mehrere Hunde eingesetzt. Auch die Spielfreude ist wichtig für die Ausbildung.

Die am häufigsten eingesetzten Rassen sind Schäferhunde, vor allem der deutsche und der belgische Schäferhund. Die kleinen Pyrenäen-Schäferhunde, der Dobermann und der Beauceron haben sich ebenfalls bei der Arbeit in den Trümmern bewährt.

Der Behindertenhund

Die meisten Leute halten einen Hund einfach als Begleithund. Für einige ist er aber ein Freund in allen Lebenslagen, der ihnen wertvolle Hilfe im täglichen Leben leistet. Diese außergewöhnlichen Hunde werden ausgebildet, um als Behindertenhund, Schwerhörigenhund oder Blindenhund Behinderte zu unterstützen. Die Ausbildung dieser Hunde wird durch private Vereine ermöglicht, die von begeisterten, großzügigen Mitgliedern getragen werden.

Hunde zur Unterstützung von Behinderten

Der französischer Verband ANECAH besteht seit 1989. Damals begann er mit der Ausbildung von Hunden, die Personen helfen sollten, die teilweise oder völlig in ihrer Mobilität eingeschränkt waren. Seit der Gründung dieses Verbandes ist eine wachsende Zahl von Hunden ausgebildet worden – im Jahre 1996 etwa fünfzig Hunde. Diese Tiere gehören zwei Rassen an, Labrador und Golden Retriever, die dank ihrer Ruhe, ihrer Fügsamkeit und ihrer Fähigkeit, Befehlen zu gehorchen, für diese Aufgabe besonders geeignet sind. Die Ausbildung erfolgt in mehreren Phasen. Die erste besteht aus dem Einbringen eines Welpen in eine Familie, die sich um seine Erziehung bemüht. In einem zweiten Stadium wird der Hund im Rahmen des Verbandes ausgebildet. Er wird abgerichtet und lernt, auf etwa fünfzig verschiedene Befehle anzusprechen.

Die Rolle der Aufnahmefamilie ist entscheidend und bestimmt die weitere Ausbildung. Im Alter von drei Monaten werden die Welpen vorausgebildet, das heißt, sie lernen in Gemeinschaft zu leben und die Familie bemüht sich, ihnen Gehorsam beizubringen. Alle drei Wochen finden sich die Hunde und ihre provisorischen Herren im Zentrum ein, das die Ausbildung der Welpen überwacht, Erziehungsratschläge gibt und sich auch darum kümmert, die Hunde frühzeitig auszumustern, die einen Charaktermangel aufweisen, der sie für die Arbeit als Behindertenhund untauglich macht. Diese Phase dauert bis zum Alter von 18 Monaten. Der Hund erhält anschließend die Ausbildung, die es ihm ermöglicht, einer in der Mobilität eingeschränkten Person zu helfen. Während eines Zeitraums von ungefähr sechs Monaten ist der Hund die ganze Zeit über im Zentrum untergebracht, wo er im Verlauf von zwei Ausbildungswochen seinen zukünftigen Herrn kennen lernt. In diesem Zeitraum wird das Duo Herr und Hund entsprechend ihrer Affinitäten ausgesucht. Die Ausbildung findet täglich statt. Ein Ausbilder beschäftigt sich etwa eine halbe Stunde pro Tag mit dem Hund. Am Ende der 24 Monate wird ein Drittel der Hunde wegen körperlicher Mängel (Hüftdysplasie) oder wegen Verhaltensfehlern ausgemustert. Das Wesentliche ist eine perfekte Anpassung der beiden Teampartner: Es muss eine gute gegenseitige Verständigung geben und eine gute Verwendung des Hundes durch die behinderte Person. Der Behinderte nimmt an einem zweiwöchigen, relativ anstrengenden Praktikum teil, in dessen Verlauf er den Umgang mit dem Hund und das Erteilen von Befehlen erlernt. Im übrigen sind schriftliche und mündliche Kontrollen sowie ein Abschlussexamen vorgesehen. Die vollständige Ausbildung eines Hundes kostet etwa 8.000 Euro, was die Anzahl der Praktikanten und vor allem die Anzahl der Hunde, die ausgebildet werden können, beschränkt.

Am Ende der Ausbildungszeit sind die Hunde in der Lage, auf etwa 50 verschiedene Befehle anzusprechen, wie: einen auf den Boden gefallenen Gegenstand aufzuheben, Gegenstände (Telefon) zu apportieren, die Türen zu öffnen und zu schließen, das Licht ein- und auszuschalten, dabei zu helfen, mit dem Rollstuhl schwer zugängliche Stellen zu erreichen usw.

Der Behindertenhund führt zahlreiche Aufgaben an Stelle seines Herrn aus. Aber er spielt auch – vor allem bei Kindern – bei verschiedenen Krankheiten eine Rolle in der therapeutischen Entwicklung. Die Hunde spielen dort fast die Rolle eines echten Mediziners. Neben den Aufgaben, für die er eigentlich ausgebildet worden ist, stimuliert der Hund die behinderten Kinder. Sie finden in ihrem neuen Begleiter eine echte Stärkung. Das erlaubt es ihnen, sich gegenüber anderen zu öffnen und Vertrauen zu ihnen zu fassen. Die Kinder führen Bewegungen aus, die sie vorher für unmöglich gehalten hätten. Die von dem Hund erbrachte Hilfe stößt sie dazu an, "ihre Grenzen zu überschreiten". Dieses Phänomen der Therapie durch das Tier ist Gegenstand von Forschungen, vor allem im Bereich des Autismus, dessen Ursache unbekannt ist, und für den es im Augenblick keinerlei Behandlung gibt.

Die Hunde erleichtern und verbessern auch den Kontakt zwischen Behinderten und Nicht-Behinderten.

Blindenhunde

Ausbildungsstätten für Blindenhunde bestehen in Frankreich seit 1952 und in England seit 1930. Die Methode der Ausbildung ist im Wesentlichen die gleiche wie die der Behindertenhunde, aber sie ist viel weiter entwickelt, sowohl hinsichtlich der Anzahl der ausgebildeten Hunde als auch der Zahl der Ausbildungsstätten.

Ausbildungsstätten für Blindenhunde bestehen in Frankreich seit 1952 und in England seit 1930. Die Methode der Ausbildung ist im Wesentlichen die gleiche wie die der Behindertenhunde, aber sie ist viel weiter entwickelt, sowohl hinsichtlich der Anzahl der ausgebildeten Hunde als auch der Zahl der Ausbildungsstätten.

Die verwendeten Rassen sind zu einem Drittel deutsche Schäferhunde, der Rest sind Golden Retriever und Labradors, die für diese Aufgabe aufgrund ihres Gehorsams und ihrer Lernfähigkeit gewählt wurden. Die Welpen entstammen einer speziell zu diesem Zweck geschaffenen Zucht, die die Schulen für Blindenhunde versorgt. Diese Zuchtstelle arbeitet an der genetischen Selektion der Hunde, wobei versucht wird, Charaktermängel oder Fehlbildungen des Knochenbaus oder des Bewegungsapparates (wie etwa die Dysplasie der Hüfte) zu eliminieren. Die hier arbeitenden Personen werden von Veterinären beraten, die in den nationalen tierärztlichen Hochschulen speziell ausgebildet werden. Die Welpen werden in die "Aufzuchtfamilien" gegeben und dann unter verschiedenen Ausbildungsstätten aufgeteilt. Die Hündinnen kehren regelmäßig in das Zuchtzentrum zurück, um hier Junge zu werfen, denn dies sichert die Reproduktion. Die Zielsetzung besteht derzeit darin, etwa 20 Welpen pro Jahr zu haben, da man weiß, dass zur Zeit in Frankreich nur etwa 1.000 Blinde einen Blindenhund benötigen.

Die Ausbildung läuft in vier Monaten ab und ist in mehrere Zeiträume aufgeteilt. In dieser Zeit lernt der Hund in erster Linie Gehorsam. Dies erfolgt in einfachen Übungen, bei denen der Hund in bestimmten Positionen verharren muss, Gegenstände apportiert, sich an das Tragen seines Geschirrs gewöhnt und richtig laufen muss. Diese Phase, die eine Woche dauert, wird von nur einem Ausbilder geleitet. Dann kommt die Phase, in deren Verlauf der Hund lernt, Hindernisse aller Art zu umgehen und sie seinem Herrn zu signalisieren. Dies ist der schwierigste Augenblick der gesamten Ausbildungszeit. Im ersten Monat arbeitet der Ausbilder mit dem Hund. Dann wird der Hund einem Blinden anvertraut, der sich an seine Gegenwart gewöhnen muss, und sich von ihm auf ver schiedenen Strecken führen lässt. Auf diese Weise stellt sich eine enge Beziehung zwischen dem Menschen und seinem Hund ein. Der Ausbilder dient als Bindeglied zwischen den beiden. Seine Aufgabe besteht auch darin, den Blinden "auszubilden".

Nachdem das Team Blinder/Hund vier Monate in der Blindenhundeschule verbracht hat, ist es bereit, mit dem täglichen Leben konfrontiert zu werden, und dies für lange Jahre. Das Tier ermöglicht es dem Blinden, sich wieder in das gesellschaftliche Leben einzugliedern und einer mit seiner Behinderung zu vereinbarenden Berufstätigkeit nach zu gehen.

Weltweit entstehen immer mehr Verbände, um der größtmöglichen Anzahl von Behinderten oder Blinden Hunde zur Verfügung zu stellen, deren Ausbildungsstand sich ständig weiterentwickelt.

Schwerhörigenhunde

In unserer Gesellschaft stellt Taubheit oder Schwerhörigkeit eine Behinderung dar, die so stark sein kann, dass sie sehr schnell zur Isolierung führt. Auch bei diesem Problem kann ein Hund Abhilfe schaffen.

Weltweit gibt es mehrere Zentren für Schwerhörigenhunde, vor allem in den Vereinigten Staaten, in England und in erster Linie in Holland. In der Nähe von Nijmwegen, genauer gesagt in Herpen, wurde 1984 die Stiftung Soho geschaffen, die für den Ankauf und die Ausbildung von Hunden für Behinderte oder Taube verantwortlich zeichnet. Sie arbeitet mit England zusammen, wo auch die meisten Hunde gekauft werden. Diese gehören vor allem zur Rasse Golden Retriever, aber auch der Welsh Corgi oder der Bearded Collie werden gern verwendet.

Mit einem Alter von acht Wochen bis zu einem Jahr werden die Hunde in holländischen Familien untergebracht, die möglichst Kinder haben sollten, wo ihnen eine Grundausbildung erteilt wird, und wo sie sich an die verschiedensten Örtlichkeiten anpassen (Stadt, Supermarkt, Wald..). Danach kehren sie in die Stiftung zurück, und damit in die eigentliche Ausbildung für ihre zukünftige Funktion. Hier zeigt sich, wie wichtig die gewählte Rasse ist, denn die Intelligenz der Hunde wird auf eine harte Probe gestellt. Sie müssen mehr als 70 Sprach- und 20 Gestenbefehle erlernen. Außerdem ist die Stimme eines Tauben oder eines Schwerhörigen im Tonfall und in der Diktion ganz anders, was eine zusätzliche Anpassungsanstrengung erfordert. Und vergessen wir auch nicht die Hunde für Taubstumme, deren Ausbildung mit zwei Jahren doppelt so lange dauert.

Die Ausbildung des Hundes besteht vor allem darin, ihn auf bestimmte Geräusche reagieren zu lassen, auf die er seinen Herrn aufmerksam macht. Zum Beispiel springt er auf das Bett, wenn der Wecker klingelt, zieht unten an der Hose, wenn jemand an der Tür klingelt oder ergreift vorsichtig die Hand seines Herrn, um ihn über einen unerwarteten Besuch zu informieren. Was jedoch diese Personen vor allem schätzen, ist das Ende der Einsamkeit und der Isolierung.

Einige Zahlen: Die Kosten der Ausbildung eines Hundes belaufen sich auf etwa 8.000 Euro; in dieser holländischen Stiftung schließen 80 % der Hunde ihre Ausbildung mit Erfolg ab. Im Jahre 1987 gab es in Holland 45 Behindertenhunde, davon 15 für Taube oder Schwerhörige.

Der Hund als Sicherheits-helfer

Mit der Entwicklung der Waffentechnik und der Streitkräfte hat sich die Verwendung des Hundes im Verlauf der Jahrhunderte geändert. Man kannte ihn als Kriegshund, ausgestattet mit einer für seinen Feind tödlichen Panzerung, als Wachhund, Spürhund, Patrouille-Hund, Melde- oder Sanitätshund. Heute ist er ein wichtiger Helfer bei der Suche nach Brennstoffen, Sprengstoffen oder Rauschgiften. Auch hier setzt er seine extreme Hingabe, seine Großherzigkeit und seine Fähigkeiten im Dienste des Menschen, der Gesellschaft und ihrer Sicherheit ein.

Geschichte des Hundes beim Militär

Kriegshunde

Ab dem 13. Jahrhundert v. Chr. nahm der Hund als Soldat an den Kämpfen zwischen den Menschen teil. Die auf diese Art und Weise eingesetzten Molosser waren furchterregende Waffen, die dem Feind schreckliche Bisswunden zufügten. Die Rasse dieser Hunde erinnert an unsere heutige tibetische Dogge. Ihre Statur war jedoch noch imposanter, die Widerristhöhe erreichte 75 bis 80 cm, während sie sich heute auf etwa 70 cm stabilisiert hat. Aus Asien stammend, fanden diese Doggen, die blutgieriger waren, als die für die Jagd verwendeten Windhunde der Pharaonen, zahlreiche Liebhaber in Ägypten und später in Griechenland. Sie gelangten schließlich in das Römische Reich, nachdem Rom Griechenland erobert hatte. Parallel dazu entwickelten die Gallier, die Kelten und die Germanen eine von der dänischen Dogge abstammende Rasse. Im 1. Jahrhundert v. Chr. standen sich römische und gallische Kriegshunde in berüchtigten Kämpfen gegenüber.

Die Abrichtung dieser Hunde war einfach. Ihre Aufgabe bestand darin, die feindlichen Armeen - einschließlich der Pferde - zu vernichten. Im Verlauf der Jahrhunderte fertigte man Brustpanzersysteme an, auf die scharfe Spitzen oder Schneidklingen montiert waren. Die Hunde trugen auch Stachelhalsbänder und sogar Ledermäntel, die mit einer leicht entflammbaren Substanz bedeckt waren. Die auf diese Weise in wahrhafte Kriegsmaschinen verwandelten Hunde wurden losgelassen und trieben die von ihnen aufgeschreckten und verwundeten Pferde und Fußsoldaten auseinander. Nach der starken Verbreitung der Feuerwaffen im 19. Jahrhundert wurden diese Hunde immer seltener eingesetzt.

Wachhunde

Aufgrund ihrer ausgezeichneten Witterung und ihrer Veranlagung zur Verteidigung und Bewachung ihres Herrn wurden Hunde als Wachposten zahlreicher Forts, Zitadellen und Festungen verwendet.

Plutarch hat von den Heldentaten des Hundes Soter berichtet: Korinth wird durch eine Garnison geschützt, die von 50 auf dem Strand schlafenden Molossern bewacht wird. Eines Abends landen die feindlichen Armeen. Die korinthischen Soldaten, die am Vorabend tüchtig gebechert hatten, waren eingeschlafen. Und so blieb es den Hunden überlassen, den Feind anzugreifen, 49 Molosser wurden jedoch getötet. Einem einzigen, Soter, gelang es, zu entkommen und mit seinem Bellen Alarm zu schlagen. Die Korinther griffen sofort zu den Waffen, erschienen auf dem Schlachtfeld und schlugen die Angreifer zurück. Um den Mut des Hundes zu belohnen, schenkte man ihm ein prunkvolles Halsband mit der Inschrift: "Für Soter, Verteidiger und Retter Korinths". Dieser Hundetyp war vor allem im Mittelalter sehr verbreitet. Er wurde zur Verteidigung großer Städte und Festungen, wie dem Mont Saint-Michel oder St. Malo eingesetzt, wo seit 1155 jeden Abend 24 englische Doggen am Strand die dort vor Anker liegenden Schiffe vor Piraten schützten. Diese Wache wurde erst 1770 eingestellt, nachdem ein junger Offizier am Strand von den Hunden zerfleischt wurde. Noch heute dienen Hunde in abgeschlossenen Umfriedungen als Wachhunde.

Spürhunde

Schon immer wurden Hunde abgerichtet, um Menschen aufzuspüren, indem sie ihrer Fährte folgen. In Amerika wurden bei der Invasion der indianischen Gebiete durch Christoph Kolumbus Hunde verwendet, um Indianer zu finden und zu töten. So wurden bei La Vega (Dominikanische Republik) Tausende von Indianern von nur 150 Fußsoldaten, 30 Reitern und etwa 20 Kriegshunden in die Flucht geschlagen. Später setzten die Spanier in Südamerika Hunde ein, um von den Plantagen entflohene Sklaven aufzuspüren. Beim Abrichten wurden mit Blut und Eingeweiden gefüllte schwarze Puppen benutzt. Die von dem Geruch erregten Hunde assoziierten die ihnen zum Fressen vorgeworfenen Puppen mit den Sklaven. Die aufgespürten Sklaven hatten so kaum eine Überlebenschance.

In jüngerer Zeit haben während des Algerienkrieges Spürhunde es ermöglicht, feindliche Truppen aufzuspüren, die die Sicherheitssysteme überwunden hatten. Zum Beispiel von Gamin, ein deutscher Schäferhund der Militär-Hundezucht Beni-Messous. In Algerien angekommen, erweist er sich als so gefährlich, dass sich ihm niemand nähern kann. Der Gendarm Gilbert Godefroid unternimmt einen letzten Versuch, und es gelingt ihm, den Hund zu zähmen. Frühmorgens am 29. März 1958 wird der Gendarm Godefroid geweckt: Eine auf 200 Mann geschätzte Truppe hat die Elektrozäune an der tunesischen Grenze überwunden. Vom Hubschrauber abgesetzt, machen sich Gamin und sein Herr schnell auf die Suche, gefolgt von den Männern des 1. Fallschirmjägerregiments der Fremdenlegion. Die frische Spur wird schnell gefunden, doch in dem Augenblick, in dem Godefroid seinen Hund freilässt, verwundet ein Feuerstoss aus einer automatischen Waffe den Gendarmen tödlich. Selbst verletzt, springt Gamin und beisst dem Angreifer die Kehle durch. Er kriecht dann zu seinem Herrn und legt sich auf ihn, um ihn aufs Neue zu schützen. Es erfordert 6 Mann und eine Zeltbahn, um ihn zu bändigen. Er wird gerettet und an den Stützpunkt zurück gebracht, aber niemand kann sich ihm jemals wieder nähern, geschweige denn ihm Befehle erteilen. Die militärische Führung entscheidet, ihm einen friedlichen Ruhesitz im Zentralen Hundezwinger der Gendarmerie in Gramat im Department Lot zu gewähren, wo er, so ist es in der Mitteilung des Ministeriums formuliert "Bis zu seinem Tod gepflegt werden" soll. Gamin stirbt jedoch zwei Wochen nach seinem Eintreffen aus Kummer. Seine sterblichen Überreste werden noch immer im Nationalen Zentrum für Hundeausbildung der Gendarmerie in Gramat aufbewahrt, und es wurde ihm ein Denkmal gesetzt.

Auch in Vietnam haben die Amerikaner Spürhunde eingesetzt. In diesem Guerilla-Krieg waren die Hunde darauf abgerichtet, den Soldaten lautlos zu folgen und die Verstecke und Lager des Vietcong einzukreisen.

Meldehunde

Die neuesten Nachrichten der Vorhut zu erfahren oder mit anderen festen Punkten an der Frontlinie Nachrichten auszutauschen, ist eine der wesentlichen Voraussetzungen, um militärische Angriffs- oder Verteidigungspläne gut zu führen oder schnell zu ändern. Vor der Einführung der Telekommunikation wurde der Hund in großem Umfang als Kurier eingesetzt.

Im Altertum mussten die Molosser die Nachrichten, die sie übermitteln sollten, schlucken und wurden bei ihrem Eintreffen geschlachtet, damit man diese wertvollen Dokumente wieder in die Hände bekam. Diese grausamen Praktiken wurden jedoch bald wieder eingestellt, nicht wegen ihrer Grausamkeit, sondern weil sie zu teuer waren.

Im 18. Jahrhundert führte Friedrich der Große diese Methode wieder ein, um das militärische Kuriersystem in seinem Königreich Preußen sicherzustellen. Diese Hunde machten während des Siebenjährigen Krieges großen Eindruck und standen am Anfang einer ganzen Linie von Melde- und Verbindungshunden.

Im Ersten Weltkrieg entstanden erstmals aus Meldehunden bestehende "Hundestaffeln". Die Auswahl der Tiere war ziemlich streng: Sie mussten eine Widerristhöhe zwischen 40 und 70 cm und ein einfarbiges Fell haben, vollkommen gesund sein, über ausgezeichnete Sicht, Gehör und Witterung verfügen und ruhig, intelligent und gehorsam sein. Dem Militärhandbuch zu Folge mussten diese Hunde zwischen 2 und 5 Jahre alt sein, um die Höhe ihrer Leistungsfähigkeit zu erreichen, und ausreichend robust sein , um den Unbilden der Witterung, Entbehrungen und Ermüdungen zu widerstehen.

Ihre Aufgabe war äußerst wichtig: Sie mussten mehrere Kilometer voneinander entfernt liegende Punkte unter oft schwierigen Wetterbedingungen miteinander verbinden. Man hat oft berichtet, dass diese Staffelhunde in 12 Minuten eine Strecke von 5 Kilometern im Bombenhagel zurücklegen konnten. Paradoxerweise waren diese Hunde Träger von Meldungen, die von den feindlichen Truppen schnell entschlüsselt werden konnten. Diese Methode war dennoch die richtige: Die Meldehunde gerieten nur in seltenen Fällen in Gefangenschaft.

Pack- und Zughunde

Hunde sind in der Lage, Gewichte bis zu 7 Kilogramm zu tragen. Aus diesem Grunde wurden sie in den verschiedenen kriegerischen Auseinandersetzungen eingesetzt, um Munition, Proviant, ja sogar Waffen, in die vordersten Linien zu bringen. So wurden während des Ersten Weltkriegs deutsche Hunde gefangen, die leichte Maschinengewehre trugen. Während desselben Krieges wurden Hunde in zwei weiteren Bereichen eingesetzt: als Telegrafenhunde und Taubenhunde. Die Telegrafenhunde waren mit einer großen Spule Telefondraht ausgerüstet, die sich auf ihrem gefährlichem Weg durch die Gräben, den Beschuß und die Stacheldrahtverhaue abwickelte... um so die Wiederherstellung der durch die Kampfhandlungen zerstörten Telefonleitungen zu ermöglichen. Die Taubenhunde wurden eingesetzt, um Brieftauben zu Vorposten zu bringen.

Der Einsatz der Zughunde geht auf das Jahr 1911 zurück, als die Belgier starke Hunde vor Maschinengewehre, die sie auf Räder montiert hatten, spannten. Sie wurden den Pferden wegen ihrer höheren Ausdauer, ihrer ausgezeichneten Beweglichkeit, und weil sie den Männern in das Unterholz folgen konnten, vorgezogen. Parallel dazu wurden Hunde vor Munitionskarren und Tragbahren mit Verwundeten gespannt. Die Deutschen setzten schließlich an der Ostfront echte Zughunde ein. Wegen der starken Polemik, die sich um die Fähigkeit des Hundes, rollende Objekte zu ziehen, entwickelt hat, haben nur die belgische, die deutsche (während einer kurzen Zeit) und die russische Armee diesen Hundetyp wirklich eingesetzt.

Patrouillenhunde

Aufgrund ihres gut entwickelten Wach- und Schutzinstinkts haben Patrouillenhunde schnell ihre Glanzstunden erlebt. Sie wurden eingesetzt, um den in Wäldern und im Dickicht versteckte Feind aufzuspüren, ermöglichten es den Patrouillen, Hinterhalte zu vermeiden und meldeten die Anwesenheit feindlicher Truppen. Diese Tiere wurden auch bei der Bewachung von Gefangenentransporten eingesetzt. Nur wenige Hunde sind jedoch in die Geschichte eingegangen. Dafür haben sie es aber zahlreichen Patrouillen ermöglicht, Feinde aufzuspüren oder ihren Weg wiederzufinden.

Sanitätshunde

Die ersten Hunde, die Verwundete suchten, wurden von den Ägyptern abgerichtet: Sobald die Kämpfe beendet waren, wurden diese Hunde auf dem Schlachtfeld zur Suche nach Verwundeten freigelassen, die sie dann meldeten und beleckten.

Im 20. Jahrhundert wurden dann die "Nachfolger" dieser Sanitätshunde eingesetzt. Sie wurden abgerichtet, um Verwundete zu finden, und meldeten ihren Fund, indem sie einen Gegenstand des Verwundeten mitnahmen: Der Helm eines Soldaten diente oft als Zeichen für die Ersthelfer, die dann mit ihren Hunden die Opfer suchten. Der Einsatz der Hunde war absolut notwendig: Die Verwundeten konnten nur in der Nacht geborgen werden, und die Hunde halfen bei den Suchen. Die erste Sanitätshundegesellschaft wurde 1885 von dem Belgier Van de Putte geschaffen, gefolgt von einer deutschen Hundegesellschaft, die von dem Tiermaler Bungartz gegründet wurde. Erst im Jahre 1908 gab es in Frankreich die ersten Sanitätshunde.

In vielen Erzählungen wird über den Einsatz dieser Hunde berichtet. Zum Beispiel der Erlebnisbericht eines Soldaten aus Le Mans, der am 22. November 1915 verwundet wurde: "Getroffen von einer Granate am Arm, einer Kugel im Kiefer, von einem Säbelhieb, der mir die Kopfhaut abgetrennt hatte, lag ich halb vergraben unter den Leichen mehrerer Kameraden, als ich plötzlich ein Streicheln an meiner Stirn fühlte: Das war ein braver Sanitätshund, der mir das Gesicht ableckte. Es gelang mir, mich trotz meiner heftigen Schmerzen etwas zu erheben. Ich wusste, dass die Hunde darauf abgerichtet waren, die Mützen der Soldaten in das Feldlager zu bringen, aber meine war verschwunden. Der brave Hund zögerte: Lauf, sagte ich ihm, lauf mein Hündchen, lauf die Kameraden holen. Er verstand mich, strich mit dem Bauch auf der Erde davon, und bei der Rückkehr ins Feldlager tobte er bellend herum und zog einige Soldaten an ihren Uniformmänteln, so dass er die Aufmerksamkeit von zwei tapferen Bahrenträgern erregte. Diese folgten ihm, er führte sie bis zu mir: Ich war gerettet."

Le Petit Journal
ADMINISTRATION
5 CENT.
SUPPLÉMENT ILLUSTRÉ
5 CENT.
ABONNEMENTS
26me Année
Numéro 1.269
DIMANCHE 18 AVRIL 1915
LES CHIENS SANITAIRES

Die Sanitätshunde, Illustrierte Beilage zum Petit Journal 18. April 1915

Gefährliche Einsätze

Hunde werden manchmal in schwierigen Situationen und unter besonderen Bedingungen eingesetzt. Während des Indochina-Krieges bereiteten das Gelände und die Vegetation den französischen Truppen bei ihren Operationen große Schwierigkeiten. In den ersten Monaten des Feldzuges stellte man fest, welchen Gefahren die in feindlichem Gebiet abgesetzten Fallschirmjäger ausgesetzt sein konnten. Nur Hunde waren in der Lage, die gründlichen Durchsuchungen zu beschleunigen, die die Soldaten ausführen mussten. Am 5. und 6. September 1949 wurde deshalb an der Fallschirmspringerschule in Meucon ein Fallschirmabsprung mit Hunden erprobt.

Die bei der Sprungausbildung aufgetretenen Hauptschwierigkeiten waren der Augenblick, in dem der Hund aus dem Flugzeug sprang und derjenige der Landung. Da der Hund leichter ist als sein Hundeführer, trifft er sehr viel später nach diesem und weit entfernt von ihm auf dem Boden ein, was das Zusammentreffen der beiden und den Beginn des Einsatzes stark verzögerte. Die Verkleinerung der Fallschirmkappe ermöglichte es, dieses Problem zu beheben: Von nun an landete der Hund im selben Augenblick wie sein Hundeführer und in dessen Nähe.

Unglücklicherweise mussten andere Hunde in der Geschichte ihr Leben lassen: Der sowjetische General Panfilon kam vor dem Einmarsch der Deutschen auf die Idee, Hunde so zu dressieren, dass sie ihre Nahrung unter den Panzern suchten. Man ließ sie einen oder zwei Tage vor dem Angriff hungern, band ihnen eine Panzermine auf den Rücken, und schickte die Hunde dann in ihr Verderben. Mit dieser in jeder Hinsicht grausamen Praktik wurden die deutschen Truppen jedoch erheblich verunsichert.

Die Ausbildung des Rauschgift-Spürhundes.

Vier Stufen sind erforderlich, um einen Rauschgift-Suchhund zur Einsatzreife zu bringen. Je nach den verwendeten Hunden sind diese Stufen kürzer oder länger.

Erste Stufe

Im Inneren eines PVC-Rohres mit Löchern ist der Stoff abgelegt, auf den der Hund reagieren muss. Bei Heroin und Kokain ist das Risiko für den Hund zu hoch, als dass er in direkten Kontakt mit den Stoffen kommen dürfte. Man verwendet also "Kontaktstkcke", kleine Lappen, die mit dem Stoff so in Berührung gebracht wurden, dass sie den Geruch aufnehmen.
Einige Tage lang lässt man den Hund mit diesem Rohr spielen, bis er es als sein bevorzugtes Spielzeug angenommen hat. Gleichzeitig assoziiert er sein Spielzeug mit dem Geruch des Produktes, der durch die Löcher aus dem Rohr strömt.

Zweite Stufe

Wenn man zu dem Urteil kommt, dass der Hund ausreichend an seinem Spielzeug hängt, versteckt man dieses zunächst sichtbar an einer leicht zugänglichen Stelle. Er muss sich jedoch seiner Witterung bedienen, um es zu finden.
Nach und nach wird der Zugang zum Versteck schwieriger und zuletzt unmöglich.
Parallel dazu lernt der Hund zu kratzen: Man vergräbt sein Spielzeug im Sand. Dieser leicht bewegliche Boden regt den Hund an, darin zu kratzen, um das Spielzeug zu finden.

Dritte Stufe

Das Rohr wird an einer außerhalb der Sicht des Hundes befindlichen Stelle (ohne sein Wissen) versteckt. Er wird in den Raum geführt, und nach einer kurzen Anregung, sein Spielzeug zu suchen, wird der Hund mit dem Befehl "Such" losgelassen. Wenn er sein verstecktes Spielzeug gefunden hat, muss er kratzen, um an es heranzukommen.

Vierte Stufe

Der letzte Abschnitt besteht darin, das Rohr wegzulassen, um den Hund zu lehren, nur nach der Droge zu suchen, die er noch immer mit seinem Spielzeug assoziiert.

Die Einsatzmöglichkeiten des Hundes heute

Die Fähigkeiten der Hunde haben sich nicht geändert, nur die Orte der militärischen Konflikte und die Technik. Die Verwendung des Hundes hat sich jedoch beträchtlich gewandelt. Es gibt Fallschirm- und Taubenhunde, aber auch Minensuch- und Gasspürhunde... In unserer Zeit passen sich die Hunde auch anderen Verwendungen an: Sie werden zum Aufspüren von Sprengstoffen eingesetzt, um Bombenlegern das Handwerk zu legen, oder zum Auffinden von Rauschgift im Kampf gegen Drogen.

Alle diese Hunde sind Tiere, die nach dem französischen Niveau Ring III abgerichtet sind: Der Hundeführer muss alle ihre Handlungen voll unter Kontrolle haben.

Der Rauschgift-Spürhund

Der ideale Rauschgifthund spielt gerne, ist dynamisch, von mittlerer Größe und großer Gelenkigkeit, die es ihm erlaubt, sich überall durchzuschlängeln und Hindernisse zu überklettern oder zu überspringen. Aufgrund seiner Ausdauer kann er mehrmals am Tag eingesetzt werden. Man wählt heute immer häufiger belgische Malinois-Schäferhunde, die kleiner als der deutsche Schäferhund und vom Charakter her lebhafter sind.

Diese Hunde werden auch zum Beißen ausgebildet. Man darf nicht vergessen, dass es die Einsatzbedingungen oft mit sich bringen, dass die Hundeführer Dealer suchen, die sich bei ihrer Festnahme als aggressiv erweisen können.

Die Einsätze mit den Hunden werden oft in Gebäuden ausgeführt: der Hund ist in der Lage, versteckte Drogen aufzuspüren (Heroin, Kokain, Cannabis, Haschisch...) und damit Einsätze zu beschleunigen, die eine gründliche Durchsuchung erfordern.

Es muss noch einmal darauf hingewiesen werden, dass die Rauschgiftspürhunde nicht drogensüchtig sind. Hunde könnten zwar auch Entzugserscheinungen bekommen, aber die Nebenwirkungen der Droge würden es dem Hund nicht mehr erlauben, versteckte Drogen zu entdecken. Im Gegenteil, im Falle eines Entzugs würden die Hunde eine konfuse, weniger genaue Suche ausführen, und sie würden sich gegenüber jeder Person, selbst gegenüber ihrem Hundeführer, aggressiv verhalten.

Der Sprengstoff-Spürhund

Die Auswahl des Hundes richtet sich an denselben Kriterien aus wie bei der Rauschgiftsuche. Er muss jedoch noch ruhiger sein und seine Aufgaben ohne jede Erregung ausführen.
Die vorherrschenden Rassen sind belgische Malinois-Schäferhunde und deutsche Schäferhunde.

Der Hund für die Brennstoff-Spürhund

Diese Spezialität, die es vor allen Dingen in Nordamerika gibt, entwickelt sich auch in Europa. Die auf die verschiedenen Kohlenwasserstoffe abgerichteten Hunde werden bei Bränden eingesetzt, um die von den Brandstiftern verwendeten Produkte zu finden. Sie können zum Beispiel zur Vorbeugung in gefährdeten Wäldern oder nach einer kriminellen Brandstiftung eingesetzt werden. Die Hunde zeigen den Brennstoff durch Kratzen mit den Pfoten an: die entflammbaren Produkte können dann entfernt werden, oder man kann an der Stelle, wo der Hund bei einem Brand kratzt, Proben entnehmen.

Die Hauptschwierigkeit für den Hund besteht darin, dass er seine Aufgabe wahrnehmen muss, nachdem zahlreiche Personen den Einsatzort betreten haben, und dass er unter schwierigen Geruchsbedingungen arbeitet: Ein Feuer zerstört gewisse Düfte, löst aber auch sehr viele andere, manchmal giftige aus, die immer unangenehm und von Rauch begleitet sind.

Die Suchfähigkeit des Hundes beruht auf dem Willen des Hundes, sein Spielzeug wiederzufinden und anschließend mit seinem Herrn zu spielen. Sprengstoffe, Rauschgifte oder Brandbeschleuniger sind für den Hund die Marker, die er entdecken muss, um sein bevorzugtes Spielzeug zu bekommen.

Der Wach- und Patrouillenhund

Die Arbeit des Hundes besteht darin, eine Person, die ihm sein Hundeführer gezeigt hat, auf Abstand zu halten oder zu verfolgen. Man nutzt hier in erster Linie die Wachsamkeit und den Gehorsam des Hundes: Er läuft auch ohne Leine und darf nur dann Aggressivität zeigen, wenn die Person zu fliehen versucht. In derselben Disziplin kann man dem Hund die Bewachung eines Gegenstandes oder eines Fahrzeuges anvertrauen.

Ausbildung des Sprengstoff-Suchhundes

Es sind vier Schritte erforderlich: Sie entsprechen im wesentlichen den bei der Ausbildung des Rauschgift-Suchhundes angewendeten Ausbildungsstufen, weisen aber einige Unterschiede auf. Die Suchen werden sowohl im Innern von Gebäuden wie außen durchgeführt, und es sind explosive Substanzen aufzuspüren: Dynamit, Platrit, Tolit, Formex, Nitrat, Treibstoff, Hexolit, Oktorit, Tetryl..

Der Hund zeigt den Sprengstoff durch verschiedene Positionen an. Mit "Sitz" zeigt er an, dass der Sprengstoff über ihm, in der Höhe versteckt ist, mit "Platz" weist er auf Verstecke am Boden bzw. unter der Erde hin.

Außerdem darf der Hund keinerlei Erregung zeigen (Bellen, Kratzen), weil die von Terroristen verwendeten Zündmechanismen äußerst empfindlich sind. (Die Hunde werden natürlich nur auf die vorstehend erwähnten Stoffe abgerichtet.)

Das eingesetzte Spielzeug ist eine Art Rundstab, der in den drei ersten Ausbildungsschritten mit den Substanzen in Verbindung gebracht wird. Er ist in den verschiedenen Etappen zunächst zugänglich, dann nicht zugänglich, aber sichtbar und schließlich versteckt, und dies immer in Verbindung mit Dynamit.

Die Arbeit mit dem Rundstab wird dann an kritischen Punkten durchgeführt, an denen Sprengstoffe versteckt werden können, und an Scheinverstecken.

Mit diesen Hunden wird keine Beißarbeit betrieben. Das Ziel der Sprengstoffsuche ist es allein, das Versteck der Sprengsätze zu finden (entweder vorbeugend oder nach einem Bombenalarm). Der Hund und sein Führer arbeiten deshalb stets allein in den zu durchsuchenden Zonen und nach der Entdeckung werden die Orte evakuiert, damit die Bombenentschärfer arbeiten können.

Hunde in der Gendarmerie

Die Gendarmerie setzt seit 1943 Suchhunde ein. Derzeit verfügt sie über 388 Hundeteams (ein Hundeführer, ein Hund), die für alle Disziplinen ausgebildet sind, in denen sie eingesetzt werden, das heißt:

- Personensuche (sprich: Fährtensuche) und Schutzhund = 209 Teams, davon 20 qualifiziert für die Lawinensuche
- Rauschgiftsuche = 80 Teams
- Sprengstoffsuche = 43 Teams
- Wache, Patrouille = 36 Teams

Diese Teams sind über ganz Frankreich in den Einheiten der Gendarmerie verteilt, so dass sie ein Netz bilden, das ihren schnellen Einsatz an allen Orten ermöglicht. Die Gendarmen können sich freiwillig als Hundeführer melden.

Die Hunde, deutsche Schäferhunde oder belgische Malinois-Schäferhunde, werden als ausgewachsene Hunde (im Alter von etwa 18 Monaten) gekauft. Sie werden etwa im Alter von 2 Jahren einer Einheit zugeteilt, nachdem sie zuvor zusammen mit ihrem Hundeführer eine Ausbildung beim Nationalen Zentrum für Hundeausbildung der Gendarmerie in Gramat (Lot) durchlaufen haben.

Wenn sie nicht mehr tauglich sind, bei der Gendarmerie zu dienen (im Allgemeinen, wenn sie 8 bis 10 Jahre alt sind, das heißt, nach 5 bis 7 Jahren Dienst) werden sie ihrem Hundeführer kostenlos überlassen. Sie können dann so bei ihm ihren wohlverdienten Ruhestand genießen.

Die Hunde der Gendarmerie werden tagtäglich ausgebildet. Sie leisten im Durchschnitt jedes Jahr annährend 40.000 Einsätze, darunter 1.500 Personensuchen. Mehr als 300 dieser Suchen sind erfolgreich.

Fast jeden Tag wird eine Person von einem Hund oder dank seiner Hilfe aufgespürt. Im Gebirge werden jedes Jahr 5 bis 15 Personen unter Lawinen gefunden.

Bei den Rauschgift-Suchhunden heißt es – und das ist sogar schon geschrieben worden – dass sie drogenabhängig seien. Das ist absolut falsch. Wie könnte man sonst einen Hund bei der Sprengstoffsuche einsetzen? Die gesamte Arbeit beruht auf der Liebe des Führers und auf der Belohnung: der Hund sucht sein Spielzeug.

Der Hund und sein Hundeführer werden durch gegenseitigen Respekt und Liebe angespornt
Ihre Devise ist: "Du und ich für sie".

General Jean-Louis Esquivie,
Kommandeur der Schulen
der frz. Gendarmerie.

Andere Dienste, die der Hund dem Menschen erweist

Der Hund hatte schon immer eine Reihe von Eigenschaften, mit denen er dem Menschen helfen konnte, und die hat er auch heute noch. Zog er zu Beginn dieses Jahrhunderts etwa keine kleine Karren, um Holz, Milch, Kinder und Frauen zu transportieren? Hat er nicht in einem anderen Bereich, vor allem im vorigen Jahrhundert, Fähigkeiten gezeigt, mit denen er Vorführungen auf der Straße oder im Zirkus bot? Und heute setzt er seine Witterung ein, um auf Verlangen seines Herrn Trüffel oder Mineralien zu entdecken. Und mit Sicherheit, um auf wirksame Weise bei der Jagd zu helfen.

Der Jagdhund

Ob man sie nun liebt oder nicht, die Jagd bleibt für viele ein Sport, eine Leidenschaft, ja sogar eine Kunst, bei der es auch um mehr als eine Million Hunde geht. Die Jagd ist ein Sport sowohl für den Hund, wie für seinen Herrn, weil sie eine ausgezeichnete körperliche Kondition erfordert, um lange und bei jedem Wetter ausgeübt werden zu können. Sie erfordert aber auch Charakterstärke, Ausdauer und Beobachtungsgeist, unabhängig von der Witterungsfähigkeit, die einen guten Jagdhund auszeichnet.

Die Jagd ist sehr streng geregelt. In Frankreich beginnt sie mit der Wasservogeljagd in der zweiten Juliwoche, setzt sich im September mit der Jagd mit dem Vorstehhund fort und endet nach dem Jagdplan Ende Februar mit der Jagd mit dem Laufhund und der Schnepfenjagd . Ohne Hund, den Freund und Begleiter des Jägers, würde keine Jagd stattfinden, wobei diese ein Wettbewerb ist, aus dem der Hund nicht immer als Gewinner hervorgeht. Mit seinem Instinkt, seiner Ortskenntnis und seiner List versucht das Wild die Fähigkeiten seines Gegners, des Hundes, auszuspielen: seine Intelligenz, seine feine Witterung, seine Haltung, seine Stärke und weitere Eigenschaften der jeweiligen Jagdart. Aber neben den Hunden für die Jagd auf Wasser-, Feder- und Haarwild, und für die Hetzjagd findet man auch Hunde, die noch weiter spezialisiert sind, wie die Hunde für Höhlenjagd auf den Fuchs in seinem Bau. Die spezialisierten Jagdhunde gehören mehreren, von der Fédération Cynologique Internationale festgelegten Klassifizierungsgruppen an.

Natürliche Eignung und Ausbildung

Alle diese Hunde haben große natürliche Fähigkeiten. Dies ist die Frucht einer aufmerksamen Auswahl, die seit Jahrzehnten von spezialisierten Züchtern durchgeführt wird. Unter den geforderten Eigenschaften steht die Intelligenz an erster Stelle: Es genügt nicht, dass der Hund eine gute Nase hat, wenn er nicht weiß, wie er sich ihrer bedienen muss.

Und an dieser Stelle setzt die gesamte Arbeit der Ausbildung des Jagdhundes ein. Diese Arbeit ist mit Geduld und Fingerspitzengefühl auszuüben und sie nicht stets dieselbe. Die Methoden sind von Hund zu Hund, entsprechend seiner individuellen Reaktion und des angestrebten Ziels unterschiedlich. Die erforderliche Ausbildungsphase ist lang und geht nicht immer mit der gewünschten Schnelligkeit vonstatten. Nur einem Spezialisten kann es gelingen, einen Hund in zwei oder drei Monaten gut auszubilden. Im Allgemeinen sind jedoch sechs Monate tägliche Arbeit erforderlich, um einen guten Jagdhund abzurichten.

Gehorsam, Appell, Positionskommandos (das berühmte "Down" der Angelsachsen, das man mit "auf den Boden" übersetzen könnte) sind die Notwendigkeiten, zu denen - für den Hund - die Tatsache hinzukommen muss, dass er sich seiner Nase zu bedienen weiß. Alle Tiere haben, je nach ihrer Art und Rasse, einen mehr oder weniger ausgeprägten Geruchssinn. Aber das Ausbildungsziel muss sein, dass der Hund es versteht, die Ausdünstungen zu unterscheiden, die ihm der Wind zuträgt, um jeden Irrtum zu vermeiden. Der Vorstehhund seinerseits muss in der Lage sein, in einem gegebenen Gelände "zu suchen" und das Wild durch bewegungsloses Verharren anzuzeigen, damit es nicht aufgeschreck und verjagt wird. Außerdem muss er das erlegte Wild rapportieren. All dies ist dem Hund mit möglichst wenig Zwang beizubringen.

Grundsätzlich ist der Jagdhund weder ein Wohnungshund, noch ein einfacher Begleithund. Unterdrückt man seine natürlichen Instinkte, kommen sie an anderer Stelle doch wieder zum Ausdruck. Übrigens, einen dieser herrlichen Hunde zu besitzen, ohne selbst zu jagen, erfordert es, dem Tier täglich die Gelegenheit zum Laufen und zum Spielen zu geben, was für einen Städter oft einfach unmöglich ist.

Trüffelhunde

Das Suchen nach Trüffeln, diesen so seltenen unterirdischen Pilzen, die den Beinamen "schwarzes Gold" tragen, wurde traditionell der Witterung verschiedener Tiere anvertraut: Ziegen, Schafen, Schweinen und, in neuerer Zeit, dem Hund, der flexibler und leichter zu transportieren ist. Alle Hunderassen können zu diesem Zweck eingesetzt werden, aber eine professionelle Ausbildung im Auffinden der Trüffel (künstliche Trüffel) oder als Sport (natürliche Trüffel) ist erforderlich.

Ausbildung in der Trüffelsuche

Die traditionelle Methode besteht darin, einen Wurf Welpen, der für diese Tätigkeit vorgesehen ist, ab ihrer Geburt den Trüffelgeruch einzuprägen, indem man die Zitzen des Muttertieres mit Trüffelsaft einreibt und später der Nahrung systematisch Trüffelsaft beigibt. Der Hund assoziiert dann den Trüffelgeruch mit der Nahrungsaufnahme und wird die Neigung entwickeln, systematisch nach diesem Geruch zu suchen, vor allen Dingen, wenn er lange gehungert hat. Es empfiehlt sich jedoch, behutsam vorzugehen und nicht zu viel Trüffelsaft beizugeben, denn dieser wenig appetitliche Saft kann die Nahrungsaufnahme hemmen.

Die "Schlemmermethode" verbindet die Trüffelsuche mit der Suche nach einem Leckerbissen, dessen Geruch bereits mit dem der Trüffel verbunden ist (Käse, Schinken). Nach und nach wird nur die Trüffel eingegraben, und der Leckerbissen wird nach der Entdeckung als Belohnung für das Auffinden der Trüffel gegeben.

Die spielerische Methode – vor allem für den Welpen oder den jungen Hund geeignet - bringt das Spiel ein. Die Trüffel wird in einem Socken oder einem Kunststoffrohr versteckt, mit dem man den Welpen spielen lässt. Wenn er genug an dem Gegenstand hängt, versteckt man diesen und lässt ihn danach suchen. Wenn er ihn entdeckt, hat er durch den Trüffelgeruch sein Lieblingsspielzeug gefunden. Nach und nach wird die Trüffel allein versteckt, und das Spielzeug wird nach der Entdeckung als Belohnung gegeben.

RÜCKBLICK IN DIE GESCHICHTE

***1823:** Erlass des französischen Präfekten, der die Verwendung des Hundes als Zugtier verbot.*

***1845:** In Paris Gründung der SPA, des ersten Tierschutzverbandes.*

***2. Juli 1850:** Auf Initiative des Generals Grammont wird das erste Tierschutzgesetz verabschiedet, nach dem jede Person "die öffentlich und missbräuchlich Haustiere misshandelt" bestraft wird.*

***2. Mai 1855** Einführung der Hundesteuer, die 1971 abgeschafft wird.*

***1863:** Erste Hundeausstellung in London, Großbritannien.*

***1869:** Erste Hundeausstellung in Frankreich.*

***1870:** Während der Belagerung von Paris reißt sich ein Teil der ausgehungerten Bevölkerung um das in den Metzgereien ausgestellte Hundefleisch. Nach dem Ende des Krieges hatten Hundeausstellungen immer mehr Erfolg.*

***1885:** Gründung der Société centrale canine (SCC) zur Veredelung der Hunderassen.*

Hunde bei der Trüffelsuche.
Coll. Kharbine-Tapabor, Paris.

Das Suchen auf dem (natürlichen oder künstlichen) Trüffelfeld

Im Anfang hält der Herr seinen Hund auf den als reich an Trüffeln bekannten Gebieten an der Leine. Der Hund gewöhnt sich daran, dann selbst die interessanten Gebiete zu finden, zunächst an der Leine, später frei.

Der Hund als Mineraliendetektor

Im Jahre 1962 wurde der Hund in Finnland erstmals als Mineraliendetektor eingesetzt. Es handelte sich darum, schwefelhaltige Felsen zu Prospektionszwecken zu suchen. Diese Initiative wurde später in Schweden, der UdSSR und Kanada mit Erfolg aufgegriffen.

In anderen Ländern setzt man den Hund außerdem zur Suche nach Nickel- und Kupferablagerungen ein, selbst wenn diese weniger leicht zu finden sind, weil die schwefelhaltigen Felsen einen stärkeren Geruch ausstrahlen. Die Art der Ausbildung durch das Spiel ist ähnlich wie bei der Rauschgift- oder Sprengstoffsuche. In den Ländern des Ostens und in Skandinavien sagt man, dass ein guter Hund eine Ablagerung bis auf 15 Meter Tiefe entdecken kann. Wann werden wir Hunde als Gold- oder Diamantensucher haben?

Vorführung von Hunden im Zirkus (1870)
Coll. Kharbine-Tapabor, Paris.

Der Zirkushund

Ja, in unserer Zeit bieten nur noch wenige Zirkusse oder Musikhallen Vorführungen mit Hunden an. Das war in der Vergangenheit, insbesondere im letzten Jahrhundert, anders.

Das Phänomen begann in den Straßen der Großstädte, in denen Hunde in Menschenkleidern ihre Vorbilder nachahmten. Ihnen folgten Truppen von ziehenden Gauklern, die übrigens im wesentlichen Hunde verwendeten, die man in jener Zeit "Promenadenmischungen" nannte.

Im Jahre 1896 präsentierte Miss Dore im Olympia in Paris erstmalig eine Vorstellung mit Hunden als Seiltänzern. Aber schon seit 1850 hatten Künstler "gelehrte" Hunde gezeigt, wie den berühmten Hund Munito, der auf Fragen antwortete, indem er Kartons auswählte, auf denen Buchstaben standen!

Übrigens, wie es Alain Dupont in seinem dem Hund gewidmeten Werk beschrieb, hatte jeder Dompteur seine Favoriten: Man kannte die Pekinesen von David Rosaire, die Malteser der Truppe Ybès, die russischen Windhunde von Barbara Hochegger, die Collies von Ewa Oppeltowa, die Fox-Terrier von Fredy Knie junior, und die Gruppe verschiedener Rassen von Gabriella (Berhardiner, Greyhounds, Pinscher, Papillon-Spaniels, Spitze, Afghanen und Fox-Terrier). Ebenso traten die deutschen Schäferhunde der Fischers als Jockeys auf, die Fußballhunde von Lupescu Schoberto, der Clochard Max von Philippe Gruss, die Komödiantenhunde der Old Regnas, die Trapezhunde der Palacys und die Seiltanzhunde von Eric Baddington. Die Zahl der gelehrten Hunde nahm zu, denn in Wirklichkeit waren alle ihre mathematischen Erfolge oder Rätselkünste schlaue Abrichtungsübungen, die dem Publikum vollkommen verborgen blieben.

Es muss jedoch gesagt werden, dass im vergangenen Jahrhundert die Methoden, mit denen man die armen Hunde "unterrichtete", selten auf irgendeiner Kenntnis der Psychologie oder des Verhaltens des Hundes aufgebaut waren. Zwang, Brutalität, Leiden, ja sogar Hunger waren die barbarischen Methoden, die es ermöglichten, durch Angst das zu erzielen, was man vom Tier verlangte. Um

3. November 1957
Die Hündin Laika bereitet sich auf ihren Flug an Bord des Sputnik II von. Sie ist das erste Tier, das jemals im Weltraum war.

dieser Situation zu begegnen, wurde im Jahre 1929 in London der Club Jack London gegründet, dessen Zielsetzung die endgültige Abschaffung jeder Vorführung oder Ausstellung mit Tieren, und insbesondere mit Hunden, war.

Seither entwickelten sich die Dinge sehr schnell, und die Dompteure erkannten die Tatsache, dass ein Hund in einem Vertrauensklima und mit Belohnungen viel mehr aus sich selbst herausholen konnte, als unter dem Druck des Schreckens. Sie erkannten schnell, dass der Hund während der Vorführungen selbst zum "Schauspieler" werden wollte, dass er den Applaus liebte und dass er, wenn er nicht mehr "arbeiten" durfte, traurig und melancholisch wurde.

Egal in welchem Tätigkeitsbereich, ein Hund lernt nur gut, wenn er Lust dazu hat, und es auf eine fröhliche Weise und um seinen Herrn zu erfreuen tun kann, mit dem er schließlich ein echtes Team wird.

Seinem Hund das Zählen beibringen.

Entliehen bei Alain Dupont, dem bekannten französischen Hundefreund und Vorbild in der Ausbildung eines "gelehrten" Hundes. Es ist relativ einfach, seinem Hund das Zählen beizubringen.

Um dies zu tun, genügt es, sein Bellen mit einer Geste abzubrechen, die unbemerkt bleibt, aber vom Hund als Befehl wahrgenommen wird. Wenn man dem Hund einen Leckerbissen oder seine Nahrung gibt, kann man mit der Hand eine Bewegung von unten nach oben machen und damit das Bellen befehlen. Wenn der Hund bellt, wird er belohnt, und man befiehlt ihm mit dem Senken der Hand, mit dem Bellen aufzuhören. Sehr schnell wird es genügen, den Arm zu heben (zum Beispiel um seine Krawatte zu ordnen), um den Hund bellen zu lassen, und den Arm zu senken, um ihn damit aufhören zu lassen. Dann kann man in Gegenwart von Freunden diese einfach bitten, dem Hund eine einfache "mathematische" Frage zu stellen (zum Beispiel eine kleine Addition oder Subtraktion): Man gibt dem Hund die Aufgabe und hebt dabei unmerklich den Arm, was das Bellen auslöst. Wenn der Hund so oft gebellt hat, wie es der Antwort entspricht, senkt man den Arm vorsichtig, und der Hund hört auf zu bellen. Er muss dann nur noch belohnt werden. Um mit diesem "Trick" Erfolg zu haben, ist es jedoch erforderlich, selber zählen zu können!

Band 1

Rassen : Gruppe 1 & 2

Grouppe 1

Australian Shepherd
Australischer Treibhund
Bearded Collie
Belgische Schäferhunde :
- Malinois
- Lakenois
- Groenendael
- Tervueren

Bergamasker Hirtenhund
Berger de Beauce
Berger de Brie`
Berger de Picardie
Bobtail
Border Collie
Collie
Deutscher Schäferhund
Flämischer Treibhund
Holländischer Schäferhund
Katalanischer Schäferhund
Kelpie
Komondor
Kroatischer Schäferhund
Kuvasz
Mallorca-Schäferhund
Maremmen-Abruzzen-Schäferhund
Mudi
Polnischer Niederungshütehund
Portugiesischer Schäferhund
Puli
Pumi
Pyrenäenschäferhund
Saarloos-Wolfshund
Schapendoes
Schipperke
Shetland Sheepdog
Slowakischer Tschuvatsch
Südrussischer Ovtcharka
Tatra-Schäferhund
Tschechoslowakischer Wolfshund
Welsh Corgi Cardigan & Welsh Corgi Pembroke

Grouppe 2

Affenpinscher
Anatolischer Hirtenhund
Appenzeller Sennenhund
Atlas-Schäferhund
Berner Sennenhund
Bordeaux-dogge
Broholmer
Bulldog
Bullmastiff
Cane Corso
Castro Laboreiro-Hund
Deutsche Dogge
Deutscher Boxer
Dobermann
Dogo Argentino
Entlebucher Sennenhund
Fila Brasileiro
Großer Schweizer Sennenhund
Hovawart
Jugoslawischer Hirtenhund
Karst-Schäferhund
Kaukasischer Ovtcharka
Landseer
Leonberger
Mallorca-Dogge
Mastiff
Neapolitanischer Mastiff
Neufundländer
Österreichischer Kurzhaariger Pinscher
Pinscher
Pyrenäen-Berghund
Pyrenäen-Mastiff
Rafeiro von Alentejo
Rottweiler
Schnauzer
Schwarzer Terrier
Serra da Estrela-Berghund
Shar Pei
Smoushond
Spanischer Mastiff
St. Bernhardshund
Tibet-Dogge
Tosa
Zentralasiatischer Ovtcharka

Vom Ursprung der Hunderassen

Ursprünge und Evolution des Hundes
Der Hund der Gegenwart
Hundeliebhaber in aller Welt

Der Hund in der Kunst

Der Hund in Kunst und Geschichte
Der Hund in Literatur und Kommunikation

Der Hund im Dienst des Menschen

Der Rettungshund
Der Behindertenhund
Der Hund als Sicherheitshelfer
Andere Dienste, die der Hund dem Menschen erweist

Band 2

Rassen : Gruppe 3, 4 & 5

Gruppe 3

Airedale Terrier
American Staffordshire Terrier
Australian Silky Terrier
Australian Terrier
Bedlington Terrier
Border Terrier
Brasilianischer Terrier
Bull Terrier
Cairn Terrier
Dandie Dinmont Terrier
Deutscher Jagdterrier
Englischer Toy Terrier
Fox Terrier
Irish Glen of Imaal Terrier
Irish Soft Coated Wheaten Terrier
Irish Terrier
Jack-Russel-Terrier
Japanischer Terrier
Kerry Blue Terrier
Lakeland Terrier
Manchester Terrier
Norfolk Terrier
Norwich Terrier
schwarz und loh
Scottish Taerrier
Sealyham Terrier
Skye Terrier
Staffordshire Bull Terrier
Tschechischer Terrier
Welsh Terrier
West Highland White Terrier
Yorkshire Terrier

Gruppe 4

Dachshunde

Gruppe 5

Akita Inu
Alaskan Malamute
Balearen-Laufhund (Podenco Ibicenco)
Basenji
Chow Chow
Cirneco dell'Etna
Deutscher Spitz
Eurasier
Finnenspitz (Finnen-Spitz)
Finnischer Lapphund
Finnischer Lapplandhirtenhund
Grönlandhund
Hokkaido
Islandhund
Italienischer Kleinspitz (Volpino Italiano)
Japan-Spitz
Kai
Kanaanhund
Karelischer Bärenhund
Kishu
Koreanischer Jindo
Mexikanischer Nackthund
Norrbottenspitz
Norwegischer Buhund
Norwegischer Elchhund
Norwegischer Lundehund
Peruanischer Nackthund
Pharaonenhund
Portugiesischer Podenco
Russisch-europäischer Laika
Samojede
Schwedischer Elchhund
Schwedischer Lapphund
Shiba
Siberian Husky
Thai Ridgeback
Westgotenspitz

Der Hund und sein Halter

Verhalten und Erziehung des Hundes
Der Mensch ist der Gefährte des Hundes
Der Hund im Alltag

Der Körper des Hundes

Die Morphologie des Hundes
Die physiologischen Funktionen

Band 3

Rassen : Gruppe 6

Alpenländische Dachsbracke
American Foxhound
Anglo-französische Laufhunde
Ariégeois
Basset Artésien Normand
Basset fauve de Bretagne
Basset Hound
Bayerischer Gebirgsschweisshund
Beagle
Beagle-Harrier
Billy
Blaue Gascogne Laufhunde
Bluthund
Chien d'Artois
Dalmatiner
Deutsche Bracke
Dunkerbracke
Finnischer Laufhund
Foxhound (Englisch)
Französischer Laufhund
Griffon Nivernais
Grosser Gascon Saintongeois
Grosser Griffon Vendéen
Halden-Bracke
Hamilton-Laufhund
Hannoverscher Schweisshund
Harrier
Hygenbracke
Istrische Kurzhaarige Bracke
Italienischer Laufhund
Jugoslawische Laufhunde
Österreichische glatthaarige Bracke
Otterhund
Poitevin
Polnische Bracke
Porcelaine
Posavatz-Laufhund
Rhodesian Ridgeback
Schiller-Laufhund
Schwarz-roter Waschbärenhund
Schwedische Dachsbracke
Schweizer Laufhunde
Slowakischer Laufhund
Småland-Laufhund
Spanischer Laufhund
Tiroler Bracke
Transylvanischer Laufhund
(Ungarische Bracke)
Westfälische Dachsbracke

Der Hund in Sport und Freizeit

Hundeausstellungen und Hundeveranstaltungen
Die Vorbereitung des Sporthundes

Die Lebensabschnitte des Hundes

Die Fortpflanzung
Elemente der Genetik
Die ersten Entwicklungsschritte des Welpen
Vor dem Alter: die Reife

Die Ernährung des Hundes

Die Grundlagen der Hundeernährung
Der Grundbedarf an Nahrung: Erhaltungsbedarf des Hundes
Die Ernährung muss an die Größe und an das Alter des Hundes angepasst werden
Die großen Rassen: Ausgleich durch Ernährung
Das Ernährungsverhalten des Hundes
Vorstellungen von der Ernährung
Industriell hergestelltes Futter – hausgemachtes Futter

Band 4

Rassen : Gruppe 7, 8, 9 & 10

Gruppe 7

Altdänischer Vorstehhund
Ariège Vorstehhund
Auvergne Vorstehhund
Blauer Picardie Spaniel
Böhmisch Raubart
Bourbonnais Vorstehhund
Bretonischer Spaniel
Deutscher Drahthaariger Vorstehhund
Deutscher Kurzhaariger Vorstehhund
Deutscher langhaariger Vorstehhund
Drentscher Hühnerhund
English Setter
Französischer Rauhhaariger Vorstehhund
Französischer Spaniel
Französischer Vorstehhund
Friesischer Vorstehhund
Gordon Setter
Irish Setter
Italienischer Rauhhaariger Vorstehhund
Italienischer Vorstehhund
Münsterländer Vorstehhund
Perdiguero von Burgos
Picardie Spaniel
Pointer
Pont-Audemer Spaniel
Portugiesischer Vorstehhund
Pudelpointer
Slowakischer Raubart
St. Germain Vorstehhund
Ungarischer Vorstehhund
Weimaraner

Gruppe 8

American Cocker Spaniel
American Water Spaniel
Barbet
Chesapeake Bay Retriever
Clumber Spaniel
Curly Coated Retriever
Deutscher Wachtelhund
English Cocker Spaniel
English Springer Spaniel
Field Spaniel
Flat-Coated Retriever
Golden Retriever
Irish Water Spaniel
Labrador Retriever
Lagotto Romagnolo
Niederländischer Kooikerhondje
Nova Scotia Duck Tolling Retriever
Portugiesischer Wasserhund
Spanischer Wasserhund
Sussex Spaniel
Welsh Springer Spaniel
Wetterhoun

Gruppe 9

Belgischer Griffon,
Bichon frisé
Bologneser
Boston Terrier
Brüsseler Griffon,
Cavalier King Charles Spaniel
Chihuahua
Chinesischer Schopfhund
Coton de Tuléar
Französische Bulldogge
Griffon
Havaneser
Japan Chin
King Charles Spaniel
Kleiner Brabanter
Kontinentale Zwergspaniel
(Papillon und Phalène)
Kromfohrländer
Lhasa Apso
Löwchen
Malteser
Mops
Pekinese
Pudel
Shih Tzu
Tibet-Spaniel
Tibet-Terrier

Gruppe 10

Afghanischer Windhund
Azawakh
Barsoi (Russischer Windhund)
Chart Polski
Deerhound
Galgo Español
Greyhound
Irish Wolfhound
Italienisches Windspiel
Magyar Agar
Saluki (Persischer Windhund)
Sloughi (Arabischer Windhund)
Whippet

Medizin des Hundes

Vorsorgemedizin
Die Erkrankungen des Hundes

Rund um den Hund

Die Tierarzt und seine vielfältigen Aufgaben
Die Hundezucht
Mit dem Hund unterwegs -
ein praktischer Ratgeber für Urlaub und Reisen
Erste Hilfe